城市轨道交通职业教育系列教材 —— 城市轨道交通车辆

城市轨道交通车辆制动系统

主　编　○　应云飞　　秦娟兰
副主编　○　周志刚　　王东升
主　审　○　李　芾

西南交通大学出版社
·成都·

图书在版编目（CIP）数据

城市轨道交通车辆制动系统 / 应云飞，秦娟兰主编. —成都：西南交通大学出版社，2016.10（2022.1 重印）
城市轨道交通职业教育系列教材. 城市轨道交通车辆
ISBN 978-7-5643-4780-2

Ⅰ. ①城… Ⅱ. ①应… ②秦… Ⅲ. ①城市铁路－铁路车辆－车辆制动－高等职业教育－教材 Ⅳ. ①U239.5

中国版本图书馆 CIP 数据核字（2016）第 154646 号

城市轨道交通职业教育系列教材——城市轨道交通车辆
城市轨道交通车辆制动系统
主编　应云飞　秦娟兰

责任编辑	李伟
封面设计	何东琳设计工作室
出版发行	西南交通大学出版社 （四川省成都市二环路北一段 111 号 西南交通大学创新大厦 21 楼）
发行部电话	028-87600564　028-87600533
邮政编码	610031
网　　址	http://www.xnjdcbs.com
印　　刷	四川森林印务有限责任公司
成品尺寸	185 mm×260 mm
印　　张	14
字　　数	348 千
版　　次	2016 年 10 月第 1 版
印　　次	2022 年 1 月第 6 次
书　　号	ISBN 978-7-5643-4780-2
定　　价	39.00 元

课件咨询电话：028-81435775
图书如有印装质量问题　本社负责退换
版权所有　盗版必究　举报电话：028-87600562

出 版 说 明

城市轨道交通凭借快捷、准时、舒适、运量大、能耗低、污染小、占地少等优点，日益成为城市现代化建设进程中重要的公益性基础设施项目。城市轨道交通涉及面广、综合性很强，其发展状况已被当成一个城市综合实力和现代化程度的重要评判指标。由此，城市轨道交通建设正在我国兴起一个新的浪潮，社会对城市轨道交通专业人才的需求巨大，给城市轨道交通类专业的职业教育发展带来了良好契机。

西南交通大学出版社与国内诸多交通院校一直保持友好往来，并整合他们在轨道交通领域的尖端科技优势和人才集成优势，致力于为国家轨道交通教育事业做出贡献，形成了以"轨道交通"为核心的出版特色，在教育界、学界都拥有良好的口碑和较高的品牌知名度。

本套丛书从满足快速增长的城市轨道交通专业实用型人才培养需求出发，从校企结合教学直接面向岗位需求这一特点出发，精心组织国内相关专业优秀教育工作者或优秀教育工作高校，分"运营管理""工程技术""车辆""控制""供电技术"五大类，系统地为读者呈现城市轨道交通教育课程全景。在编写时，力求体现如下特点：

◎ **适用性**

理论知识够用即可，在讲述专业知识的基础上，突出实际操作技能的训练，注重岗位关键能力的培养。

◎ **专业性**

图书的顶层设计从国家高职高专专业目录规范出发，内容编排紧密结合岗位应用实际，体现专业性和主流设备前沿特征，体现教学实际需求。同时，在编写或修改时，尽可能地让一线用人单位参与进来，根据生产现场实际提出建议。

◎ **生动性**

在架构设计和版式设计上，力求简洁生动，图文并茂；努力体现二维码技术等移动互联网时代元素在图书中的应用，尽可能把生产实际和研究成果，用立体生动的形式予以表达，便于读者理解掌握。

这套书可作为高等职业院校、中等职业学校城市轨道交通相关专业的教学用书，也可作为城市轨道交通企业新职工的培训教材。有关教材的课件资料等，可以联系我社使用。

联系电话：028-87600533

邮箱：swjtucbsfx@163.com

西南交通大学出版社

二〇一六年十月

前　言

城市轨道交通诞生于19世纪中叶的英国伦敦，已经历了140多年的发展历史。它技术成熟、安全可靠、形式多样、用途广泛，以其大载客量、快捷、准时、环保而成为解决日益严重的城市交通堵塞的最有效手段。

改革开放以来，随着经济的发展，我国内地城市化进程加快，城市交通问题成为制约城市发展的重要因素。为此，国家确立了优先发展城市公共交通的城市发展战略，建立了以大容量快速轨道交通为骨干、以公共交通为主体的综合交通体系，解决了城市交通拥堵问题，从而实现了可持续发展的治本之策。

未来10年，我国内地将新建城市轨道交通线路60多条，新建线路里程近1 700 km；北京、上海、广州更是以每年新增线路30～50 km的速度在发展。

城市轨道交通迎来了最好的发展时机，为抓住这一历史机遇，内地许多城市纷纷开始轨道交通的规划和建设。

城市轨道交通的发展，急需大量德才兼备的各类人才。为了满足国家对技能型人才培养的迫切需求，武汉铁路司机学校（武汉轨道交通学校）组织编写了适合城市轨道交通相关专业的系列教学用书。

这套教材紧扣职业教育的特点，在讲述基本专业知识的基础上，突出了实际操作技能的培养，内容简洁明了，文字通俗易懂。为配合教学的需要，每章配有适量的习题。

本书由武汉铁路司机学校应云飞、秦娟兰担任主编，由武汉铁路司机学校周志刚、王东升担任副主编，由国家特聘教授、西南交通大学博士生导师李芾主审。

本书在编写过程中，得到了南京地铁运营部、上海申通公司培训部、广州地铁运营部及武汉地铁公司等单位的帮助，武汉铁路职业技术学院何成才、黄秀川、黄超也给予了大力支持，在此表示由衷的感谢。同时，编者在编写过程中参阅了大量专业书籍和报刊的专题文章，在此对其作者表示衷心的感谢。

本书编成后，虽经反复修改和校对，但由于编者水平有限，不足之处在所难免，欢迎读者批评指正。

编　者
2016年6月

目 录

第一章 地铁列车制动系统概述 ... 1
  第一节 车辆制动基本概念 ... 1
  第二节 列车制动系统的总体构成 ... 4
  第三节 列车制动方式分类 ... 8
  第四节 列车制动控制功能与制动控制模式 ... 16
  第五节 国内外地铁制动控制系统技术发展 ... 19
  习 题 ... 21

第二章 制动控制原理 ... 22
  第一节 制动控制的要求 ... 22
  第二节 制动指令 ... 24
  第三节 制动力的产生及黏着蠕滑理论 ... 29
  第四节 制动力的计算与分配 ... 35
  第五节 制动防滑控制 WSP ... 38
  习 题 ... 48

第三章 供风系统及空气管路部件 ... 49
  第一节 供风系统概述 ... 49
  第二节 空气压缩机组 ... 51
  第三节 空气干燥器 ... 59
  第四节 供风系统空气管路 ... 66
  第五节 空气悬挂模块气路部件 ... 77
  习 题 ... 84

第四章 基础制动装置 ... 85
  第一节 闸瓦制动 ... 85
  第二节 盘型制动 ... 97
  第三节 停放制动模块空气管路控制系统 ... 104
  习 题 ... 109

第五章 EPAC 模拟式电空制动系统 ... 110
  第一节 EPAC（架控）电空制动系统 ... 110
  第二节 EPAC Lite 电空制动系统 ... 114
  习 题 ... 117

第六章　HRDA 数字式电气指令制动系统 … 118
第一节　概　述 … 118
第二节　电空制动控制系统各组成的结构及工作原理 … 122
第三节　列车制动系统工作原理 … 127
习　题 … 131

第七章　KBGM 模拟式电气指令制动系统 … 132
第一节　概　述 … 132
第二节　空气制动控制系统各组成的结构及工作原理 … 136
第三节　KBGM 制动系统控制原理 … 147
习　题 … 150

第八章　KBWB 模拟式电气指令制动系统 … 151
第一节　概　述 … 151
第二节　空气制动控制系统 … 156
第三节　KBWB 制动系统控制原理 … 162
习　题 … 166

第九章　EP2002 制动系统 … 167
第一节　概　述 … 167
第二节　EP2002 阀的结构及功能 … 169
第三节　EP2002 制动系统控制原理 … 178
习　题 … 184

第十章　TKQ601S 制动系统 … 185
第一节　TKQ601S 制动系统概述 … 185
第二节　制动控制模块与辅助控制模块 … 189
第三节　制动系统控制原理 … 196
习　题 … 205

附录　地铁驾驶检修制动复习 … 206

参考文献 … 216

第一章　地铁列车制动系统概述

近年来，地铁车辆快速发展，运行速度由最初的 60 km/h 逐渐提高到 80 km/h、100 km/h，甚至更高。地铁运行站间距较短，起动、停车频繁，为保障行车效率，要求车辆具有较大的起动加速度和制动减速度。车辆在高速运行中必须依赖制动控制系统调节列车运行速度和及时准确地在预定地点停车。地铁载客量大、乘客上下车频繁，要保证列车安全运行，就必须要求地铁具有很高的制动性能。因此，制动控制系统是地铁车辆必不可少的组成部分，列车的制动能力是列车运营安全及运输能力的根本保证。

第一节　车辆制动基本概念

一、制动的本质

如图 1-1 所示，对于城市轨道交通车辆来说，制动力的施加可使运行的列车迅速减速或停车，也可以避免长时间停放的列车因重力作用或风力吹动而溜车。

从能量的角度看，制动的实质就是列车动能的耗散或转移。

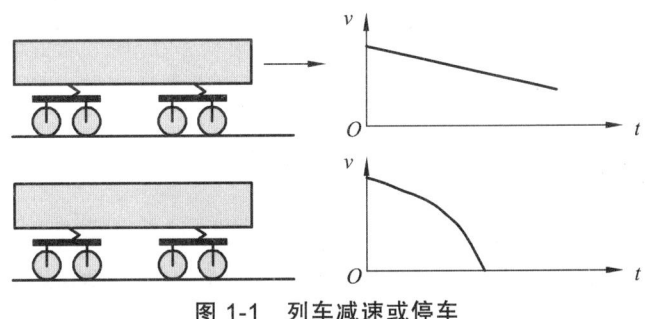

图 1-1　列车减速或停车

二、制动的基本概念

1. 制　动

制动是指人为地制止列车运行，包括运行列车减速、停车、阻止其运动或加速运动；或使静止的列车保持其静止状态。

2. 制动的缓解

对已施加制动的列车，为了重新起动或再次加速，必须解除或减弱其制动作用，称为制动的缓解。

3. 保 压

保压是指制动过程中的一个压力保持的中间状态，即使制动缸获得的压力不变，这要求如果有压力泄漏，则控制部分能够自动补充压缩空气以维持制动缸压力不变。

4. 制动装置

制动装置是为了使列车能够实施制动或缓解而安装于列车上的一整套设备。

5. 制动力

由制动装置产生的与列车运行方向相反的外力称为制动力。

6. 制动冲击率

制动冲击率是制动时制动减速度随时间的变化率，本质上是制动力随时间的变化率（力学中力的冲击的描述）。

7. 制动率

制动率是指全列车制动闸瓦或闸片的压力总和与列车所受重力之比。制动率的概念可以延伸至一节车、一个转向架、一根轴的相应比值，也即单车制动率、转向架制动率、轴制动率。制动率是描述列车制动能力的一个物理量。只有用相对值（比值）去比较不同列车（辆、架、轴）的制动力大小才有意义。

8. 供 风

供风即供气，供给压缩空气。压缩空气在现场较多地被称为"风"，所以会有风管、风路、风压、风口、风表、风缸，与之对应的是气管、气路、气压、气口、气表，但一般不会有气缸。因为气缸是对外做功的活塞式器件，在制动系统中就是制动缸，而风缸却是储气罐，是压力容器。在制动系统中并不能一边倒，只用风或只用气，例如，总风管一般不说总气管。

9. 总风（主风）

总风（主风）是供风系统的压缩空气气源。总风管是供风系统贯穿全车的主管，它把空气压缩机、各个总风缸连接起来，把总风源送到各车，供包括制动系统在内的各个用风系统使用。

10. 空气通路

空气通路是指压缩空气的流通路径，可以是一个阀内部的流通路径，也可以是阀之间的流通路径。

11. 制动距离及紧急制动距离

制动距离是从手动施加或 ATO 施加制动瞬间开始，到列车速度降至零为止，列车所驶过的距离。实施紧急制动时列车驶过的距离称为紧急制动距离。紧急制动距离与制动初速度、车辆载荷 AW 以及运行坡道有关。AW3 载荷下，制动初速度为 80 km/h，在 35‰的下坡道上实施紧急制动，其紧急制动距离为 240 m。

12. 常用制动 SB

常用制动是列车正常运行时为了减速或到站停车所施加的制动。

13. 紧急制动 EB

紧急制动是列车运行在紧急状态时为了使列车以最快的速度停车而施加的制动。

14. 停放制动 PB

停放制动是为了防止列车在长时间断电停放时发生溜逸而施加的制动。

三、与制动系统有关的首字母缩写词及缩略词

VVVF：Variable Voltage Variable Frequency（Traction Control Unit）-变压变频（牵引控制单元）

PWM：Pulse Width Modulated-脉宽调制

AGU：Air Generation Unit-供风单元

Air Dryer-空气干燥器

TCU：Traction Control Unit-牵引控制单元

BCU：Brake Control Unit-制动控制单元

EBCU：Electronic Brake Control Unit-电子控制单元

ED：Electro Dynamic Brake-电制动（动力制动）

EP：Electro Pneumatic Brake-电空制动

BP：Brake Pipe-制动管/列车管

MP：Main Pipe-总风管/主风管

Brake Control-制动控制

Brake Disc/Disk-制动盘

Electric Magnet Valve-电磁阀

Emergency Exhaust Valve-紧急排风阀

MVB：Multi Vehicle Bus-多功能车辆总线

WTB：Wire Train Bus-绞线式列车总线

CAN：Controlled Area Network-受控区域网

WSP：Wheel Slide Protection-车轮防滑装置

ASP：Air Suspension Pressure-空气悬挂压力

BCP：Brake Cylinder Pressure-制动缸压力

BSR：Brake Supply Reservoir-制动风缸

SB：Service Braking-常用制动

EB：Emergency Braking-紧急制动

PB：Parking Braking-停放制动
FB：Fast Braking-快速制动
TCMS：Train Control and Manager System-列车信息控制网络
AI：Analog Input Signal-模拟输入信号
AO：Analog Output Signal-模拟输出信号
DI：Digital Input Signal-数字输入信号
DO：Digital Output Signal-数字输出信号

第二节 列车制动系统的总体构成

一、制动系统的总体性能及总功能

（一）制动系统的总体性能

1. 具有减速度控制、载荷调整的特点

微机控制型的制动系统，采用制动力与载荷相适应的制动力计算原则，也就是以减速度为控制目标，空车（AW0 空载）制动力小，定员（AW1～AW2 满载）制动力大，超员（AW3 超载）制动力更大。通过采集空气弹簧压力，计算出车辆当前总质量（包括惯性质量），结合制动减速度计算出所需的制动力。

2. 具有防滑控制功能

微机控制型的制动系统，具有检测每轴瞬时转速、进行防滑控制的条件，制动软件可以结合防滑控制软件，实现防滑控制的功能，提高黏着利用率，防止车轮滑行、抱死。

3. 具有阶段缓解能力

阶段制动、阶段缓解能力是制动系统主要的操纵性能，具体是指能够通过控制系统随意地改变制动缸的压力增大或减小，如阶段性地增大制动缸压力、阶段性地减小制动缸压力。

（二）制动系统的总功能

电动车组所采用的制动系统具有空电制动复合、再生制动优先、再生制动不足时空气制动补充的总体功能。

1. 空电制动复合

空电制动复合：空气制动与电制动（再生制动或电阻制动）的混合控制，而且是制动计算机按照事先设定的设计原则进行制动力的协调计算、分配，不需要司机对电制动进行单独操纵。

2. 再生制动优先

再生制动优先：在该模式下，每节车的制动控制装置，只要接收到制动指令，首先让牵

引控制装置（TCU）产生电制动力，然后根据反馈回来的电制动力的大小，决定空气制动力的大小。

3. 再生制动不足

再生制动不足：在电制动中，再生制动是会受到很多条件限制的，如网压（接触网导线的供电电压）、列车速度等都有可能限制再生制动力的发挥，经常会有再生制动力不满足制动力的总需求的情况发生。

4. 空气制动补充

空气制动补充：空气制动力在再生制动力不够时，补充所缺的制动力。

需要注意的是，再生制动是由牵引控制装置来实现的，不是制动系统的设备，所以再生制动只能在动车上进行，这样，空电复合制动就需要在动车与拖车之间进行协调与分配。在实际制动产品中，由于地铁电动车组多采用动力分散模式，这就有一个复合控制（协调、分配）的范围，即复合控制单元的概念。空电制动复合控制所在的动车与拖车之间形成一个控制单元，即复合控制单元。有的列车采用整列范围内动车的再生制动力总和与全列车制动力总需求进行比较，再生制动力不足，拖车空气制动力先补充，如果不够，动车的空气制动力再参与补充，再生制动失效时，全部制动力都是空气制动力。

二、制动系统总体构成

地铁制动系统主要包括供风系统、指令的产生及传送装置、制动控制装置和基础制动装置等几部分。制动系统各组成部分分布在司机室及各节车辆上，如图1-2所示。

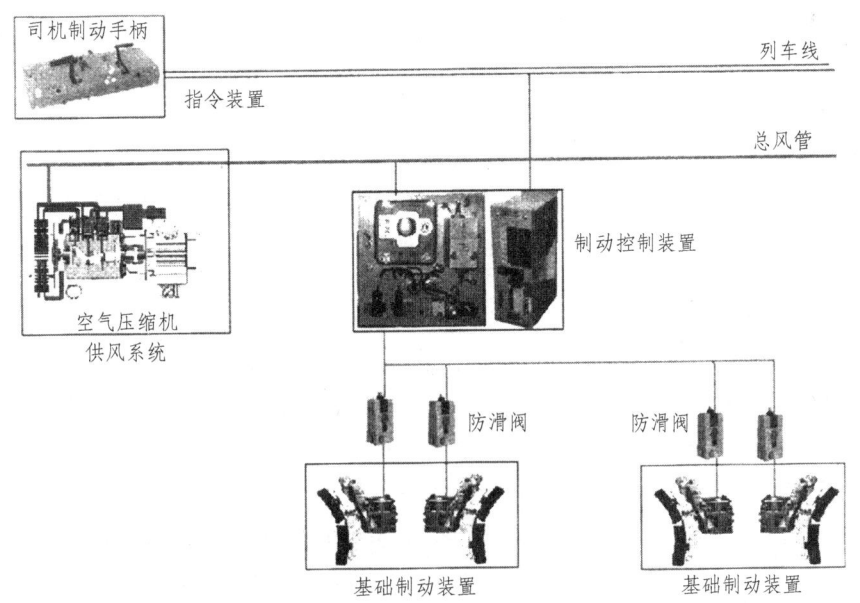

图1-2 制动系统分布示意图

在各节车厢之间有风管连接、电线连接、网线连接等信息传输装置。

风管连接：制动最基本的方式是采用压缩空气作为源动力的空气制动，因此需要为每节车辆的制动设备提供压缩空气，而压缩空气源是分散布置于其中的 2~3 节车上的空气压缩机，它们之间需要用互相连通的空气管路（总风管）相连接，同时也为那些没有空气压缩机的车厢提供压缩空气源。

电线连接：制动指令线、紧急制动回路（安全回路）电线，有的场合称为列车线；还有与制动有关的控制电路的供电电源线，这些属于低压线缆（此外还有与牵引有关的高压线）。

网线连接：协助传递制动指令和制动信息（包括制动工作状态信息、制动装置故障信息）的 TCMS 传输介质，通常是双绞线或光缆。

（一）供风系统

供风系统是指专为制动系统提供压缩空气源的部分，由通过止回阀与总风缸相连的制动供风风缸（简称制动风缸）、截断塞门、滤尘器、安全阀等组成。

（二）制动指令的产生及传输装置

制动指令的产生装置是指能够引起制动控制装置动作，最终通过基础制动装置转化成列车制动力的制动指令形成部分。它包括位于司机室的制动指令装置和各车厢的紧急制动触发装置等。

1. 位于司机室的制动指令装置

司机制动控制器即司机制动手柄，是发出制动指令的装置，这是司机控制列车运行的主要操纵手柄之一。在列车运行中的调速、进站制动这两种最频繁的情况下，司机需要操纵制动手柄对列车进行减速、停车。

司机紧急制动按钮：在遇到危险的情况下，司机可以不通过制动手柄而直接按下该按钮启动紧急制动功能，通过这种方式启动的紧急制动是纯空气的紧急制动，不含电制动，在有的制动系统里还与自动降弓装置联锁。

司机安全装置（DSD）：这是防止司机疲劳驾驶（睡眠）、因身体突发状况而丧失控制力时，保护列车安全停车的监控装置。正常情况下，司机必须在一定时间间隔内按压警惕按钮或踏板装置，一旦超过设定的时间间隔没有按压动作，则引发 DSD 装置报警、触发紧急制动。

备用制动手柄：列车集成制造商可根据总体设计要求，设置备用制动功能及相应的硬件设备，在第一套制动系统出现故障而无法短时间内处理时，启用作为备用的第二套制动系统，使得列车能够继续维持运行、避免救援。备用制动的操纵手柄可以是独立的第二个手柄，也可以通过相应的转换后仍然提供原制动手柄进行备用制动操纵。

救援回送装置：在列车被救援或回送时，地铁列车为降弓、无动力状态，但要求其要有制动力。这就要求设置一套制动指令转换装置，以便把来自救援机车的制动指令转换为地铁电动车组能够识别的制动指令。此时，救援回送开关开启，被救援列车上电（控制系统、列车网络工作），主手柄置于运转位，司机处于值守状态。在很多地铁线中，其中间站为无岔车站，无配线，救援机车无法进入，这种情况下，故障列车可由前行列车牵引或后行列车推送至维修基地，为此，救援回送装置也应该起到施救动车组与被救援动车组之间的指令转换作用。

ATC 车载设备的 ATP 模块：作为列车自动防护子系统，ATP 可以在若干影响行车安全的条件下，发出报警及输出制动指令，强行使列车减速或紧急停车。ATC 系统是从运行控制中心（也即调度中心）延伸到车站设备、轨旁设备及末端的车载设备的列车自动控制系统。ATP 子系统的车载设备的一个最主要的防护功能就是超速防护，当列车的当前速度接近允许速度就会报警并输出常用制动，如果司机没有采取制动降速措施，ATP 就会提高制动级位，如果车速达到允许速度就输出紧急制动指令。ATP 车载模块通常被视为安全设备。

ATC 车载设备的 ATO 模块：作为列车自动驾驶子系统，ATO 可以根据 ATS（自动监督模块）和 ATP 的指令，向牵引控制装置（Traction Control Unit，TCU）发出牵引指令或向制动控制装置（Brake Control Unit，BCU）发出制动指令，实现对列车运行的自动速度控制。

2. 各车厢的紧急制动触发装置

除了列车自动控制系统的车载设备及其他安全设备可以在必要条件下引发常用制动或紧急制动，在各车厢里还设有紧急情况下的报警装置或直接触发紧急制动的装置。

乘客紧急制动按钮：乘客可以在紧急和必要的情况下发出紧急制动指令。这些都是靠贯穿全列车的安全环路（或称安全回路、紧急制动电路）中串联相应的联锁开关来实现的。

车厢火灾报警按钮：在有的车上为便于在发生火警时由司机决定停车时机和停车地点，把火灾报警功能与紧急制动功能分开设置按钮，该按钮只起到火灾报警功能。

制动指令通过传输设备传送到分散在各节车厢的制动控制装置。制动指令传输一般是通过列车环线、网络线或者制动硬线传输到各车辆"制动控制微机"，由"制动控制微机"处理制动电指令，如图 1-3 所示。

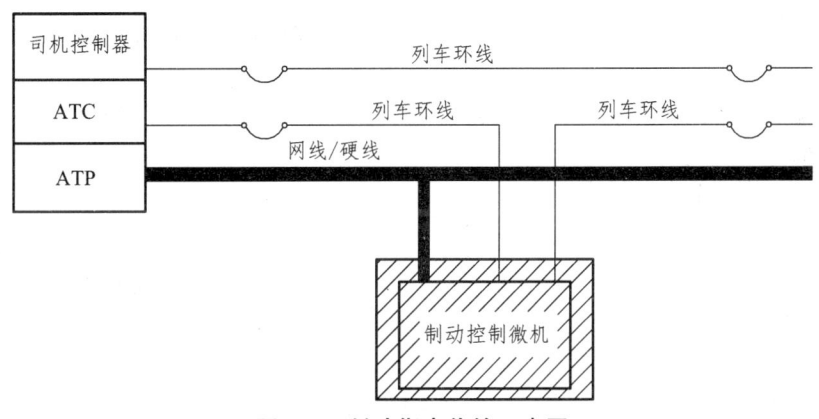

图 1-3　制动指令传输示意图

（三）制动控制装置

制动控制装置是整个制动系统的核心部分，包括气动控制装置和电气控制装置。该部分的功能是接收来司机控制器或者 ATO 的指令，以及各传感器或设备发送的与制动有关的信息，通过微处理器的计算，得到列车所需的制动力，控制空气制动与电制动的复合关系，再向电制动系统和空气制动系统发送制动指令。

电气控制装置的功能是完成制动指令的转化、制动力的计算以及电制动与空气制动的分配等内容。气动控制装置完成电信号向空气压力值的转换，根据不同的制动指令，产生不同的制动缸压力，输出空气制动部分的压力空气，最后送到基础制动装置的制动缸。

除了基本的制动控制功能外，制动控制装置还包括对车轮转动的动态监控、轮轨滑行状态的监控、停放制动缸的压力控制等。

实际制动产品中最成熟、应用最多的是每车都有且只有一套制动控制装置，而在较新的制动产品中，还针对每个转向架设置一套 BCU，这样每节车就有两套 BCU，也称为架控式制动控制装置。

（四）基础制动装置

基础制动装置的功能是将压力空气作用在制动缸活塞上的推力增大数倍后，平均地传递给闸瓦（或闸片），使其压紧车轮（或制动盘）产生制动力矩，以阻止列车运行。根据基础制动装置作用方式的不同，基础制动装置可分为闸瓦制动和盘型制动。

第三节 列车制动方式分类

从作用力与列车的关系来看，驱动或制动都需要对列车作用以外力。从能量的角度看，驱动是动车将接触网提供的电能转变成列车的动能；制动就是设法将此动能从列车上转移出去，使列车减速或停止。采取什么制动方式使列车的动能转移出去，采取什么制动方式获取这种外加制动力，是制动的基本问题。因此，制动方式的研究是制动研究的基础。

如前所述，列车制动的实质，是通过制动装置，人为地将列车运行时所具有的动能，部分或全部从列车上转移出去。从运动学的基本原理可知，要改变列车的运动状态，必须对其施加外力，即制动力。列车制动方式是指列车制动时动能的转移方式或制动力的获取方式。

一、按动能转移方式分类

从能量的角度看，列车制动就是通过一定的方式，把列车的动能转换成其他形式的能量并移出列车的过程。

按此分类，制动方式可分为两类：一是摩擦制动方式，即通过摩擦把动能转化为热能，然后将热能消散于大气；二是动力制动方式，即把动能通过发电机转化为电能，然后将电能从车上转移出去。

（一）摩擦制动

摩擦制动方式是通过摩擦副的摩擦，把列车的动能转变为热能，并将热能消散于大气，其制动性能主要取决于摩擦副的摩擦性能。

城轨电动车组常用的摩擦制动方式主要有闸瓦制动和盘型制动，在高速电动车组的制动系统中还有轨道电磁制动及风阻制动方式。

1. 闸瓦制动

闸瓦制动也可称为踏面制动，如图 1-4 所示。在制动时，闸瓦压紧车轮，轮瓦间发生摩擦产生制动力，列车的动能大部分通过轮瓦间的摩擦变成热能，这些热能经车轮与闸瓦最终逸散到大气中去。

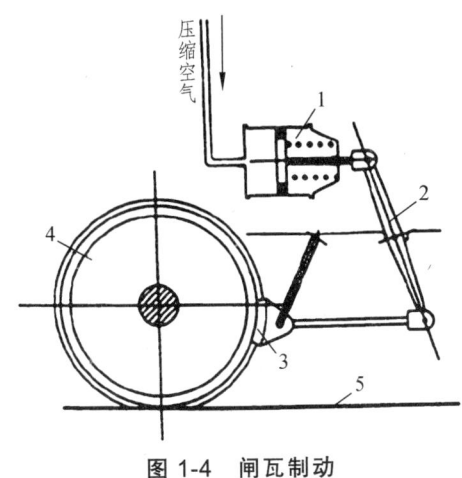

图 1-4　闸瓦制动

1—制动缸；2—基础制动装置；3—闸瓦；4—车轮；5—钢轨

2. 盘型制动

在制动时，制动缸通过制动夹钳使闸片夹紧制动盘，闸片与制动盘产生摩擦力，把列车的动能转变为热能，热能通过制动盘与闸片消散于大气。盘型制动有轴盘式和轮盘式之分。

如图 1-5 所示，当制动盘固定在车轴上时，称为轴盘式盘型制动，一般拖车大多采用这种结构；如果制动盘连接在车轮上，称为轮盘式盘型制动。在动车（动轴）上，由于两轮之间需要安装牵引电机等其他设备，若不能安装轴盘式盘型制动装置，可考虑采用轮盘式盘型制动装置。

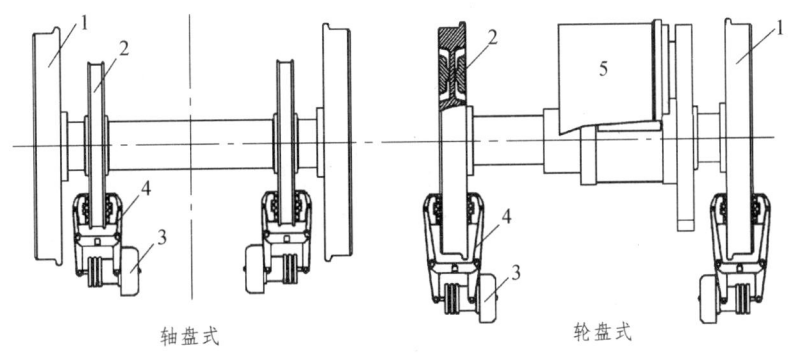

图 1-5　盘型制动

1—轮对；2—制动盘；3—单元制动缸；4—制动夹钳；5—牵引电机

3. 磁轨制动

在转向架构架下面两侧的两个车轮之间，各安置一个制动用的电磁铁（又称电磁靴），制动时将它放下并利用电磁吸力紧压钢轨,通过电磁铁上磨耗板与钢轨间的滑动摩擦产生制动力,把列车动能转化为热能,消散于大气,如图1-6所示。

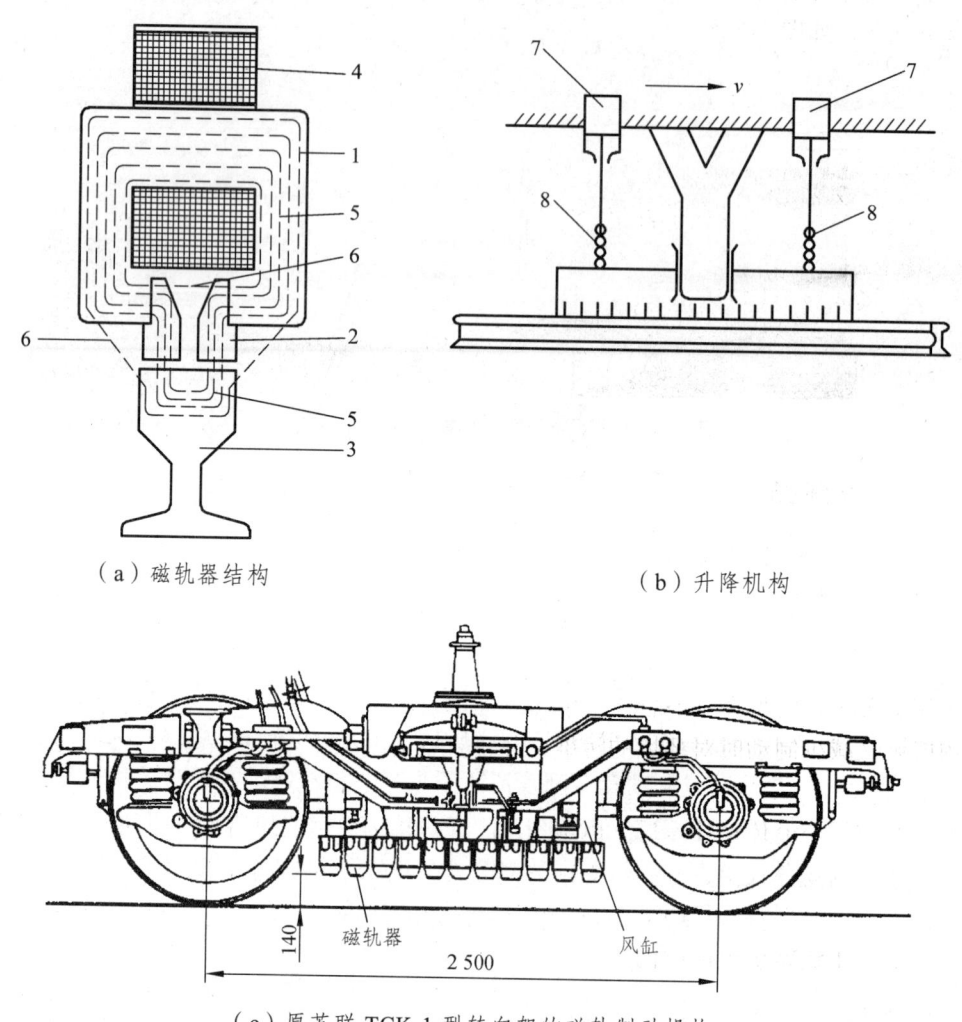

(a)磁轨器结构　　　　　(b)升降机构

(c)原苏联TCK-1型转向架的磁轨制动机构

图1-6　磁轨制动

1—电磁铁;2—磨耗板;3—钢轨;4—励磁线圈;5—工作磁通;6—漏磁通;7—升降风缸;8—复原弹簧

磁轨制动的优点是:制动力不受黏着的限制。不足之处是:①钢轨摩擦太大;②滑动摩擦力小。所以磁轨制动只能作为紧急制动时的一种辅助制动方式。

4. 风阻制动

风阻制动是利用空气动力学的原理,在制动时展开翼板,增加运动方向上的迎风面积,利用大气与翼板的相对摩擦,将列车的动能转化为热能,并随着空气的快速流动消散于大气。在列车上合理设计和布置翼板,速度较高时能有效地提高运行阻力。研究表明,在200 km/h的速度下,列车减速度能提高0.17 m/s^2;在250 km/h的速度下,减速度能提高0.28 m/s^2。当然,随着速度的降低,减速度的增加值也会很快地降低。因此,风阻制动在高速区段制动的效果比较明显。这种制动方式的难点是翼板的设计和布置。翼板的合理设计，还可以增加制动过程中轮轨间的黏着力，降低车轮滑行的可能。日本新干线列车 FASTECH360 制动系统即采用风阻制动，如图 1-7 所示。

图 1-7　日本新干线列车 FASTECH360

（二）动力制动

地铁列车在制动时，将牵引电机转变为发电机，使列车动能转化为电能，然后对这些电能进行不同处理，如电阻制动和再生制动。

1. 再生制动

再生制动方式是将列车动能转化的电能反馈回电网，提供给别的列车使用。再生制动方式既节约能源又减少制动时对环境的污染，并且基本上无磨耗，因此是一种非常理想的动力制动方式。

在列车采用了交流传动技术后，由于相应控制技术的发展，使得再生制动的控制变得比较容易。在各种制动方式中，唯有再生制动方式几乎不需要在列车上增加任何部件，因此它已成为地铁列车、高速列车极为重要的一种制动方式。列车的再生制动能力不但取决于电机的功率，更受制于线路供电网的网压。

2. 电阻制动

电阻制动方式是把列车动能转化的电能加于列车自带的电阻器中，使电能变为电阻器的热能，并最终消散于大气中。电阻制动能提供较稳定的制动力，但车辆底架下需要安装体积和质量都较大的电阻箱和散热风机。

二、按制动力形成方式分类

列车制动方式按制动力形成方式可分为黏着制动与非黏着制动。非黏着制动的制动力不再通过轮轨之间的黏着力产生，而是通过其他方式提供。在常用制动方式中，闸瓦制动、盘型制动、电阻制动和再生制动均属于黏着制动，此外，旋转型电磁涡流制动也属于黏着制动；磁轨制动、轨道型电磁涡流制动则属于非黏着制动。

由于城轨列车一般在封闭的地下站点频繁地起停运行，踏面制动会使车轮或闸瓦因磨耗及摩擦热而产生变形甚至发生破坏；此外长期剧烈摩擦还会产生大量的有害灰尘污染，对周围环境不利。因此,动车主要采用再生制动或电阻制动,而拖车由于无牵引电机,仍以空气制动为主。对于运行速度 100 km/h 以下的城轨列车,拖车采用旋转型电磁涡流制动,能有效避免传统闸瓦制动出现的问题。

1. 旋转型电磁涡流制动

旋转型电磁涡流制动在转向架的车轴与构架上分别安装金属感应盘(制动盘)和磁场生成装置(电磁铁),如图 1-8 所示。在制动时,让电磁铁导通励磁,安装在轮轴上的金属涡流盘在磁场中旋转,盘的内部感应出涡流,产生与旋转方向相反的力,且涡流盘发热,列车动能转化为热能,最终消散于大气。但随着列车速度的减低,其制动力也急剧下降,因此在低速时必须要和其他的制动方式配合使用。圆盘涡流制动的制动能力受制动圆盘与电磁铁之间的间隙变化影响很大。

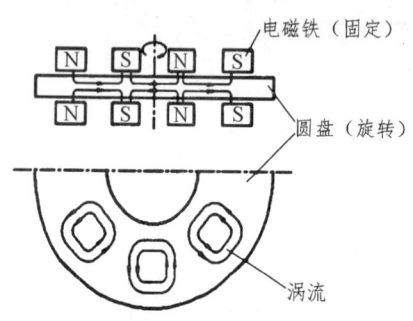 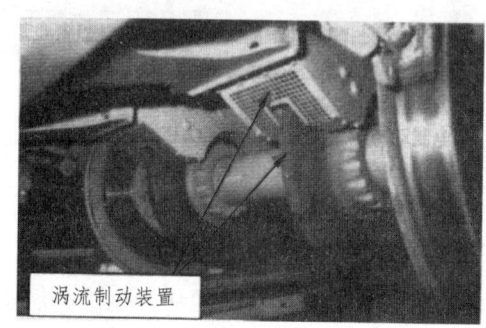

图 1-8 旋转型电磁涡流制动

旋转型电磁涡流制动不使用摩擦部件,因此维修量小于盘型制动。

这种制动方式与传统的机械盘型制动相似,依靠轮轨之间相互作用传递制动力,因此属于黏着制动,也要受黏着限制,而且消耗的电能也很多。

2. 轨道型电磁涡流制动

轨道型电磁涡流制动工作原理与圆盘涡流制动相同,但结构形式类似轨道电磁制动。如图 1-9 所示,在制动时,将安装在两个车轮之间、转向架构架侧梁下、离轨道表面上方几毫米的电磁铁通电励磁,利用它和轨道的相对运动,在钢轨内部感应出涡流,使钢轨发热,列车动能转化为热能,最终消散于大气。

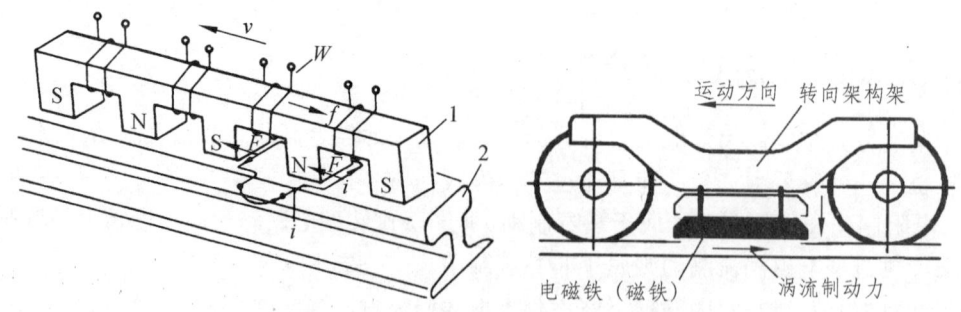

图 1-9 轨道型电磁涡流制动原理图

1—电磁铁;2—钢轨;W—励磁线圈;F—钢轨所受的力

轨道型电磁涡流制动属于非黏着制动，与轮轨间的黏着系数无关，具有与钢轨无机械接触、无磨损、无噪声等优点，但轨道涡流制动也存在以下几个缺点：
① 低速时电磁铁与钢轨间的吸力很大；
② 轨道温升对运行安全产生直接影响；
③ 影响轨道信号的传输。

所以，轨道型电磁涡流制动一般作为高速列车紧急制动时的一种辅助制动方式。

三、按制动力操纵控制方式分类

列车制动方式按制动力操纵控制方式可分为空气制动、电空制动和电制动。

1. 空气制动

空气制动是指以压缩空气为源动力，使单元制动机将闸瓦压到车轮表面上产生摩擦力实现车辆制动的方式。

2. 电空制动

空气制动控制系统的制动或缓解指令是通过列车管内的压缩空气传递的，指令传递的极限速度是空气波的波速，因而列车在制动时冲动较大、制动距离较长。为改善这种情况，人们采用传输速度比空气波速快近百万倍的电信号来传递系统的制动指令。虽然这种制动系统的指令是通过电信号来传递的，但是其制动执行关键部件的动力仍来源于压力空气，因此称其为电空制动（电控制空气制动）系统。

电空制动的控制原理如图 1-10 所示。电空转换阀（EP 阀）根据局部控制单元传来的制动指令信息，将该电信号转化为相对应的压力空气值，作为中继阀的预控压力到达中继阀，然后经过中继阀的流量放大送到制动缸。

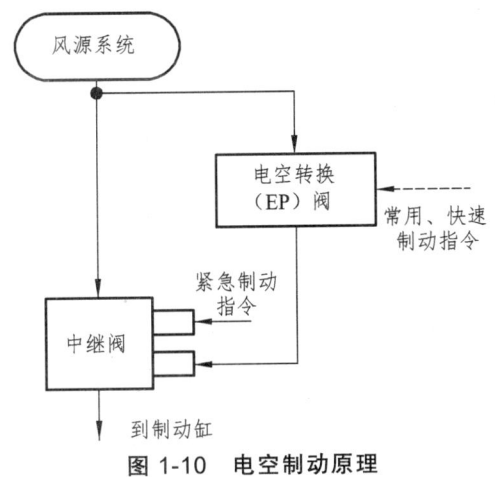

图 1-10　电空制动原理

3. 电制动

电制动包括动力制动、涡流制动及磁轨制动等，地铁车辆电制动通常特指电机的制动，即动力制动。动力制动目前已成为各种型号的地铁的主要制动方式，主要包括再生制动和电阻制动。

在上面介绍的制动方式中，现代地铁车辆采用电制动和电空制动混合制动。为此，地铁车辆至少设有两套制动系统，一套电制动系统（ED 制动），一套电空制动系统（EP 制动）。电制动是牵引系统的功能，制动过程中无闸瓦和轮对（对于盘型制动，则为闸片和制动盘）之间的机械磨损，具有控制精度高、制动平稳、响应速度快等优点，尤其是在较高速度范围内具有制动力大的突出特点，但电制动受电网电压、电机电流等各种条件限制。电空制动任何情况下均可施加，是一种安全的制动方式，但制动时闸瓦和轮对之间存在较大的机械磨损。因而，地铁车辆常用制动时优先采用电制动，电制动不足时再由电空制动补足所需的空气制动力。电制动与电空制动之间切换应平滑，并满足正常运行的冲动极限；在失电或紧急制动情况下，电空制动为主要制动方式。

四、动力制动简介

现代地铁列车动力制动是通过牵引逆变器和三相鼠笼式异步牵引电机构成的交流电传动主电路来实施的，受牵引控制系统 DCU 控制。牵引控制系统 DCU 按列车载荷从空车到超员范围内自动调整电制动力的大小，与电空制动控制系统协调，使列车在空车至超员范围内保持制动减速度基本不变，并具有反应迅速、有效可靠的黏着利用和电制动滑行保护功能。

（一）动力制动工作原理

1. 再生制动

再生制动工作原理如图 1-11 所示。当发生再生制动时，牵引电机转变为发电机进行工作，产生的电能经三相调频调压逆变器 VVVF 中的 6 个 IGBT 组成的桥式整流电路整流成直流电反馈于电网。

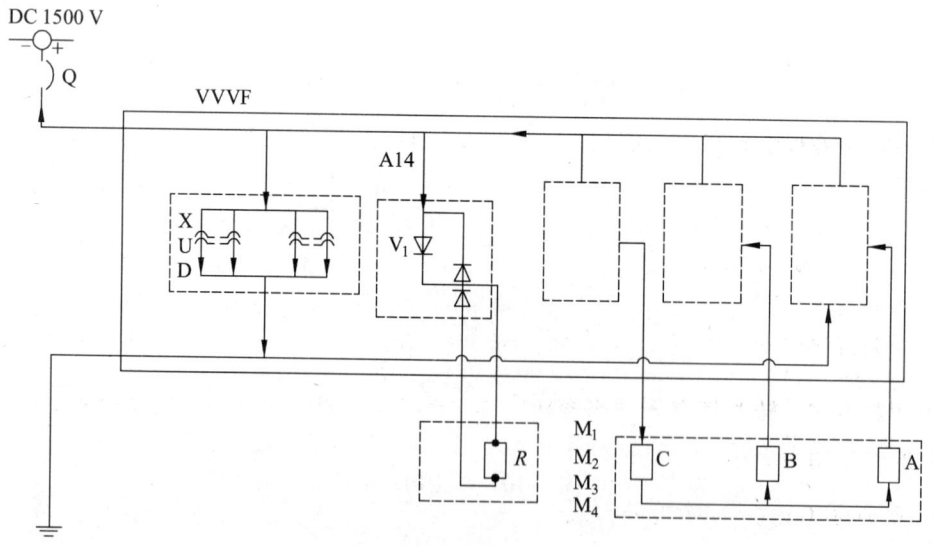

图 1-11 再生制动工作原理图

再生制动方式既节约能源又减少制动时对环境的污染，并且基本上无磨耗，因此是一种非常理想的动力制动方式。

在列车采用了交流传动技术后,由于相应控制技术的发展,使得再生制动的控制变得比较容易。再生制动的大小不仅取决于接触网的接收能力,也取决于接触网电压的高低和负载利用电能的能力。

2. 电阻制动

如果再生制动发生后,能量不能通过电网或一定距离内其他车辆吸收时,三相调频调压逆变器 VVVF 则将能量反馈到线路电容上,使电容电压 XUD 迅速上升。当 XUD 达到最大设定值 DC 1800 V 时,DCU 启动能耗斩波器模块 A14 上的门极可关断晶闸管 GTO 或 IGBT 元件 V_1,激活制动电阻 R 电路,使制动电阻 R 和电容并联,将制动能量通过电阻发热消耗掉,产生电阻制动。电阻制动工作原理如图 1-12 所示。

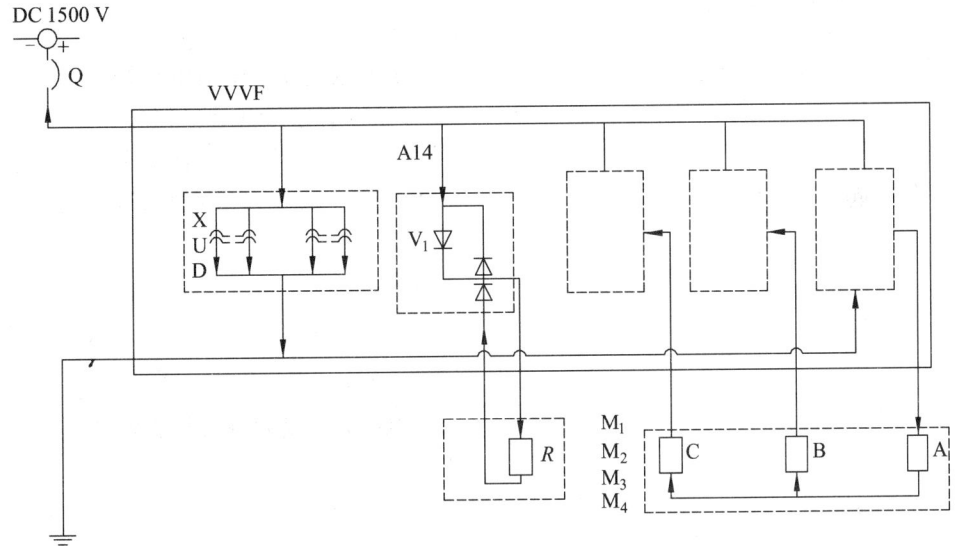

图 1-12 电阻制动工作原理图

电阻制动能提供较稳定的制动力,但车辆底架下需要安装体积和质量都较大的电阻箱和散热风机。

(二)动力制动控制原理

根据电机学原理,电机电磁转矩 $T = K\left(\dfrac{U_1}{f_1}\right)^2 f_2$,DCU 通过调节牵引逆变器输出的电压 U_1、电源频率 f_1、转差频率 f_2 三个参数的值来调节电制动力的大小,以满足列车在不同速度范围内的电制动力大小。

1. 高速区($v_{max} \sim v_1$)控制方式

从高速 v_{max} 时开始制动,DCU 调节逆变器电压 U_1 保持恒定最大值 U_{1max},转差频率 f_2 保持恒定最大值 f_{2max}。调节电源频率 f_1 使之减小,车辆速度随 f_1 减小而下降至 v_1。制动转矩 T_B 与逆变频率 f_1 的平方成反比增加。

2. 中速区（$v_1 \sim v_2$）控制方式

从 v_1 开始，DCU 控制电源电压取最大值 $U_{1\max}$，控制转差频率 f_2（负值）与电压频率 f_1 的平方成反比（$\dfrac{f_2}{f_1^2}$）的同时，随着速度的下降缓慢减小逆变频率 f_1，至转差频率 f_2 值变小直至最小值 $f_{2\min}$，列车速度降至 v_2；制动转矩 T_B 与 f_1 成反比增加。

3. 低速区（$v_2 \sim 0$）控制方式

从 v_2 开始，保持转差频率 f_2 为最小值 $f_{2\min}$，使电源频率随速度下降而缓慢减少。电源电压 U_1 减小，采用 PWM 控制，在保持伏赫比（U_1/f_1）恒定的条件下减小电源频率 f_1，其结果是制动转矩 T_B 保持恒定。

由以上分析可知，当速度大于 v_1 时实施电制动，电制动力并不高。一定指令下减速度不变，无论负载是 AW2 还是 AW3，在高速时电制动力不能满足不同载荷下总的制动力要求。

由如图 1-13 所示的曲线可知，区域 Ⅰ 为列车电机允许施加的最大电制动力。但黏着系数允许施加比电制动更大的制动力，黏着系数允许的制动力与电制动之间的差值（区域 Ⅱ + Ⅲ）可以用空气制动力来补充。考虑到黏着系数与环境的变化密切相关，为了使黏着系数能充分地利用，同时又保证列车不至于过分地滑行，列车实际配置的空气制动力通常只取区域 Ⅱ。

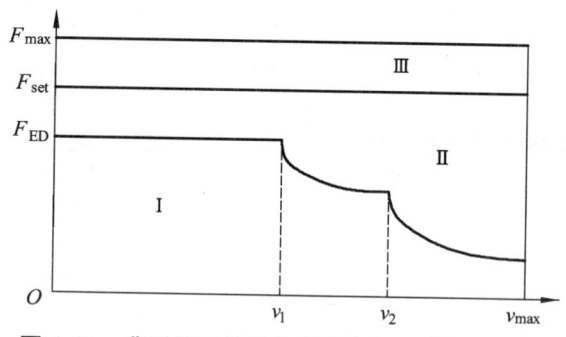

图 1-13 典型的三相异步牵引电机制动力轮廓图

第四节 列车制动控制功能与制动控制模式

根据现代地铁车辆运行需要，列车制动控制系统的主要功能如下：根据制动指令、地铁车辆运行速度和车重来计算常用制动所需的制动力；通过速度传感器接收轮对速度信号进行防滑控制；根据车辆载荷来控制车辆制动率的大小，有效地减小车辆间的纵向冲动；运行时自动显示故障信息并存储，并对应急故障给出处理提示和解决措施；具有地铁车辆冲动限制功能。

一、制动控制功能

1. 减速度控制功能

地铁车辆采用减速度控制，制动指令为电气指令，即制动系统根据电气减速度指令施加制动力。乘客通过站台固定区域上下车，因而地铁车辆每次停站位置要求准确无误，为满足此要求，ATO系统或司机根据停车距离给定列车减速度电气指令，地铁车辆制动过程中必须能够根据减速度指令快速施加相应的制动力，即制动响应准确、迅速。

2. 载荷补偿功能

制动系统设有载荷（AW0～AW3）补偿功能。由于城市轨道交通车辆载客量大，乘客上下车频繁，因此要求制动过程中能够根据车辆载荷变化自动调整制动力，称之为载荷调整功能。

3. 滑行保护功能

制动系统设有滑行保护功能。制动力形成是通过轮轨之间的黏着产生的，轮轨之间能够达到的最大制动力是轮轨之间的最大黏着力。当制动力达到最大黏着力之后，若继续增加制动力，车轮将被闸瓦"抱死"，车轮的制动力将立即减小，这种现象称为"滑行"。

地铁车辆具有较高的制动减速度，需要较高的黏着系数，但由于黏着系数受车轮与钢轨表面状态、线路质量、气候因素与天气状况等各种因素影响，制动过程中车轮滑行时有发生，造成制动距离延长及轮对擦伤，严重影响行车安全，因此地铁车辆需具备车轮防滑功能。

4. 冲动限制功能

常用制动、快速制动具有防冲动限制功能。制动指令是电气信号，制动指令变化瞬间可以完成，如果制动力跟随制动指令迅速变化，就可能造成冲动，引起乘客不适，而且常用制动需频繁施加，为减少制动时的冲动以避免制动力变化过快引起乘客不适，常用制动过程中需限制制动力的变化速率，称之为冲动限制功能。

二、制动控制模式

制动系统具有常用制动、紧急制动、快速制动、停放制动（辅助制动）等制动控制模式。地铁列车制动模式设计为可恢复制动和不可恢复制动。任何时候，操作人员均可缓解可恢复制动，而不可恢复性制动则施加制动力直到列车停车才能缓解。

1. 常用制动

常用制动是列车正常运行时施加的制动，是制动系统最常使用的制动功能，由司机将司控器手柄置于制动位或ATO施加。如手动施加常用制动，需将司控器手柄移至制动位，制动设置点与手柄位置成比例。常用制动时，电制动优先，空气制动根据减速度要求提供剩余的减速力。最大常用制动平均减速度为 1.0 m/s^2。常用制动时电制动力受踏面黏着限制。常用制动具有防滑保护和受冲动限制（0.75 m/s^3），是可恢复的制动。

常用制动的制动过程分为电制动、电空制动、保持制动3个阶段。

保持制动是常用制动的自动控制模式，在制动系统采用微机控制制动系统时才能实现。它用来防止列车在即将停车的过程中，因摩擦制动摩擦系数的变化而导致旅客舒适性的恶化。在这一控制模式中，还考虑了列车停车后防止溜坡所需实施的制动，以及列车在再次起动过程中与牵引控制的配合模式（防止停在上坡道的列车再次牵引时由于牵引力不足后溜而设置）。保持（停车）制动的作用特别适用于运行线路固定、需要经常停站的列车。

保持制动由停车检测和保持制动信号共同产生，与制动指令无关，保持制动的力的大小为最大常用空气制动 70% 的制动力（在实际施加制动力和 70% 的最大常用制动中取大值），在保持制动过程中具有载荷补偿功能。

同时满足以下条件时，保持制动便可缓解：牵引命令；保持制动缓解命令；无制动命令。ATO 模式下的保持制动由 ATC 控制。

2. 紧急制动

紧急制动是列车遇到紧急情况或者其他意外情况时，为使列车以最快的速度停车而施加的制动。紧急制动由列车的紧急制动环路失电触发，并最终由空气制动基础装置执行，是通过一个安全回路控制的纯空气制动模式，是列车运行安全导向保证中最重要的环节。每种操作模式（自动和手动模式）总能施加紧急制动。

紧急制动平均减速率设计为 $1.2\ m/s^2$。

紧急制动命令不可恢复，并予以零速互锁。此外，当通过紧急制动按钮施加紧急制动时，受电弓降弓，断电器断开。发生紧急制动后，列车在完全停止前不能预先缓解制动。

车轮防滑保护（WSP）功能在紧急制动过程中仍然有效。在紧急制动过程中，不受冲击极限的限制。

满足以下任一紧急情况，将导致紧急制动施加：
① 触发司机室中的警惕装置（仅当车辆不处于 ATC 模式时）；
② 按下司机室控制台上的紧急制动按钮（击打式按钮）；
③ 行驶过程中的列车分离；
④ 紧急制动电气列车线环路（安全回路）中断或失电；
⑤ 列车自动保护系统或自动警示设备启动；
⑥ 超速（列车构造速度）。

当所有紧急制动触发条件都消失，在零速时紧急制动缓解，此时保持制动施加。

3. 快速制动

快速制动是在非常情况下为了使列车快速停止而施行的制动，快速制动也称为非常制动。当司机主控制器位于快速制动位时，列车施加快速制动。快速制动设计以紧急制动减速率（$1.2\ m/s^2$）制动而不断开安全回路，制动力为最大制动力的 1.4~1.5 倍，与紧急制动力相当。

快速制动具有防滑保护，并受冲动限制（冲击极限不大于 $0.75\ m/s^3$）。快速制动由电制动和电空制动产生，是可恢复的制动，低电平有效。快速制动可通过司机室驾驶台上快速制动按钮实现，也可以由列车自动保护装置（ATP）产生。快速制动的作用过程与常用制动模式类似，一般为 ED 和 EP 混合制动。

当司机控制器调速手柄移回"惰行位"或"牵引位"时，快速制动将得到缓解。

4. 停放制动

停放制动是为了防止列车在长时间停放时发生溜逸。因为列车较长时间断电停放，制动缸压缩空气泄漏无补充，气压逐渐下降，空气制动就会失去作用，地铁列车大多采用弹簧蓄能制动装置来实施停放制动。

在列车运行时，利用压缩空气的压力抵消蓄能弹簧的弹力，不让其发挥作用；当压缩空气的压力（或液压）逐渐减小时，停放制动作用就自动逐步体现。当需要人为控制列车实施停放制动时，可通过贯穿列车的停放制动指令线，使各车辆的停放制动电磁阀动作，排除压缩空气的压力。停放制动的作用主要是用来替代传统的手制动作用，一般都通过摩擦制动方式实现。

停放制动仅在静止时采用，防止停放的列车滚动，应保证超载（AW3 载荷）的列车停在不超过 40‰ 的坡道上。

地铁列车制动系统制动控制模式与制动方式见表 1-1。

表 1-1 制动控制模式

控制模式	制动方式		平均减速度/(m/s^2)
	电制动	空气制动	
常用制动	√	√	0～1.0
快速制动	√	√	1.2
紧急制动	—	√	≥1.2
保持制动	—	√	—
停放制动	—	√**	—

注：√表示制动激活；√**—弹簧施加，空气缓解；—表示不适应。

第五节 国内外地铁制动控制系统技术发展

制动系统是地铁车辆的关键设备，技术复杂、安全系数要求高，它的可靠性是行车安全的基本保证。目前，我国城市地铁车辆制动系统的关键部件——制动控制系统，大部分采用国外进口的成套设备，主要是德国 KNORR-BREMSE 公司、日本 NABCO 公司和英国原 WESTINGHOUSE 公司（现为德国 KNORR-BREMSE 收购）等公司的产品。2005 年，中国铁道科学研究院在原有基础上率先完成制动控制系统的研制，并成功试运营于北京、天津等城市地铁车辆制动系统中，摆脱了地铁车辆制动系统中成套产品长期依赖进口的被动局面，使我国地铁车辆制动技术又前进了一步。

一、国外地铁制动系统技术

国外地铁制动系统产品主要是德国克诺尔公司的 EP2002 制动系统、日本 Nabtesco 公司的 HRA 制动系统和法国 Faiveley 公司的 EPAC 制动系统。

1. 德国克诺尔 ESRA 型制动系统

德国克诺尔制动系统主要是指 ESRA 型模拟式直通电空制动系统。制动电子控制单元及空气制动控制单元组成的制动控制装置可分别安装也可集中安装，安装方式及位置可根据客户要求定制，制动指令采用网络信号或 PWM 信号，该系统主要应用于上海、广州等地铁项目中。

2. 日本 Nabtesco 公司的 HRA 制动系统

HRA 制动系统是一套微机控制的电气指令式电空制动系统，是日本 Nabtesco 公司为城轨车辆研制的。HRA 制动系统内部设有监控终端，具有自诊断功能和故障记录功能，分为 HRA 制动系统和 HRDA 制动系统。目前在北京地铁、沈阳地铁上使用的制动系统是 HRDA 数字指令式电空直通制动系统，该系能够实现七级常用制动、快速制动、紧急制动和保压制动等制动模式。

HRDA 制动系统可靠性较高，但网络控制以及系统集成等方面还有待完善。

3. 法国 Faiveley 公司的 EPAC 制动系统

Faiveley 公司的 EPAC 制动产品包括基于架控的 EPAC 电空制动系统和基于车控的 EPAC Lite 电空制动系统，该系统用于我国深圳 4 号线，上海地铁 6、8 号线以及南京地铁南延线上。该制动系统包括供风装置、制动控制装置、转向架制动装置、空气信号装置及防滑保护装置等，能实现常用制动、快速制动、紧急制动、停放制动、保持制动、回送等工作模式。

4. 德国克诺尔 EP2002 制动系统

EP2002 制动系统是现在国内地铁车辆上使用最多的一种制动系统，由德国克诺尔公司研制生产，2005 年首次应用于广州地铁 3 号线，为电气模拟指令式制动控制系统，能完成常用制动、快速制动、紧急制动、停放制动、保压制动以及防滑保护功能。该系统主要组件包括 EP2002 阀[智能阀、RIO 阀（远程输入/输出阀）和网关阀]、制动控制模块以及其他辅助部件。该制动系统的控制方式为一个 EP2002 阀控制一个转向架，即所谓的架控式制动系统。

EP2002 制动系统的部件具有高集成化的优点，不仅节约了安装空间，也能够便于安装、使用和维护，而且由于其采用的是架控方式，大大减少了故障状态对列车运行的影响。但其相应的缺点就是关键部件的维护难度大、互换性差。

二、国产地铁制动系统

当中国第一条地下铁道在北京建造时，我国自行研发、制造的地铁列车使用的是 DK 型自动式电磁空气制动系统。该制动系统的技术基础是干线旅客车辆的 LN 型制动机，由于它在电阻制动与空气制动进行制动配合时采用了切换的方式，故制动的控制能力较差。

随着动力制动为主的车辆制动技术的发展，我国研制成功了 SD 型数字式电控制动系统。该制动系统在动力制动的制动力不足情况下可使用空气制动力作及时补偿，与 DK 型制动系统相比具有明显的优势。SD 型制动系统是数字式气压控制，制动的控制精度不高，存在改进的空间。

为了达到动力制动与空气制动的连续配合，我国进一步研制了 AR12 型制动系统。该制动系统采用了模拟信号传递制动命令，制动力控制更为精确，但是由于制动控制采用了电子逻辑电路控制，具有难以实现拖车利用动车动力制动能力和不能进行实时故障监测的不足之处，普适性并不强。

目前，国产地铁制动系统有中国铁道科学研究院研制的制动系统，这部分内容将在第十章介绍。

一、名词解释

制动 制动的缓解 制动装置 常用制动 SB 紧急制动 EB 停放制动 PB 制动距离 紧急制动距离 制动率

二、简答题

1. 列车的制动是如何分类的？
2. 城市轨道交通车辆制动系统有哪几种制动功能？
3. 现代地铁车辆电空制动系统的指令传输有哪几种指令传输模式？
4. 简述现代城市轨道交通车辆的制动系统的组成。
5. 简述动力制动控制原理。
6. 简述国内外地铁制动控制系统技术发展过程。

第二章 制动控制原理

第一节 制动控制的要求

一、制动控制基本性能的要求

1. 满足规定的制动距离要求

如前所述，从系统制动能力上，首先要满足紧急制动距离的要求，这是与安全有直接关系的制动性能，在实际产品中也是最重要的技术指标。另外，从制动力控制上要满足定点停车等制动距离的要求。

2. 满足规定的减速度要求

制动减速度、制动平均减速度，是评价制动基本能力的性能指标。制动减速度是被设定在司机制动手柄与制动电子控制单元的指令生成与解码环节，或者在制动计算软件中通过制动力计算程序规定的。

3. 满足黏着利用率要求

在整车制动性能参数方面，要考虑好制动力与黏着力的关系，如果片面提高对制动力的要求而忽视了非正常条件下的黏着不足，就可带来对行车安全的严重影响，也会对制动系统造成一定的损伤。黏着利用率的问题同样也体现在制动系统防滑控制软件的设计水平和实际防滑控制效果方面。

4. 有较高的再生制动率

再生制动发挥的多少与制动系统内部性能、空电复合制动策略、外部接触网状态等多方面因素有关，但就制动系统自身而言，必须有较好的空电复合制动策略才能较好地发挥再生制动效果，提高制动系统及整车的经济性。

5. 满足制动平稳性要求

制动平稳性要求采取动车组各车的制动力同步上升、电制动与空气制动的转换或协调要平滑、制动力与车厢质量成正比（尽量减小车钩拉伸和压缩的动态力）、采用密接车钩等减小纵向冲动的措施。

6. 满足制动精度要求

制动精度是指制动距离精度、制动减速度精度、制动调速（目标速度控制）精度。

制动距离精度：在需要精确定点停车的场合，对于地铁电动车组停车时，要求车厢门对准站台上屏蔽门的中心线。

制动减速度精度：制动指令和制动力的控制都是按减速度规定的，但制动系统最终给列车提供的是纵向减速力，如果把指令、制动力、列车质量、列车速度视为一个控制系统的各个量，那么完全可以做到用闭环系统实现既定的列车减速度或即时速度，并且具有很高的精度。但列车具有很大的惯性质量，与线路构成的运动系统是一个大惯性系统，直接以电动车组的减速度作为控制目标的方法将使系统复杂化。

目标速度控制精度：在目标速度控制模式（或称定速、稳速、恒速）下，列车控制系统不断地向牵引或制动系统发出指令，使列车间或处于牵引、惰行、制动工况，维持列车运行于目标速度。因此，目标速度控制精度不是单纯的制动控制精度问题，但却与制动力控制的响应和精度有关。

7. 满足故障条件下制动能力的要求

制动系统在部分制动设备发生故障的情况下，有可能被切除掉一节车或几节车的制动，要求剩余的制动控制装置能够维持列车的基本制动能力，使列车不致丧失运行能力而被迫采取特殊的救援作业。在运行能力方面，丧失一节车的制动能力，就会降低一定的运行速度，虽然列车能够维持运行，但将导致晚点等服务质量下降的不良后果。

8. 满足救援条件下的制动能力的要求

如果列车因制动系统以外的故障而不能继续运行，就要进入救援作业程序，机车或其他运行中的列车来救援故障列车，但要求被救援的故障列车依然有制动能力，如果制动能力也完全丧失了，那么就要进行特殊的救援作业。在地铁运营系统中，由于大量的中间站没有配线，救援机车进不来，无法展开现场救援作业，只能由前行列车或后行列车来救援故障列车，同样要求故障列车要有制动能力，否则要以低于 5 km/h 的速度拖动至前方站，再进行下一步的救援作业。

9. 满足列车防溜对制动能力的要求

坡道停放的防溜能力：列车在有坡停放条件下，为了防止制动缸压缩空气泄漏引起空气制动力的降低而导致列车溜坡，引发安全事故，要求制动系统必须要有防溜的制动能力，即该制动装置能够独立于空气制动缸而施加额外的制动力，使列车维持在停放状态下。

坡道起动的防溜能力：列车在某些特殊情况下有可能无法避免在坡上停车，除了要防止溜车，还要防止司机推牵引手柄的瞬间，由于制动缓解后牵引力还没有上升到可无起动阻力时，发生车轮倒转或连续后溜，在制动系统或制动系统与牵引系统的配合上，要求列车具有坡道起动的防溜能力。列车为此设置的功能在有的产品上称为保持制动。

二、控制系统的控制范围

1. 空电复合控制的编组控制模式

由于电制动只有动车才有，所以空气制动与电制动的配合（复合控制）就有一个协调可知的范围问题，在整个编组内动车与拖车之间进行空电复合控制，称之为编组控制模式。

2. 空电复合控制的单元控制模式

列车由几个单元组成，在一个单元内动车与拖车之间进行空电复合控制，称之为单元控制模式。

3. 空电复合控制的单车控制模式

仅在一节车内（自然是动车）进行电制动与空气制动之间的空电复合控制，称之为单车控制模式。

4. 空电复合控制的架控模式

在一些制动新产品（如 EP2002 制动系统）中，一个制动控制装置负责一个转向架，在某些列车如轻轨车辆上有可能出现一个转向架内有一根动轴和一根拖轴（从轴、非动力轴），那么复合控制就在转向架内进行，称之为架控模式。

5. 空电复合控制的轴控模式

制动控制在每根轴上独立进行的一个特例就是防滑控制，属于轴控模式。

第二节 制动指令

现代地铁车辆停车频繁，要求的停车精度高，因此制动指令能够准确及时地响应制动需求至关重要。地铁列车制动系统采用电气指令式，制动指令一般是由司机制动控制器送出的，交给列车信息控制网络传输给各车的制动控制装置。

在所有制动指令中，司机制动控制器发出的制动指令是使用频度最高、功能划分最全面的，主要有常用制动（含有多个级位）和紧急制动（或快速制动），而司机以外的制动指令主要来自安全设备，这些制动中，大多是经过制动接口电路，把安全设备发出的制动指令接入已有的常用制动指令电路中或手柄快速制动电路中。而手柄外的安全设备之一的安全环路（也称紧急制动电路）是以断电的方式直接经过继电器触发紧急制动功能的。

司机制动手柄上的快速制动和手柄外的紧急制动都是失电制动，指令关系是简单的得失电，这个电路是贯穿全列车的，因此无须其他传输线，该电路直接使每节车辆的制动控制装置中的紧急制动电磁阀失电，输出紧急制动空气预控压力。

常用制动指令的形成和传输采用电气方式。制动指令按指令形成和传递方式可分为数字指令和模拟指令。

一、数字式制动指令

1. 数字式制动指令概念

所谓数字式指令，是指由 0 和 1 组成的二进制数，在用三位数组合时，除了（000），还有 7 组组合（001、010、100、011、101、110、111）。在制动控制上，使 0 对应制动指令线 off，1 对应 on。这样，用 3 根制动指令线组合，可以得到 7 个制动级别。如果采用更多的制动指令线，可以得到更多的制动级别，不同的制动级别代表不同的制动控制目标（制动力、减速度等）值。

早期，日本地铁车辆采用了数字电气指令，制动指令为 7 级电气指令，是以二进制码的形式，从司控器引出 3 条制动指令线，根据制动缓解要求，使制动指令线交替得电，输出 7 级制动指令。常用制动指令的形成原则如表 2-1 所示。

表 2-1　各级指令对应表（1 表示得电；0 表示失电）

制动指令线	缓解	1 级	2 级	3 级	4 级	5 级	6 级	7 级
常用 1	0	1	1	0	0	0	1	1
常用 2	0	0	1	1	1	0	0	1
常用 3	0	0	0	0	1	1	1	1

这种方式需要定义 3 根线的编码"位"，但抗干扰能力不强，总存在两个级位之间只要某根线串入干扰电平，就有可能引起高低位之间的错码。但这种方式简单，需用的导线数较少，在备用指令中可以采用（如 2 线编码、3 位制动）。

实际产品中常采用逐级依次加电的多线组合方式。如采用 7 根指令线，同样形成 7 级常用制动指令，如表 2-2 所示。这样，级位越高的制动指令的形成要更多的指令线同时带电才有效，提高了抗干扰能力，同时也有利于用简单的逻辑判断进行指令线传输状态的故障诊断。

表 2-2　各级指令对应表（1 表示得电；0 表示失电）

制动指令线	缓解	1 级	2 级	3 级	4 级	5 级	6 级	7 级
常用 1	0	1	1	1	1	1	1	1
常用 2	0	0	1	1	1	1	1	1
常用 3	0	0	0	1	1	1	1	1
常用 4	0	0	0	0	1	1	1	1
常用 5	0	0	0	0	0	1	1	1
常用 6	0	0	0	0	0	0	1	1
常用 7	0	0	0	0	0	0	0	1

2. 数字式指令形成方式

数字式指令可以用两种方法传输至列车信息控制网络（见图 2-1）：一种是在司机制动控制器内部把反映司机操作位置（制动级位）的指令变换成标准电平的数字量，然后用数字通信方式把指令传送给列车网络，这种方式在司机制动控制器内部安装有数字编码电路；另一种是在司机制动控制器内形成控制电压的开关量，经多条控制线送到列车网络，由网络主机内相应的信号处理板完成标准数字量的转换。这种方式在司机制动控制器内部不需要安装数字编码电路，相对简化了制动控制器的结构。

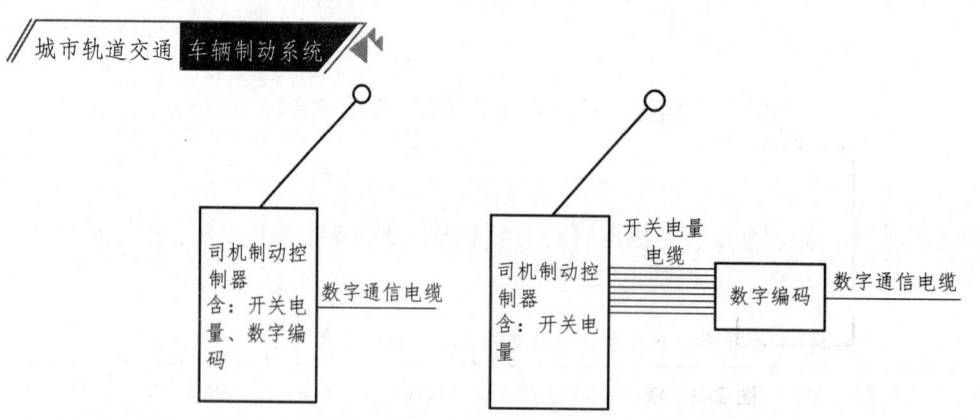

图 2-1　数字式制动指令形成方式

3. 数字式制动指令的传输

在动车组上，司机制动控制器发出的制动指令，在正常情况下的传输一般交给列车信息控制网络来完成，列车网络对于来自司机控制器（或列车自动控制系统车载设备、司机安全装置等）的牵引、制动等指令是优先传送的。

在设备故障情况下，可以通过备用传输线（电缆线，简称硬线）向全列车传送（见图 2-2）。SB 为常用制动列车线，EB 为紧急制动列车线。

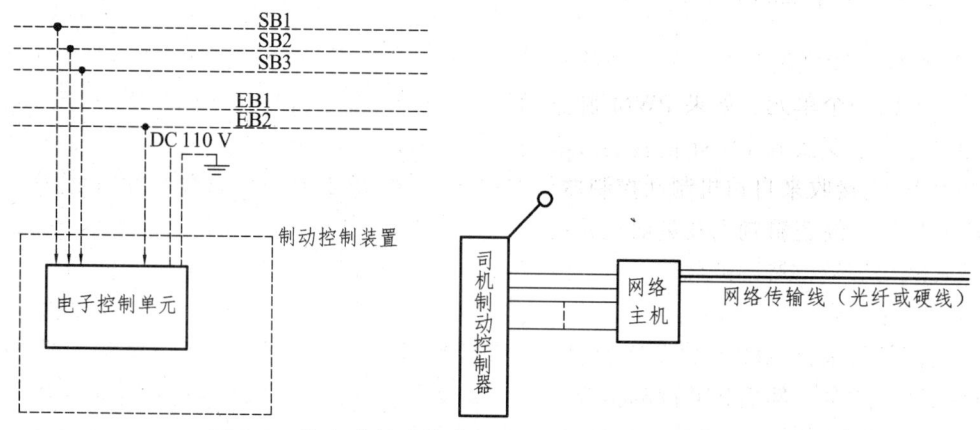

图 2-2　数字式制动指令硬线传输与网络传输示意图

二、模拟式制动指令

1. 模拟式制动指令概念

模拟式指令是指用模拟电量反映司机制动控制器的级位信息。模拟电量可以采用电压、电流、频率、脉冲宽度、相位等信号来传递制动指令（见图 2-3），以这些模拟量的大小来表示制动要求的大小。

与数字指令式制动控制系统的制动分级控制不同，模拟指令式制动控制系统可以实现制动无级操纵。

模拟指令比数字指令使列车控制更为方便，但它对传递指令的设备性能要求较高。因为模拟信号输入计算机前需进行转换，而且大多数情况下，模拟信号不宜直接用数据采集电路进行数字转换。模拟信号进行转换前通常需要信号的放大、滤波等调节措施。

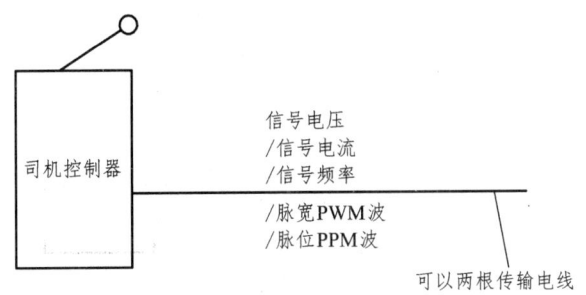

图 2-3 模拟式制动指令形成方式

2. 模拟式制动指令的传输

模拟式制动指令由司机制动控制器的位置信息经调制或直接编码形成。例如，某制动系统的制动指令信号为 475～525 Hz 的 24 V 单极性 PWM 信号，由制动编码器发出。司机主控制器在不同位置时的 PWM 制动指令信号占空比如表 2-3 所示。

表 2-3 PWM 制动指令信号占空比

级位	牵引	SB1	SB2	SB3	SB4	SB5	SB6	SB7	EB
占空比	15.0%	23.8%	32.5%	41.3%	50.0%	58.8%	67.5%	76.3%	90.0%

PWM 脉冲宽度调制器作为制动信号发生装置中最重要的部件之一，也是整个制动系统中非常重要的一个单元。如果 PWM 脉宽调制器放在司机制动控制器内部，那么它直接把司机制动手柄位置变换成 PWM 信号向外输出；如果 PWM 脉宽调制器放在司机制动控制器外部（之后），它接收来自司机制动控制器产生的电气指令式制动信号以及 ATP 发出的电气指令式制动信号，经逻辑判别及量值比较后，根据协议约定，选择量值较大者作为当前有效电气指令式制动信号，然后进行信号形式的变换，送至网络进行传输。

如果要通过列车传输硬线（贯通全车的电空制动指令传输线）传输制动指令，则通过对制动手柄信号与来自 ATP 等设备的制动信号进行判别比较后，选择确定某一输入作为当前应该执行的制动指令，然后将此制动指令在信号变换单元中变换，从而产生脉宽按照协议设定规律变化的 PWM 信号，最后送至输出级进行电平变换，升高电压，以便于能够在强电磁干扰环境下进行较长距离的传输。模拟制动指令的硬线传输示意图如图 2-4 所示。

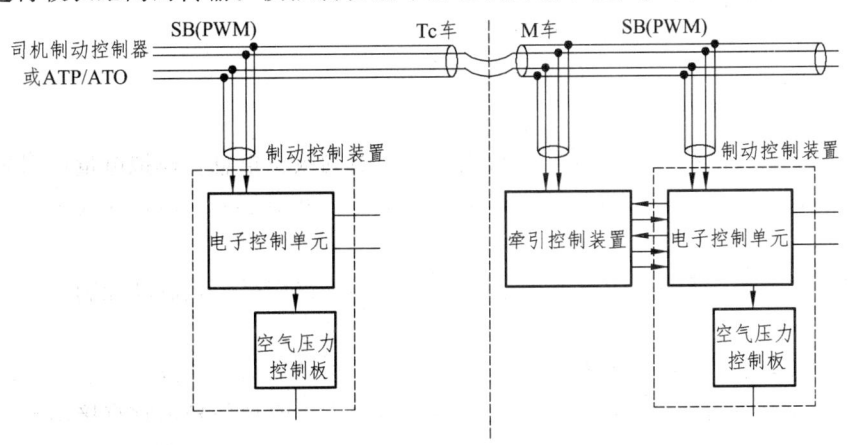

图 2-4 模拟制动指令的硬线传输示意图

三、制动指令装置——司机制动控制器

在地铁列车电空制动系统中，司机制动控制器是司机操纵列车制动，即发出制动指令的装置。

模拟型制动手柄装置的主要部件是形成模拟电量的电子元器件，把司机制动手柄的转动位置（对应了不同的制动级位），通过旋转编码器（角位移编码器），转变成相应的模拟信号幅值。最常用的模拟信号是脉冲宽度调制 PWM 信号，需要一个精密的角度线性电位器，用不同制动级位对应的电阻值调制脉冲信号发生器的脉冲信号宽度，形成占空比信号。该信号可经列车传输线或列车网络数据线传输。

数字型制动手柄装置通常由手柄、传动轴、凸轮盘、微动开关、接线座盒、安装座等组成。一个典型的 NABTESCO 司机制动控制器（牵引制动一体化）手柄结构示意图如图 2-5 所示。牵引制动手柄，也称为主手柄。手柄在垂直于台面的位置（即铅垂位）为中立位，由此位置向前推为牵引控制区，向后拉为制动控制区，其中制动控制区的前半区为常用制动区（7级 SB），常用制动区之后有一个定位是快速制动位 FB。

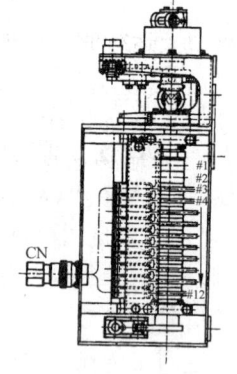

图 2-5　司机控制器

当司机操作制动手柄置于常用制动区某个位置（常用制动级位）时，实际上就把反映手柄位的信息如常用7位（以下记为 B7），以数字量形式经列车网络传送到各车制动控制装置，在计算机的计算和控制下，查表找出该级位、此时列车速度对应的列车制动减速度，再与车辆总重等数据一起计算出此时该车所需的制动力，控制中继阀向制动缸输出相应的空气压力。减速度指令方式控制原理示意图如图 2-6 所示。

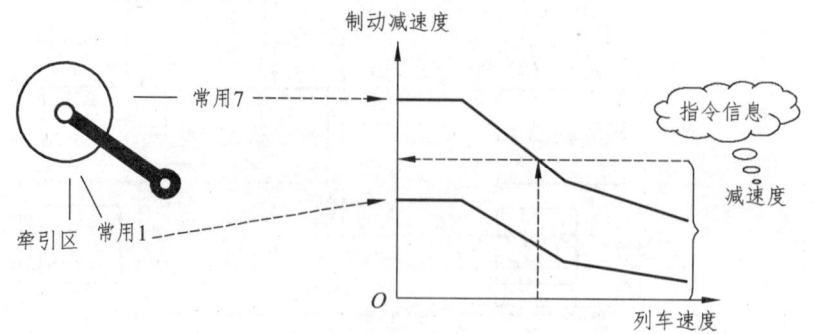

图 2-6　减速度指令方式控制原理示意图

因此，采用电气指令方式的空气制动机，其制动指令的本质是制动手柄位对应的列车制动减速度，也是司机所希望的列车减速度能力和表现，指令信息形式是电气量（模拟量或数字量）。指令的具体内容因指令信息形式的不同而不同。

模拟量表达的制动指令中，指令的具体内容就是电压（或电流、脉冲宽度等）的具体数值；而在数字量表达的制动指令中，经计算机网络传输的是经过编码形成的数字量，其具体内容对应的是指令制动级位的数字量，如 B7，以列车网络通信方式传递。

显然，不论模拟指令还是数字指令，其传播速度大大高于空气制动波速。其中，数字指令信息受网络的传输速度和通信协议的影响，比纯粹模拟电气指令信息的传输稍有延迟。

减速度指令模式，对应了制动控制的减速度控制模式。就是说，制动控制是以动车组应达到或维持预定的减速度为目标的，制动力的分配、调整控制要以此为前提。

第三节　制动力的产生及黏着蠕滑理论

轮对在钢轨上运行时，一般承受垂向载荷及纵、横切向载荷。垂向载荷来自车辆对轮对的正压力，纵向载荷主要来自牵引及制动，横向载荷来自车辆过曲线时的离心力、轮子锥形踏面引起的重力的横向分力等。

在分析轨道车辆的轮轨关系时，通常需要引入两个十分重要的概念，即"黏着"和"蠕滑"。

一、黏着概念

1. 动轮与钢轨的黏着

图 2-7 所示为列车以速度 v 在平直线路上运行时的一个动轮的受力情况。为了描述清晰，图中将动轮与钢轨分离。

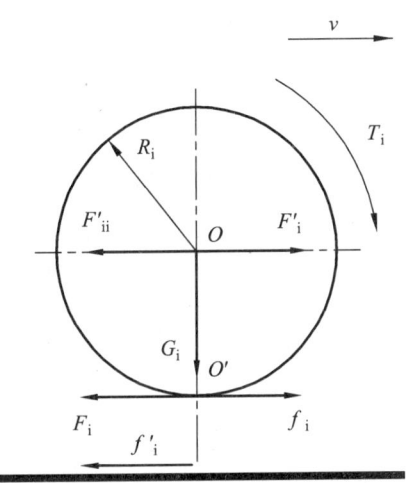

图 2-7　牵引运行时动轮与钢轨受力分析

在图 2-7 中，G_i 为一个动轮对作用在钢轨上的正压力，又称为轮对的轴重。牵引电机作用在动轮对上的驱动转矩为 T_i，可以用一对力 F_i 和 F_i' 形成的力偶代替。力 F_i' 和 F_i 分别作用在轮轴中心的 O 点和轮轨接触处的 O' 点，其大小为：$F_i = F_i' = \dfrac{T_i}{R_i}$（$R_i$ 为动轮半径）。

在正压力 G_i 的作用下，车轮与钢轨的接触部分紧紧压在一起。切向力 F_i 使车轮上的 O' 点具有向左运动的趋势，由于 G_i 及轮轨接触处摩擦的作用，车轮与钢轨间产生静摩擦力，f_i 为钢轨对车轮的力，其反作用力 f_i' 为车轮作用在钢轨上的力，显然 $f_i' = f_i$。当车轮与钢轨间未产生滑动时，车轮上的 O' 点受到两个方向相反的力 F_i 和 f_i 的作用，且

$$f_i = F_i \tag{2-1}$$

动轮与钢轨接触处，由于正压力而出现的保持轮轨接触处相对静止而无滑动的现象称为"黏着"。黏着状态下的静摩擦力 f_i 称为黏着牵引力。

由于黏着的存在，O' 点保持相对静止，成为动轮瞬时转动中心。作用在轮轴中心的 O 点的力 F_i' 将使动轮绕 O' 转动，引起轴承对轮轴的水平反作用力 F_{ii}''。只要驱动转矩 T_i 足够大，动轮即绕瞬时转动中心转动，瞬时转动中心沿钢轨不断前移，动车产生平动。

从整个动车来看，驱动转矩 T_i 归算到轮心作用力 F_i' 和轴承对轮轴的反作用力 F_{ii}'' 是一对内力，而钢轨对动轮的摩擦力 f_i 是动轮受到的唯一水平外力，驱动动车水平移动，故这个外力称为动轮的轮周牵引力。

轮周牵引力是受驱动转矩作用后形成的，调节牵引电机转矩的大小，就可以改变切向力 F_i 的值。只要黏着没被破坏，就可以得到不同的轮周牵引力，动车所能实现的最大牵引力受黏着条件的限制。由黏着条件决定的最大黏着力，也就是动轮不空转所能实现的最大牵引力，用 $F_{\max}$ 表示，其值为 $F_{\max} = \mu_{\max} G$，$\mu_{\max}$ 为动车的最大黏着系数，G 为动车的黏着重力。

实验研究表明，轮轨间的黏着与静力学中的静摩擦的物理性质十分相似。驱动转矩 T_i 产生的切向力 F_i 增大时，黏着力 f_i 也随之增大，并保持与 F_i 相等。当切向力 F_i 增大到某个数值时，黏着力 f_i 达到最大值。此后，切向力 F_i 如果再增大，f_i 反而迅速减小。黏着力 f_i 的最大值 $f_{i\max}$ 与轮对的正压力 G_i 的比值称为黏着系数，用 μ 表示，即

$$\mu = \dfrac{f_{i\max}}{G_i} \tag{2-2}$$

式（2-2）表明，在轴重一定的条件下，轮轨间的最大黏着力由轮轨间黏着系数的大小决定。当轮轨间出现最大黏着力时，若继续加大驱动转矩，一旦切向力 F_i 大于最大黏着力，车轮上的点 O' 将向左移动，轮轨间出现相对滑动，黏着状态被破坏。这时，车轮与钢轨的相对运动由滚动变为既有滚动也有滑动。此时，钢轨对车轮的反作用力 f_i 由黏着力变为滑动摩擦力，其值迅速减小，与此同时，动轮的转速上升。这种因驱动转矩过大，破坏黏着关系，使轮轨间出现相对滑动的现象，称为"空转"。动轮出现空转时，轮轨将依靠滑动摩擦力传递切向力，因而传递切向力的能力大大减小，并且会造成动轮踏面和轨面的擦伤，如图 2-8 所示。因此，牵引运行应尽量防止出现动轮的空转。

 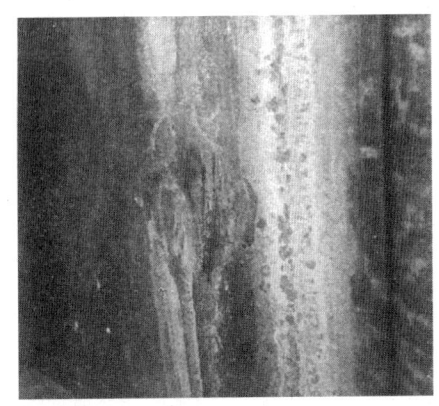

图 2-8　轨面与车轮踏面的擦伤

2. 制动力的形成与黏着关系

与牵引运行类似,制动力的形成也是通过轮轨间的黏着产生的。摩擦制动和动力制动都是通过轮轨黏着产生制动力的。下面以闸瓦制动为例,说明通过轮轨黏着产生制动力的过程。

图 2-9 是一个轮对利用闸瓦制动产生制动力的过程。

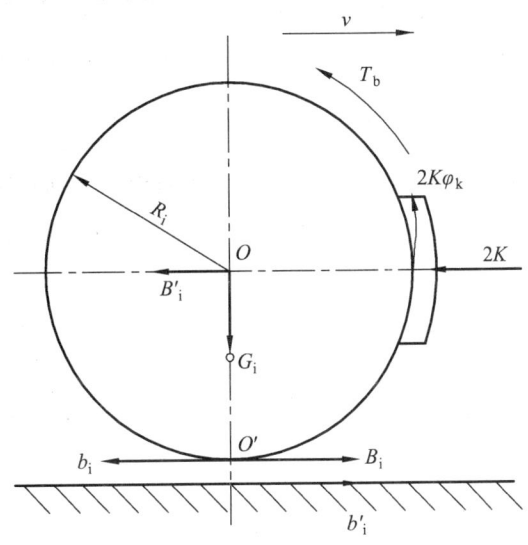

图 2-9　闸瓦制动时轮对与钢轨受力分析

假设一个轮对上有两块闸瓦,在忽略其他各种摩擦阻力的情况下,轮对在平直道上滚动惰行。若每块闸瓦以力 K 压向车轮踏面,闸瓦和踏面间产生与车轮转动方向相反的滑动摩擦力 $2K\varphi_k$(φ_k 为车轮踏面与闸瓦间的滑动摩擦系数)。对于列车来说,该摩擦力是内力,不能使列车减速,可是它通过轮轨间的黏着,引起与列车运动方向相反的外力,以此来实现列车的减速或停车。

摩擦力 $2K\varphi_k$ 对车轮的作用效果,相当于制动转矩 T_b,即 $T_b = 2K\varphi_k R_i$。用类似牵引力形成的分析方法,转矩 T_b 可以用轴心和轮轨接触处的力偶(B_i,B'_i)来等效。力偶的力臂为车轮半径 R_i,作用力 $B_i = B'_i = \dfrac{T_b}{R_i} = 2K\varphi_k$。轮轨接触处因轮对的正压力 G_i 而存在黏着,车轮与钢轨间产生静摩擦力，b_i 为钢轨对车轮的力，其反作用力 b_i' 为车轮作用在钢轨上的力，显然 $b_i' = b_i$。当车轮与钢轨间未产生滑动时，车轮上的 O' 点受到两个方向相反的力 B_i 和 b_i 的作用，且

$$b_i = B_i = 2K\varphi_k \tag{2-3}$$

切向力 B_i 将引起钢轨对车轮的静摩擦反作用力 b_i，b_i 作用在车轮踏面的 O' 处，作用方向与列车运行方向相反，是阻止列车运行的外力，称为制动力。制动力 b_i 也是轮轨间的黏着力，因而也受到黏着条件的限制，即

$$b_i \leqslant G_i \mu_i \tag{2-4}$$

式中　μ_i——制动时轮轨间的黏着系数。

制动力的大小可以通过增加或减小闸瓦压力来调节，但不得大于黏着条件所允许的最大值。否则，车轮被闸瓦"抱死"，车轮与钢轨间产生相对滑动，车轮的制动力变为滑动摩擦力，数值立即减小，这种现象称为"滑行"。滑行是与牵引时的"空转"相对应的一种黏着状态被破坏的现象。滑行时，制动力大大下降，制动距离增加，还会造成车轮踏面与轨面的擦伤，因此也必须尽量避免。

动力制动产生制动力的过程与摩擦制动基本类似，只是制动转矩是由电机产生的，而不是由闸瓦产生的。但它们都是通过轮轨黏着产生的。因此牵引力、摩擦制动力和动力制动力都是黏着力，它们与黏着关系密切。充分利用好黏着条件，不仅是牵引必须注意的，对于制动来说也同样重要。"滑行"和"空转"都是必须避免的。

从以上分析来看，黏着在宏观上表现为轮轨之间的一种切向力，它是列车牵引与制动得以实现的最重要的物理现象。如果没有黏着，车轮就不能滚动，更不能传递扭矩为牵引力或制动力。

二、蠕滑理论

传统理论认为：车轮相对钢轨滚动时，接触面是一种干摩擦的黏着状态，除非制动力或牵引力大于黏着力时才会转入滑动摩擦状态。但是现代研究表明，由于车轮和钢轨都是弹性体，滚动时轮轨接触处会产生弹性变形，这种弹性变形会使接触面间发生微量滑动，称之为"蠕滑"。对"蠕滑"的研究和分析，可以进一步深化我们对黏着的认识。

车轮在正压力的作用下，轮轨接触处产生弹性变形，形成椭圆形的接触面。从微观上看，两个接触面是粗糙不平的。由于切向力 F_i 的作用，车轮在钢轨上滚动时，车轮和钢轨的粗糙接触面间产生新的弹性变形，接触面间出现微量滑动，即所谓的"蠕滑"。蠕滑的产生是由于在车轮接触面的前部产生压缩，后部产生拉伸；而在钢轨接触面的前部产生拉伸，后部产生压缩。随着动轮的滚动，车轮上原来被压缩的金属陆续放松，并被拉伸；而钢轨上原来被拉伸的金属陆续被压缩，因而在接触面的后部出现滑动。

如图 2-10 所示，切向力在接触面上形成两个性质不同的状态和区域：接触面的前部，轮轨间没有相对滑动，称为滚动区，用阴影线表示；接触面的后部轮轨间有相对滑动，称为滑动区。这两个区域的大小随切向力的变化而变化。当切向力增大时，滑动区面积增大，滚动

区面积减小。当切向力超过某一极限值时,滚动区面积为零,只剩下滑动区,整个接触面间出现相对滑动,轮轨间黏着被破坏,车轮在钢轨上开始明显打滑,即出现"空转"或"滑行"。

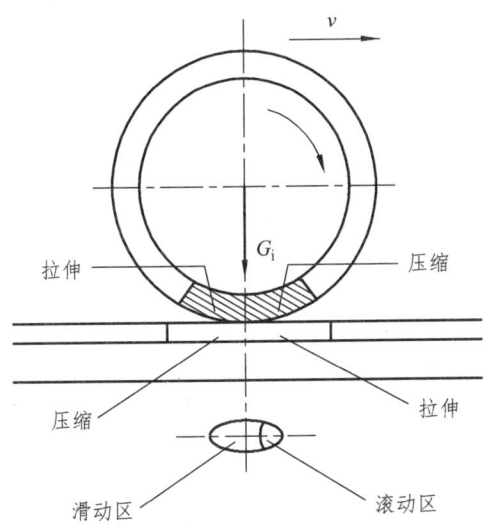

图 2-10 切向力在接触面上形成的滚动区和滑动区

由以上分析表明,车轮在钢轨面上滚动的黏着状态实际上是"滚中带微滑"的状态。车轮在钢轨面上滚动的过程中发生纵向滑动,该滑动包括两种情况:一种是列车在实施制动后发生的,即车辆所受的制动力超过了轮轨间的黏着力,车轮转速急剧降低甚至停转,这种纵向滑动叫作"滑行";另一种是列车在牵引工况下发生的,即轮周牵引力超过了轮轨间的黏着力,此时车轮飞速转动而列车速度很慢甚至根本不动,这种纵向滑动叫作"空转"。

三、黏着系数与蠕滑率的关系

1. 蠕滑率

由于蠕滑的存在,动轮的圆周速度远比动轮前进速度高,这两种速度的差称为蠕滑速度。用蠕滑率表示蠕滑的大小,则

$$\sigma = \frac{\omega R_i - v}{v} \times 100\% \tag{2-5}$$

式中 ω——动轮转动角速度;
v——动轮前进速度。

但在实际应用蠕滑理论控制黏着的过程中,一般都把轮对的轮周速度与轮心位移速度之差相对于轮心位移速度的比值定义为滑移率。这是因为在列车上比较容易检测到轮对转速和列车实际运行速度。虽然这种表示方法是一种近似表示方法,但便于获得检测信号,利于防滑控制系统开展工作。

此外,在一些滚动接触理论中,滑移率定义为有切向力作用时车轮滚过距离与无切向力作用时车轮滚过距离之差的变化率。也就是说,如果轮轨之间不存在切向力,那么车轮将在钢轨上做纯滚动,滚过的距离等于车轮所转圈数乘以车轮圆周长所得的距离($n \times 2\pi R$)。然

而，由于切向力的存在，车轮的滚动已不再是纯滚动，而是伴随有车轮相对于钢轨的滑动发生。这也反映了接触面上的切向力所引起能量的消耗，车轮实际滚过的距离与纯滚动距离之差的变化率用滑移率来描述，即

$$滑移率 = \frac{车轮实际滚过的距离 - 纯滚动距离}{纯滚动距离}$$

由滑移率计算公式可以看出：当轮对做理论上的纯滚动时，滑移率 σ 值为 0；当轮对完全滑行时，滑移率 σ 值为 100%。考虑到轮轨间的黏着，轮对实际运行中是滚动再微滑的状态，所以滑移率值介于二者之间。

2. 黏着系数与蠕滑率的关系

黏着系数与蠕滑率的非线性关系，称为黏着关系。如图 2-11 所示，驱动转矩 T_i（或制动转矩 T_b）不大时，即切向力 F_i（或 B_i）不大，蠕滑率很小，μ 与 σ 成线性关系，此段为微滑区；当 T_i（或 T_b）大到一定程度后，蠕滑率增大较快，此段为大滑区，微滑区和大滑区统称为黏着区。当 T_b 再增大时，车轮相对钢轨产生很大的滑动（σ 很大），当黏着系数随滑移率的增大而达到最大值时，若继续增大滑移率，将使黏着系数急剧下降，这就是车轮的空转或滑行。列车可以在黏着区工作，轮轨都处于黏着状态。

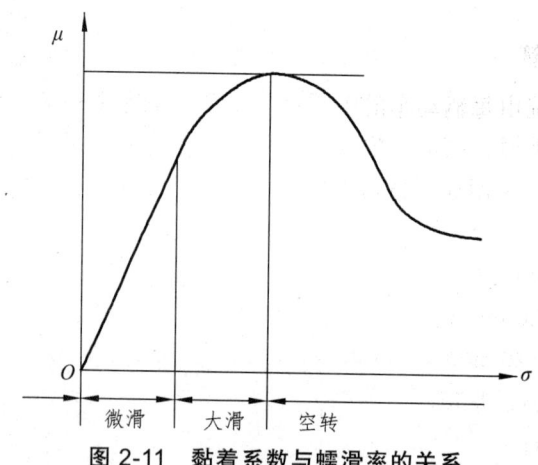

图 2-11　黏着系数与蠕滑率的关系

四、影响黏着系数的因素

轮轨之间所能提供的最大黏着力受到雨、雪等自然条件的影响，列车实际发挥黏着力的大小取决于列车的黏着利用率。轮轨黏着系数随时间、位置、车轮和轨道状况而变化。影响黏着系数的因素很多，主要有以下几种。

1. 车轮踏面与钢轨表面的状态

车轮踏面与钢轨表面雨后附有薄锈，黏着系数增大，如有冰、霜、雨、雪、油垢或潮湿，黏着系数减小。在轨面上撒沙能使黏着系数增加。

2. 车辆运行速度和状态

车辆运行速度增加，使黏着系数减小。车辆运行中由各种因素导致轴重转移，也会影响黏着系数。牵引和制动工况对黏着系数也有影响，牵引时的黏着系数比制动时大一些。

3. 线路质量

钢轨越软或道砟下沉越大，轨面的黏着系数越小；钢轨不平或直线地段两侧钢轨顶不在同一水平面，以及动轮所处位置的轨面状态不同，都会使黏着系数减小。

4. 动车有关部件的状态

牵引电机特性不完全相同，牵引力大的容易空转，导致黏着系数下降；各动轮的直径不同也影响黏着系数，直径小的容易空转，但不容易滑行；各动轮的动负载不同，动负载轻的容易空转和滑行。一旦发生空转和滑行，黏着系数会急剧下降。

第四节 制动力的计算与分配

一、制动力计算

1. 空气制动力的计算

地铁整列车制动系统由每辆动车的电制动系统和每辆车（拖车或动车）的空气制动系统两部分结合组成。一般来说，两动一拖（或一动一拖）为一个单元，每列车共有两个单元。以两动一拖 B 型车为例，采用如下技术参数来计算每辆动车、拖车在不同工况下所需要的制动力大小。

最高运行速度：80 km/h；
常用制动减速度：1.0 m/s^2；
紧急制动减速度：1.20 m/s^2；
常用制动冲击率：小于 0.75；
每辆拖车自重：33 t；
每辆动车自重：38 t；
供电：DC 1500 V。
载荷设计：
AW0 工况：拖车、动车的自重；
AW1 工况：拖车、动车均 56 位乘客，60 kg/人；
AW2 工况：除坐客外，站客 6 人/m^2，拖车、动车站立面积均为 42 m^2；
AW3 工况：超员情况，站客 9 人/m^2。

由于地铁车辆制动设计要求比较高，在计算车辆制动力大小时，需要考虑车辆的转动惯量。根据有关资料提供，动车转动惯量负载大小按动车自重的 14%考虑，拖车转动惯量负载大小按拖车自重的 6%考虑。

每辆动车的转动惯量负载：38 000 × 14% = 5320（kg）。
每辆拖车的转动惯量负载：33 000 × 6% = 1980（kg）。
故在不同的负载情况下，每辆动车、拖车的制动总负载如表2-4所示。

表2-4 不同工况下每辆车的制动总负载

负载工况	拖车/kg	动车/kg
AW0	34 980	43 320
AW1	38 340	46 680
AW2	53 460	62 800
AW3	61 020	69 360

每辆车所需制动力大小计算公式如下：

$$B = Ma \tag{2-6}$$

式中　B——每辆车所需制动力的大小；
　　　M——制动总负载；
　　　a——制动减速度。

在常用制动减速度 1.0 m/s² 的要求下，进行每辆车不同工况下所需制动力大小计算的方法如下：

每辆拖车所需制动力大小为

$$B_{W0} = 34\,980 \times 1.0 = 34\,980\,(\text{N})$$

$$B_{W1} = 38\,340 \times 1.0 = 38\,340\,(\text{N})$$

$$B_{W2} = 53\,460 \times 1.0 = 53\,460\,(\text{N})$$

$$B_{W3} = 61\,020 \times 1.0 = 61\,020\,(\text{N})$$

每辆动车所需制动力大小为

$$B_{W0} = 43\,320 \times 1.0 = 43\,320\,(\text{N})$$

$$B_{W1} = 46\,680 \times 1.0 = 46\,680\,(\text{N})$$

$$B_{W2} = 62\,800 \times 1.0 = 62\,800\,(\text{N})$$

$$B_{W3} = 69\,360 \times 1.0 = 69\,360\,(\text{N})$$

同样的方法可得到在紧急制动减速度 1.20 m/s² 的要求下，每辆车不同工况下所需制动力的大小。

2. 电制动力的计算

地铁车辆常用制动过程以电制动为主，而电制动力首先是由牵引电机产生的。通过电机工程学的理论，制动车辆速度从 80 km/h 逐渐降为 0 的过程中，电机的制动工况可分为 80～50 km/h、50～6 km/h、6 km/h～0 三个阶段。在这三个工况中，电制动转矩的大小根据

$T = K\left(\dfrac{U_1}{f_1}\right)^2 f_s$ 计算，分别为 1.25 kN·m、2.0 kN·m、0。这样由式（2-7）可计算出每根动车轴上的不同速度区间电制动力大小。

$$b = \dfrac{T \cdot i \cdot \eta}{r} \qquad (2\text{-}7)$$

式中 b——每根动车轴上电制动力大小；
　　　T——电机制动转矩；
　　　i——传动比；
　　　η——传动效率；
　　　r——轮径。

下面通过计算绘图，得出图 2-12 所示的各载荷工况下每根动轴电制动力与速度的关系。

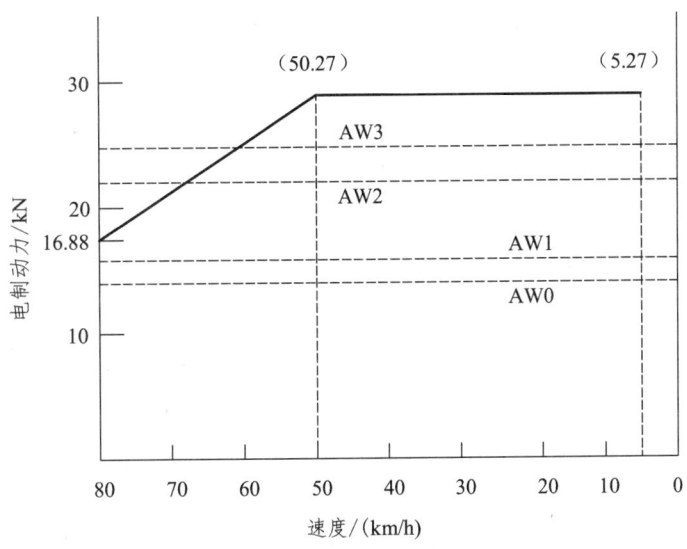

图 2-12　一根动轴的电制动力与速度的关系

由图可以看出，车辆制动过程中，电制动力比较充足，只在 80~60 km/h 高速度和 6 km/h 以下低速度时电制动力减小，需要施加空气制动，以满足列车制动力要求。

二、制动力分配

常用制动与快速制动均采用电空混合制动，制动力分配原则相同。

电制动与空气制动的混合制动功能随列车配置的不同有所差异，但其基本分配原则相同。

第一，优先采用电制动，不足的制动力再由空气制动补足。正常时，列车所需制动力首先分配给动车的电制动系统，还需要的制动力再分配给空气制动系统；有动车故障时，首先用足其他动车的电制动，电制动力不足部分再由空气制动补足。

第二，减速度一致控制（舒适性原则）。当列车实施制动时，为减少列车制动时引起的纵向冲动，各车要满足统一的制动减速度。

一般地，常用制动时，空气制动适时补充的制动力分配方式有如下两种。

1. 拖车空气制动优先分配（节能原则）

列车制动时，制动力先由动车电制动力承担，当动车电制动力不足以满足总制动力要求时，空气制动优先分配在无电制动的拖车（或电制动故障动车）或其转向架上，在拖车空气制动达到规定的限制值时，再将剩余的制动力平均分配到有电制动的车辆或转向架上。

拖车空气制动优先得到分配的空气制动力，可使电制动力设定值提高，电制动得到充分利用，节约能源；同时也尽可能地避免了动车上电制动和空气制动的复合作用，动车的滑行率减少。但采用这种制动力分配原则的控制方式也会造成动车和拖车的闸瓦磨耗程度相差较大，动车与拖车的车轮更换周期存在差异。此外，还会造成动拖车间制动力与减速度要求不一致，从而引起列车制动冲动等问题。

2. 空气制动均匀分配（等磨耗原则）

列车制动时，同样优先使用电制动，但当电制动不足以满足总制动力的要求时，动车和拖车同时投入空气制动，空气制动力始终相等，这样就可以使动车和拖车的机械磨耗均匀。但在有电制动的车辆上，存在电制动和空气制动的复合作用，受黏着限制问题影响，电制动力通常不能得到完全发挥，同时动车的滑行率增加，动车的车轮擦伤严重，增加镟轮次数。

现阶段我国高速动车组以及城轨列车上使用的列车制动力的分配，都是按照在满足节能原则（拖车空气制动优先分配）的情况下尽可能提高乘客的乘坐舒适性（减速度一致）的要求来设计的。

此外，如果某牵引系统电制动故障，损失的电制动力优先分配至正常运行的牵引系统。正常运行的牵引系统所能补偿的电制动力大小取决于车辆可利用的黏着系数的大小。若在充分使用可利用黏着系数的情况下，正常运行的牵引系统电制动力仍满足不了制动力的要求，则将所要求的总制动力和电制动力的差值由空气制动进行补充，补充方式遵循以上两种制动力分配原则。

而实施紧急制动时，电制动力失效，各车直接通过载荷调整阀的调节输出当前质量下最大的空气制动力，列车运行速度较低，可采用恒定的减速度值控制。

第五节　制动防滑控制 WSP

轮对滑行（即黏着失去）的根本原因是制动力大于所能实现的黏着力。而恢复黏着的有效手段就是降低制动力，以满足制动力小于所能实现的黏着力。黏着一旦被破坏，单靠轮轨系统本身是不可能恢复的，需要借助外部机构才能使黏着恢复。防滑控制装置就是帮助轮轨间恢复黏着的外部装置之一。

随着微型计算机技术的发展，防滑器进入了微机控制时代，作为智能型的防滑控制系统，可以对车辆制动、即将滑行、缓解、再黏着的全过程进行动态检测和控制。微机控制的防滑控制最大的优点是可以利用控制软件随时提供相应的信息，进行自我检查、诊断和监督，需要时可以随时对相关信息进行存储、调用和显示。

一、制动防滑控制装置

制动防滑控制装置主要由防滑控制单元、速度传感器与防滑阀组成。其中防滑控制单元是防滑控制装置的核心部分。制动防滑控制示意图如图 2-13 所示。

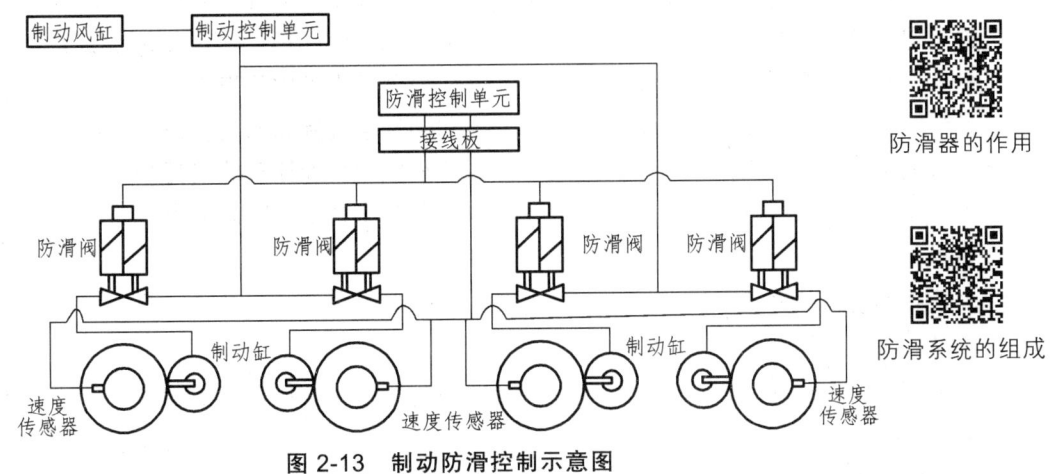

图 2-13 制动防滑控制示意图

WSP 采取轴控方式，通过分析每根车轴的速度信号，推算列车速度，称为第五轴速度，以此作为标准，凡速度低于该标准，则认为该轴发生滑行。

（一）滑行检测装置——速度传感器

速度传感器的输出是防滑控制中速度计算的基础，其精度非常重要。速度传感器结构原理图及其实物图如图 2-14 和图 2-15 所示。

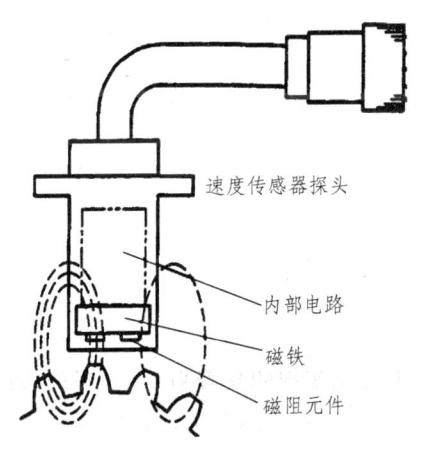

图 2-14 速度传感器的结构原理图

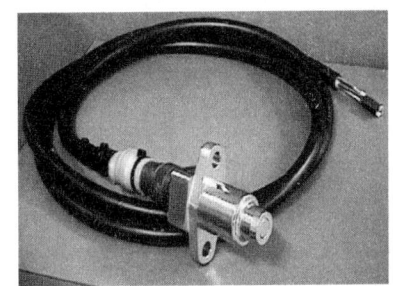

图 2-15 速度传感器实物图

速度传感器探头（信号发生器）安装在轴箱盖上，测速齿轮安装在车轴端部。

通常列车使用的传感器为永久式磁电传感器，当齿轮随列车运行而转动时，齿轮的齿顶、齿谷交替通过传感器，从而切割磁感线，传感器以非接触方式产生出电脉冲信号，脉冲信号的感应频率正比于车轴速度。

速度传感器将车轴速度按一定函数关系转变为频率信号作为微处理器控制单元的信号输入，这些频率信号与轴速度的函数关系如下：

$$f = \frac{v \cdot Z}{3.6\pi D} \tag{2-8}$$

式中　　Z——测速齿盘的齿数；

　　　　D——轮径，m；

　　　　v——轴速，km/h。

车轮每转一周，发生器输出一定数量的脉冲或方波信号，对信号发生器输出信号计数，测出脉冲或方波的频率，经过频率—电压的变换，把列车实际运行的速度变换为电压传送给防滑控制单元。

（二）微机控制的防滑控制单元

车轮防滑控制板安装在基于微处理器的制动控制单元中。防滑制动控制单元按规定的方法计算分析和逻辑判断从速度传感器传送来的车轮转动脉冲信号，当检测到车辆发生滑行时，控制防滑电磁阀动作，减小车辆制动力，从而使车轮恢复转动，同时按照缓解、保压与再制动的制动模式进行。

（三）防滑电磁阀

防滑电磁阀（简称防滑阀）虽然在结构上形式各异，但就现在生产的防滑阀来说，其工作原理和设计要求几乎都一样。防滑阀是地铁车辆中电子防滑装置的主要组成部分，它安装在制动力传输路径上，是防滑控制回路中的执行机构，由防滑控制单元控制。

当防滑控制单元不发出防滑指令时，防滑阀对正常的制动和缓解不产生影响；当防滑控制单元发出防滑指令时，防滑阀能够使制动缸压力逐级降低或者再次升高到由防滑控制单元设定的数值。

目前，地铁车辆使用的电磁阀主要有GV12A、GV12A-IA、GV12-18、GV12-2、GV12-ESRA等。下面介绍GV12A防滑阀。

1. 结　构

防滑阀主要由一个双阀电磁阀、两个侧板、一个通道板、两个动作膜板、锥形弹簧和一个阀门支架组成，如图2-16所示。

用于电气连接的电气连接触销被浇注在外壳上。与防滑电子装置的电气连接采用三芯线。在防滑阀上设置了一个三极插头分离点。芯线Ⅱ和芯线Ⅲ分别用来对排气和进气的两个阀用电磁铁进行控制，芯线Ⅰ是共用回路。

双阀电磁阀由两个电磁阀组成，簧圈共在一个塑料盒内。其中一个称为保持电磁阀VM2，控制通向制动缸的压缩空气的通与断，另一个称为排风电磁阀VM1，控制已经充入制动缸的压缩空气向外排风的通与断，通过其电磁线圈的得电与失电，实现防滑控制，如图2-17所示。

两个阀座（VD，VC）分别由两个膜板开关控制，D膜板用于开关D室至C室的通道，C膜板使C室通大气。

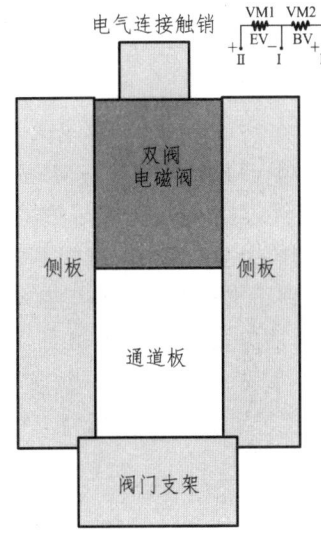  

图 2-16　防滑阀结构总成

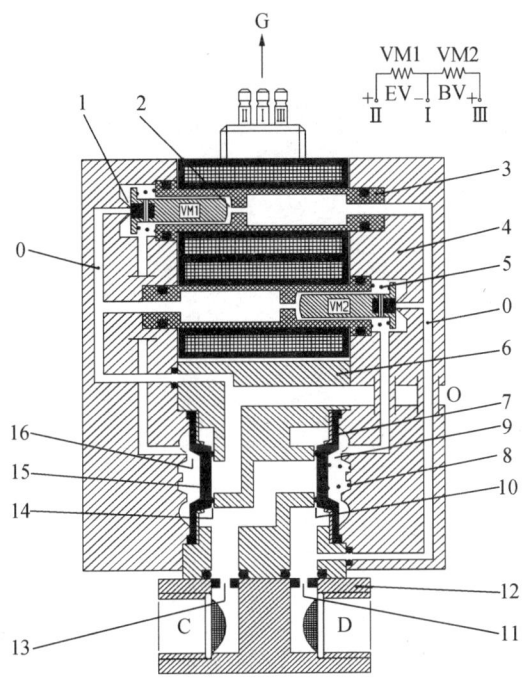

图 2-17　防滑阀 GV12A 原理图

1—外部阀口；2—内部阀口；3—双阀用电磁铁；4—侧板；5—电枢弹簧；6—通道板；7—D膜板；8—锥形弹簧；
9—控制室 SD；10—阀座 VD；11—喷嘴 dD（并非所有型号）；12—阀门支架；
13—喷嘴 dC（并非所有型号）；14—阀座 VC；
15—C 膜板；16—控制室 SC

防滑阀 D 室与控制阀或压力转换器进行气动连接；C 室与其控制的制动缸连接。

电磁阀在未得电状态下，两个电枢通过电枢弹簧的弹力将外面的阀口密封，内部的阀口被打开，膜板控制室 SD 通大气口 O，膜板控制室 SC 通向双阀用电磁铁的输入管路。阀门拧在阀门支架上。支架上有 D 和 C 管路的两个连接螺纹口。阀门从支架上拆下后，喷嘴 dD 和 dC 便很容易接近（并非所有的型号都配备喷嘴）。

2. 工作原理

无滑行现象时：在没接收到滑行检测器的滑行信号时，保持阀 VM2、排气阀 VM1 都为失电状态而在制动位置。压力空气流到 D 入口，它由密封垫片口经过排气阀 VM2 面的电磁阀通到排气阀部的隔膜背压室 D，而使排气阀部的 D 膜板关闭，压力空气推开保持阀部的 C 膜板，流入出口 C。为此，压力空气由入口 D 经出口 C 送出，实施正常状态下的空气制动控制，如图 2-18 所示。在制动解除时阀门仍保持上述制动状态中所述位置，如图 2-18 所示，即 D 口与 C 口之间的通道保持开通状态。D 管路内压力排出时，C 管路内压力→VD 阀座（开启）→D 管路，随着 D 管路内压力不断降低。当锥形弹簧的弹力超过了 D 管路内压力（与膜板的有效面积有关），D 膜板关闭，实施保压。

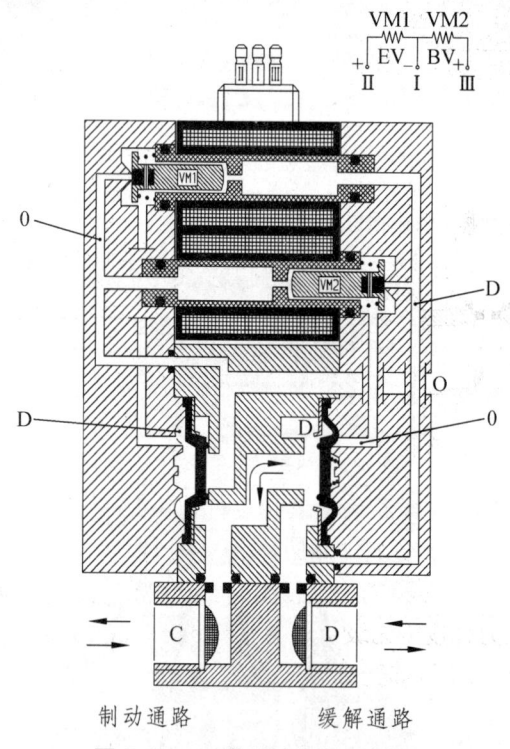

图 2-18 正常制动施加及缓解

有滑行时的功能如下。

排风功能：接到排气指令的同时，保持阀 VM2、排气阀 VM1 均得电，变成排气缓解位置。如图 2-19 所示，D 管路内的压力通过 VM2→控制室 SD，使 D 隔膜上压力平衡，锥形弹簧将隔膜压到阀座 VD 上。D 管路内通 C 管路的压力被遮断。控制室 SC 通过 VM1 外部阀口→O，控制室 SC 排气。C 管路内的制动缸压力将 C 隔膜压向左面，阀座 VC 打开；C 压力通过 VC→O，制动缸的压力空气会急剧排出，制动缸缓解。

保压状态：由于保持指令，保持阀 VM2 维持得电状态，排气阀 VM1 失电，切断压缩空气路径，处于不充不排的状态，制动缸的压力不变。给两个控制室（SD、SC）加载 D 管路内的压力，如图 2-20 所示，隔板将阀座 VD 和 VC 关闭，截断 C 管路内压力与 D 管路内压力通道以及大气 O 的通道。

制动功能：接收供给指令后保持阀 VM2 失电，变成制动位置。此时排气阀 VM1 为失电，制动缸部的压力空气关闭排气。保持阀失电就沟通入口 D 和出口 C，压力空气再从入口 D 供给到出口 C，同时制动缸的压力空气会恢复发生滑行前的压力。

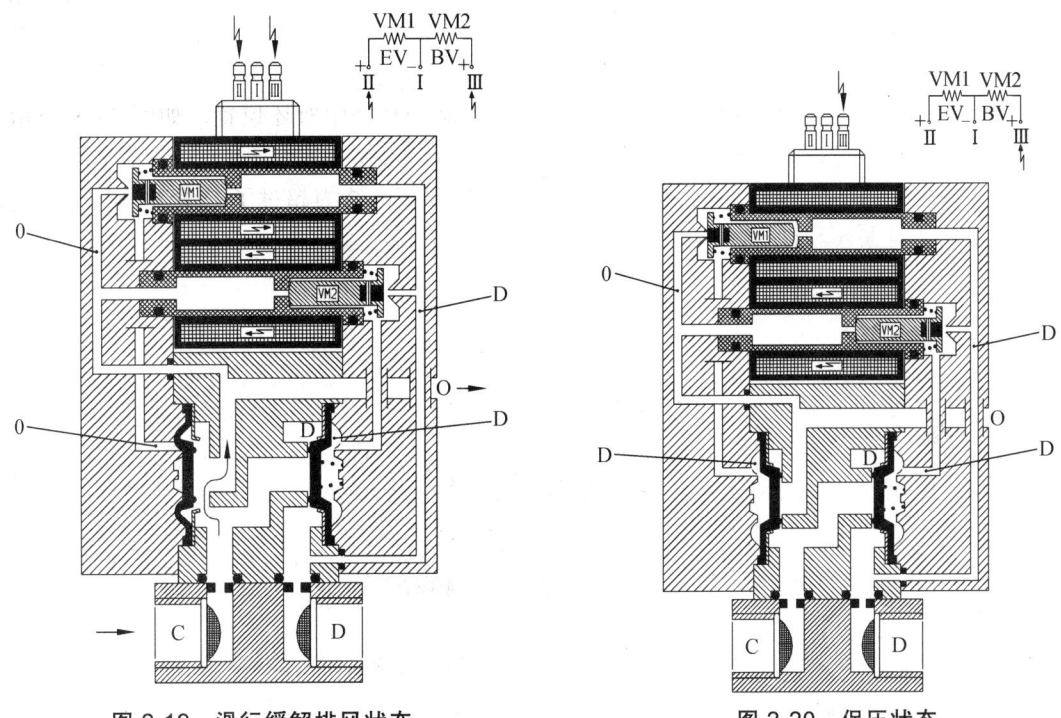

图 2-19 滑行缓解排风状态　　　　图 2-20 保压状态

由于需要根据当前的轮轨关系进行精确的黏着控制，因此在防滑控制中也引入 PWM 概念，通过阶段保压和阶段排风控制，对处于特定防滑控制阶段的制动力进行微调。

因此，可以根据防滑系统调节逻辑的要求，快速（无级地）或慢速（一级一级地）增压或降压。进气或排气的压力梯度（无级）是由喷嘴 dD 和 dC 决定的。喷嘴的大小取决于需控制的 C 管路容积（并非所有型号都配有喷嘴）。

二、制动防滑控制原理

防滑控制的核心技术在于发现滑行或提前预测滑行，然而防滑控制的关键是要正确判断什么时候为"滑行"。判断早了，会使制动力损失过大，无法充分利用轮轨间的黏着，使制动距离延长；判断晚了，就会产生滑行，造成踏面擦伤，起不到防滑作用。

对防滑系统的要求是在尽可能高制动率条件下防止滑行，以最大限度地利用黏着。

（一）滑行检测

目前，已有的防滑系统在判断滑行时，采用了许多判据，主要依据的是速度差、减速度、滑移率和减速度微分等。其中速度差和减速度采用得较为普遍。但无论采用哪一种判据或几种判据的组合，都是把防滑和充分利用黏着作为主要目的。

1. 速度差判据

首先速度差判据要检测出车辆速度，防滑控制单元根据速度传感器传来的电磁脉冲信号，同时经过计算得到每根轴的转速 n_1、n_2、n_3、n_4，再根据相应的轮对直径 D_1、D_2、D_3、D_4，计算对应的车速 v_1、v_2、v_3、v_4，根据所得的最大最小速度差值，去除由车辆轮径差引起的固有数值差即可计算出参考速度。

对于防滑控制系统的速度差标准，由于车轮有磨耗且磨耗不同，再加上其他公差，如果防滑控制系统的速度差标准太高，会造成防滑器提前动作，而标准太低又会导致防滑灵敏度的降低。若按车辆高速范围内制定的速度差标准进行判断，到低速范围内就不能使防滑作用得到保证。为了解决这一问题，防滑控制系统的速度差标准就不能确定为一个固定的值，所以在高速范围内，经过综合考虑，当速度差超过 10~15 km/h 时，判断为滑行，在低速范围内，需要用减速度判据来控制车轮的滑行。

防滑控制系统的速度差控制，即当一辆车四根轴中的一个轮对发生滑行时，该轴的速度势必小于其他未滑行轴的速度，通过对从速度传感器得到的各轴速度进行比较并判定滑行轴速度与参考速度之间的差值，当速度差大于滑行判断标准时，对应车轴的防滑控制装置作用，通过防滑阀排风降低该轴制动缸的压力，降低该轴所受的制动力，此时该轴的减速度逐渐减小；当小于设定值时，防滑阀停止排风，制动缸保压。当该车轴速度恢复后，继续向制动缸充风，使制动缸压力逐渐恢复到适当的压力水平，防滑控制系统的速度差判据如图 2-21 所示。

当一根轴产生滑行时，车辆速度为去除速度误差后未滑行的三根轴速度的平均值；当两根轴产生滑行时，车辆速度为去除速度误差后未滑行的两根轴速度的平均值；当三根轴产生滑行时，车辆速度为未滑行轴的速度；当四根轴产生滑行时，不宜使用速度差判据进行防滑控制，需要使用减速度判据来进行防滑控制。

2. 减速度判据控制

当车辆的四根轴以接近速度同时发生滑行时，用速度差判据进行控制是不能实现的，这时就需要采用减速度判据进行控制，如图 2-22 所示。

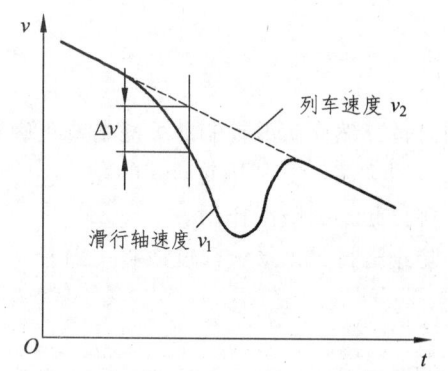

图 2-21 根据速度差进行判断的曲线图

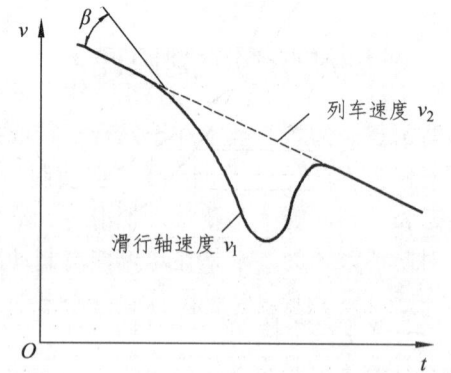

图 2-22 根据减速度进行判断的曲线图

当车轮速度急速下降时，减速度值相应增大。当大于预定值时，防滑控制系统控制相应的防滑阀降低它所控制的制动缸压力，减速度随之减小，当恢复到预定值时，防滑装置控制防滑阀使制动缸保压，当车轴减速度恢复到小于预定值时，防滑装置控制制动系统恢复对制动缸的充风，使制动缸压力逐渐恢复。由于减速度判据是相对独立的标准，与其他轴的速度和减速度无关。所以大多数防滑系统都采用了这个标准。

减速度判据值的确定对黏着利用也十分重要，减速度判据与速度差判据不同，它不受速度变化的影响，所以可以作为一个定值进行设定，一般防滑控制系统在车轮减速度达 $3 \sim 4 \ m/s^2$ 时降低相应制动缸压力以达到防滑的目的。

3. 减速度微分判据控制

当某一轴的减速度达到判据标准时，控制防滑器动作，经过一段延迟时间后，制动缸压力开始降低，此时由于车轴减速度有不同的快慢变化，即减速度微分不同，这就有可能造成减速度变化慢的黏着利用不良，减速度变化快的防滑作用不良。

为了解决上述问题，引入减速度微分判据控制。经过一段时间延迟后，无论减速度变化快慢，减速度值在制动缸压力开始变化时都是相同的，只有控制制动缸压力开始变化时的减速度，才能保证良好的防滑作用和充分利用黏着。

图 2-23 是根据减速度进行判断的曲线图，有两条不同的减速度变化曲线，一条曲线变化快，一条曲线变化慢，即两条曲线减速度微分不同。假设防滑控制系统在 β_1 处判断出车轮产生滑行，延迟一段时间 Δt 后，防滑阀开始动作，此时两条曲线的减速度值分别为 β_2 和 β'_2，利用上述减速度判据控制，就有可能使减速度变化快的发生滑行，而减速度变化慢的则出现轮轨间的黏着不能充分利用，造成制动力不足。

当引入减速度微分判据控制后，如图 2-24 所示，假定根据 $\beta+(d\beta/dt)\cdot\Delta t$ 达到规定值，判断为滑行，经过延迟时间 Δt 后，无论减速度变化快慢，防滑排气阀动作时，制动缸压力变化时的减速度值 β_2 都是相同的。只有控制制动缸压力变化时的减速度，才能保证良好的防滑作用和充分利用黏着。

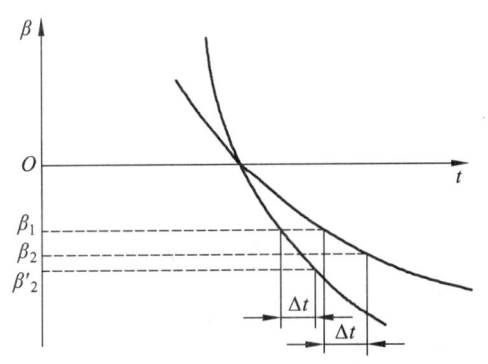

图 2-23 根据减速度进行判断的曲线图

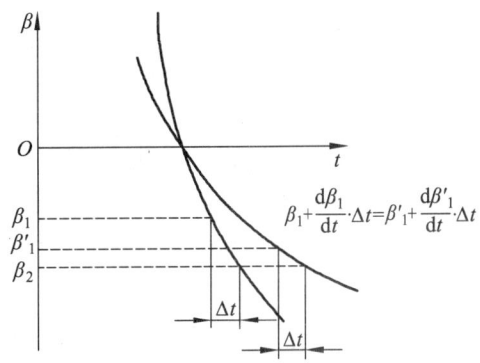

图 2-24 根据减速度微分进行判断的曲线图

在检测车轮是否发生滑行时，以减速度判据控制方法为主，并和作为后备的速度差判据控制、滑行率判据控制方法一起使用。

4. 滑移率判据控制

滑移率判据是根据轮轨接触点的滑移率 σ 来判断轮对是否发生了滑行，由滑移率计算公式 $\sigma = \dfrac{\omega R_1 - v}{v} \times 100\%$ 可以看出：当轮对做理论上的纯滚动时，滑移率 σ 值为 0；当轮对完全滑行时，滑移率 σ 值为 100%。考虑到轮轨间的黏着，轮对实际运行中是滚动再微滑的状态，所以滑移率 σ 值介于二者之间。

当采用滑移率判据作为防滑控制时，如果检测到某一轴的滑移率达到一定值时便认为该轴发生了滑行，需要立即对该轴的制动缸压力进行防滑控制，滑移率判据控制过程与速度差和减速度判据控制方法一样。

国外的试验表明：滑移率与黏着利用是密切相关的，控制滑移率可达到充分利用黏着的目的。其中日本的研究表明：当黏着系数为最大值时，滑移率随轨道情况而变化，干燥轨道滑移率一般在 3%~10%，所以在某一轴产生微小滑行时，即使对制动力不产生缓解作用，很多情况下也会实现再黏着，对滑移率超过一定大小的滑行才进行缓解，这样有助于缩短制动距离。

根据法国的研究结果，除了在轻微滑移（蠕滑）的滑移率为 0.5%~1.5% 时黏着系数达到一个峰值 A 外，与黏着有关的较大滑移的滑移率在 5%~25% 时有最大黏着点 B，如图 2-25 所示。

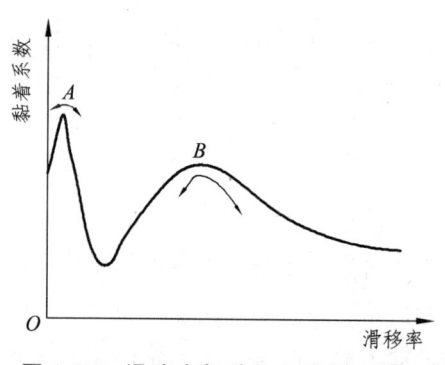

图 2-25　滑移率与黏着力的关系曲线

日本进行了专门试验，试验中把滑移率维持在 10% 以下。当滑移率低于 5% 时，瞬时黏着系数变化很小；当滑移率超过 5% 时，黏着系数趋于下降。这表明，如果制动缸压力能被准确地控制，即车轮的滑移率能维持在确定水平，黏着就能得到有效利用，相应地也可防止滑行的产生。

我国通过研究认为，当滑移率在 5%~15% 时，轮轨处于最佳黏着状态。在保持滑移率一定范围内而不发生滑行的前提下，力求获到最大的轮轨间黏着力。所以必须使车轮保持一定的滑移率，一般为 5% 左右。如果滑移率设定得太小，制动力容易造成不足，而如果滑移率设定得太大，又容易导致车轮滑行。因此，一般情况下滑移率判据控制仅仅作为一个辅助控制，与速度差判据控制配合使用，这样一方面防止了在高速范围内由于轮径差引起微小滑移，仅用速度差判据控制而造成制动力不足，另一方面也防止了在低速范围内仅用滑移率判据控制造成制动力不足。

（二）防滑控制原理

防滑控制原理如图 2-26 所示。图中 SKG 代表速度传感器输入的四根轴速度信号值，经过速度计算和车轮直径补偿计算得到基准轴速度、减速度、速度差以及滑移率来作为滑行检测控制的依据。

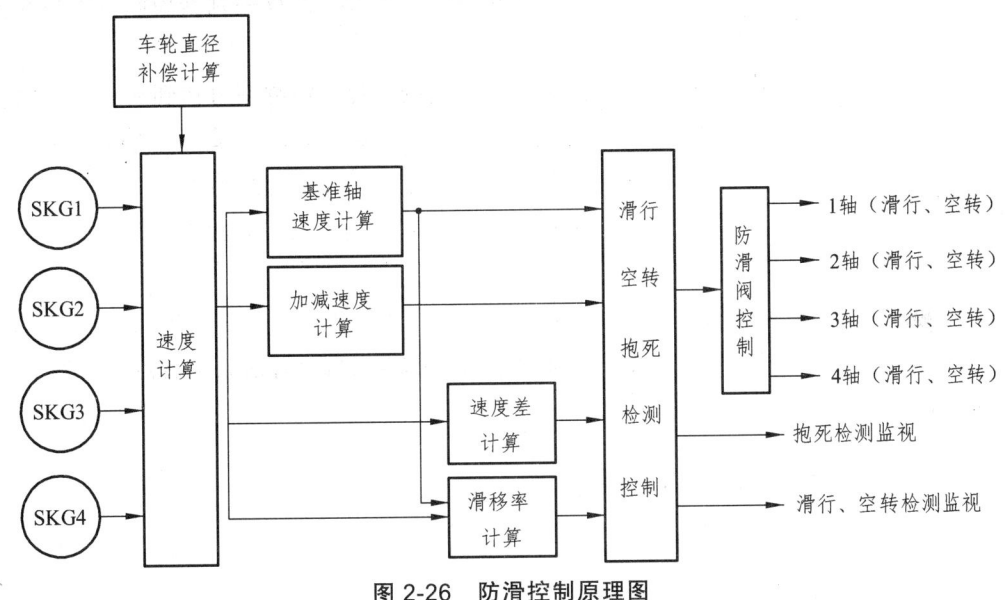

图 2-26　防滑控制原理图

1. 防滑控制的一般方法

对来自各轴的速度信号取样求出动车组基本速度，实时进行各轴之间的相对比较，根据以下作用以轴单位进行黏着恢复（再黏着）控制。

在进行滑行检测时，如果处于电气制动工况，检测到滑行时则进行再生模式（制动力大小）选择；如果是空气制动时检测到滑行，则控制阀输出针对该轴制动缸压力的缓解指令，使制动缸排气（BC 压力降低）。

此外，在速度 5 km/h 以下或牵引工况停止滑行控制。

2. 回复检测（仅限空气制动滑行检测）

根据滑行轴的轴加速度判断黏着状态，进行回复检测。如果进行上述检测时检测到滑行，则防滑阀输出对该轴的制动缸压力保压指令（保持 BC 压力）。

3. 再黏着检测

检测到滑行轴的轴速度在标准速度规定的速度差以内时即为黏着恢复（再黏着）点。在进行上述检测时，如果处于电气制动工况，回到再生模式；如果是空气制动时，该轴返回到通常的制动状态。

习题

一、名词解释

蠕滑　　黏着　　滑行　　空转

二、简答题

1. 列车制动时为什么要防滑？
2. 防滑控制系统主要由哪几部分组成？
3. 简述三位式防滑阀的工作原理。
4. 防滑控制系统在判断滑行时使用的判断依据有哪几种？
5. 防滑控制系统是怎样用速度差来判断轮对滑行的？
6. 防滑控制系统是怎样用减速度来判断轮对滑行的？
7. 防滑控制系统是怎样用滑移率来判断轮对滑行的？

第三章 供风系统及空气管路部件

一般地,城轨车辆采用电动车组,以单元进行编组,所以其供风系统也是以单元来供气的。每一单元设置一套供风系统,相邻车辆的主风管通过截断塞门和软管相连。由两个以上单元组成的列车就具有两套以上的供风系统。

压缩空气管路主要安装在车辆底架上,作为用于 Tc、Mp、M2 车制动系统和空气悬挂装置的底架管路布局的一部分;压缩空气管路还为位于 Tc 车 1 端的轮喷系统、空气压力表等提供压缩空气。全自动及半自动车钩的解钩用风、受电弓气动控制设备也是通过压缩空气管路,由空气软管连接到相应管路上。

供风系统及空气管路部件为制动系统、空气悬挂和辅助系统解决一切压缩空气问题。

第一节 供风系统概述

一、供风系统总成

典型的供风系统总成如图 3-1 所示。

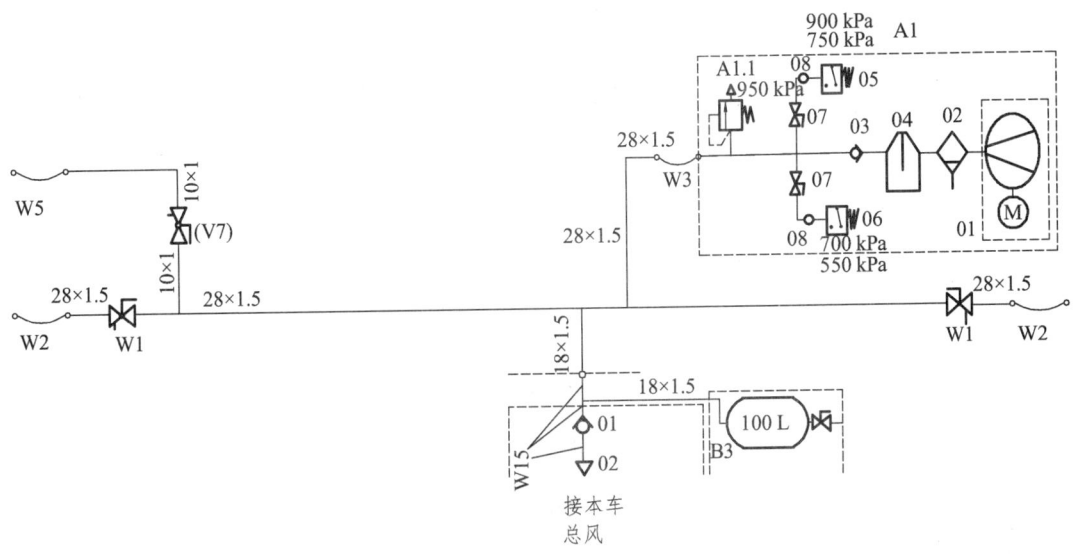

图 3-1 风源模块气路示意图

01—压缩机组;02—油水分离器;03—单向阀;04—干燥器;05,06—压力开关;07—截断塞门;08—压力测试接点;A1.1—安全阀;W3—压缩机出风软管;W2—车钩连接软管;W1—主风管塞门;B3—总风缸

供风系统的核心部分是风源模块（A1），风源模块可以安装在 Tc 车上，也可安装在 M 车上。供风系统主要包括空气压缩机组（简称空压机组）A1-01、空气干燥器 A1-04、安全阀、压力控制器 A1-05 与 A1-06、总风缸 B3 等部件。

供风系统的作用是完成压缩空气的产生、净化、传输、储存和压力控制等环节。

二、供风系统作用机理

空气压缩机组 A1-01 是产生压缩空气的装置，它产生的压缩空气紧接着进入干燥器 A1-04 净化，净化后的压缩空气进入总风联管，进而通过车钩气路装置（W 组部件）向相邻车辆传输；列车中的每节车均从总风联管获取本车所需使用的压缩空气，储存在总风缸 B3 中的压缩空气同时供本车用风系统使用。

压力控制包括压缩机管理、压力限制、压力调整等内容。压力开关 A1-06 设定两台压缩机同时工作的压力转换点，配套的测试头 A1-08 用于调整压力开关设定值时外接压力表显示。安全阀 A1.1 限定总风管系的最高压力。

三、空气压缩机启停控制

对供风系统输出的压缩空气进行压力的控制，也称为调压。调压是通过调压器输出的控制信号控制空气压缩机的启动与停止的。调压器是空气压力开关，即压力继电器。在采用计算机控制技术后，空气压缩机的启停控制是由网络计算机或制动计算机来控制的。空气压缩机的启停控制规律如图 3-2 所示。

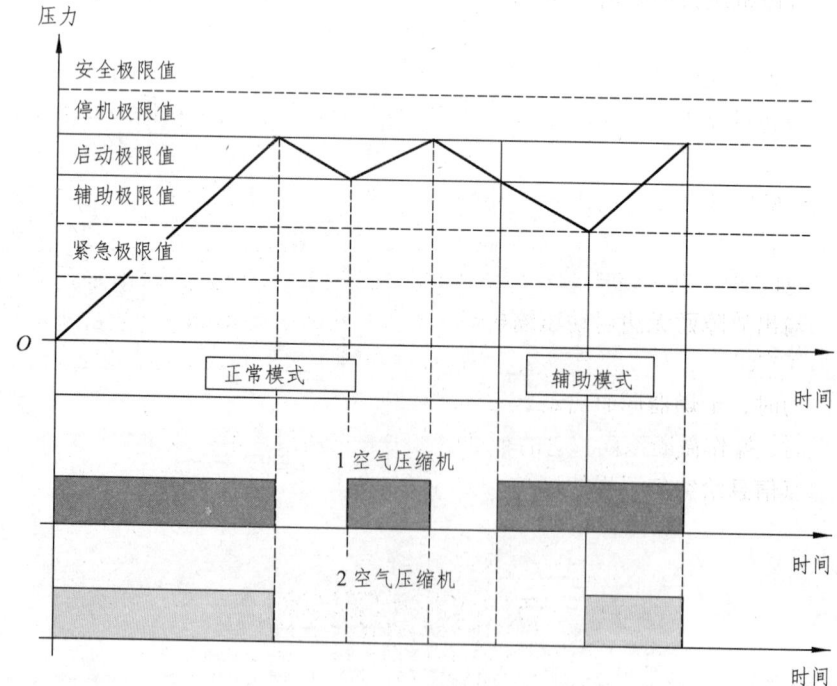

图 3-2 不同压力标准的时间图

总风系统的压力范围在不同的产品中有所不同,常用的压力范围大致有以下几种控制规律。

（1）650～800 kPa。

（2）750～900 kPa。

（3）850～1000 kPa。

为了保证列车上两套空气供给单元工作时间的均衡,压缩机组的启停按主-辅模式进行。

压缩机组的控制采用"单双"日启动控制策略,即两台压缩机根据"单双"日交替设定主辅空压机。压缩机的启停根据由安装在制动控制装置中的压力传感器检测总风管的压力,将该压力信号通过车辆总线 MVB 送给车辆控制单元,车辆控制单元综合考虑总风管的压力和"单双"日信号发出压缩机启停命令。

以总风系统压力 750～900 kPa 范围为例,空气压缩机启停控制模块设有 5 个压力极限值,如图 3-2 所示。

安全极限值：它是启动安全阀的压力（950 kPa）,此时安全阀动作。

停机极限值：它是压缩机在所有模式下停机的压力（900 kPa）。

启动极限值：它是压缩机在正常模式下启动的压力（750 kPa）。

辅助极限值：当总风管中的压力达到此压力极限值时,第二压缩机启动以帮助正在工作的压缩机给列车充气直至压力达到停机极限值。它是辅助模式（700 kPa）。

紧急极限值：当总风缸管中的压力达到此压力极限值时,启动紧急制动以停止列车。断开值为 550 kPa（600 kPa）,而闭合值为 700 kPa。

压缩机的启动模式包括正常模式和辅助模式。

正常模式：处于正常模式下的空气压缩机在压力低于启动压力极限值（750 kPa）时启动,当压力超过停机压力极限值（900 kPa）时停止。压力在启动压力极限和停机压力极限之间调整。

辅助模式：处于辅助模式下的空气压缩机,当压力低于辅助启动压力极限值（700 kPa）时启动,当压力超过停机压力极限值时停机。压力在辅助启动压力极限和停机压力极限之间调整。

此外,在司机操纵台上设置强迫泵风按钮（自锁型）。按下强迫泵风按钮,硬线控制压缩机启动。

压力开关 A1-A06（700～900 kPa）作为压缩机启动的硬线备份,当车辆控制单元或本车电子控制单元输出故障而无法启动压缩机时,通过压力开关辅助触点闭合,压缩机启动接触器得电,压缩机启动。

空压机启动时,干燥器同时启动。

车间供风时,操作截断塞门,它的辅助触点信号传递给车辆控制单元,封锁牵引。同时,截断塞门的触点信息给空气干燥控制单元,启动空气干燥器。

第二节　空气压缩机组

城市轨道交通车辆空气压缩机组主要有活塞式空气压缩机组和螺杆式空气压缩机组两种。

一、VV120型活塞式空气压缩机组

VV120型空气压缩机采用空气冷却、两级活塞压缩的空压机，由一个三相AC 380 V（6极/50 Hz）的电动机驱动。压缩机的排量约为600 L/min（可调），工作转速为955 r/min。

为了较好地维护和安装，VV120型空气压缩机和空气干燥器及油过滤器均被安装到一个构架上，如图3-3所示。该构架通过螺栓直接连接到车体底架上，空气压缩机与构架间的所有支撑均在空气压缩机组上。

图3-3　空气压缩机组安装总成

VV120型空气压缩机组由4个弹簧接到框架上，如图3-4所示。采用独特的悬挂式设计的弹簧和橡胶堆减振器使传递到车体的振动达到最小。

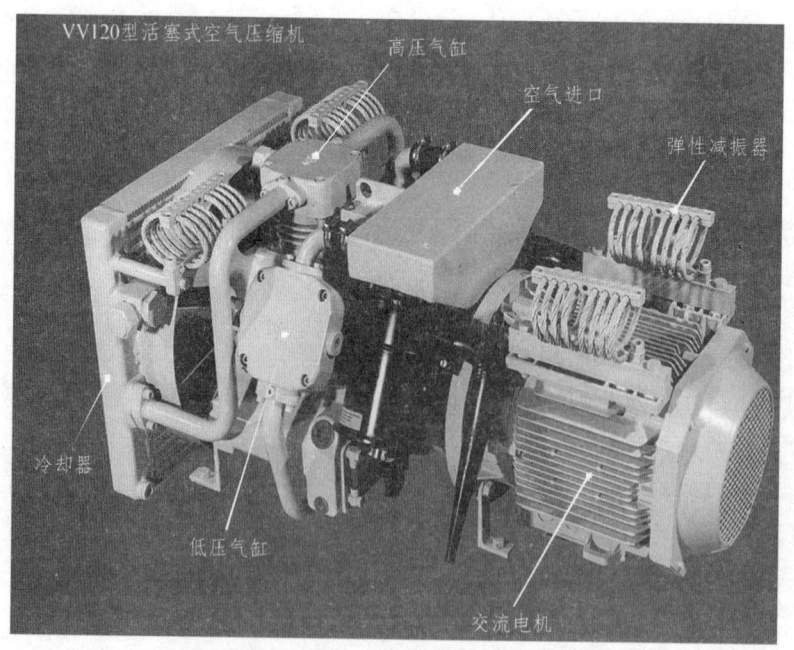

图3-4　VV120型空气压缩机组实物图

1. 空气压缩机基本结构

空气压缩机由固定机构、运动机构、进排气机构、冷却装置和润滑装置等几部分组成，如图 3-5 所示。其中，固定机构包括机体、气缸、气缸盖；运动机构包括机轴、连杆、活塞；进排气机构包括空气过滤器、气阀；冷却装置包括中间冷却器、后冷却器和带有黏性联轴器的散热风扇等。

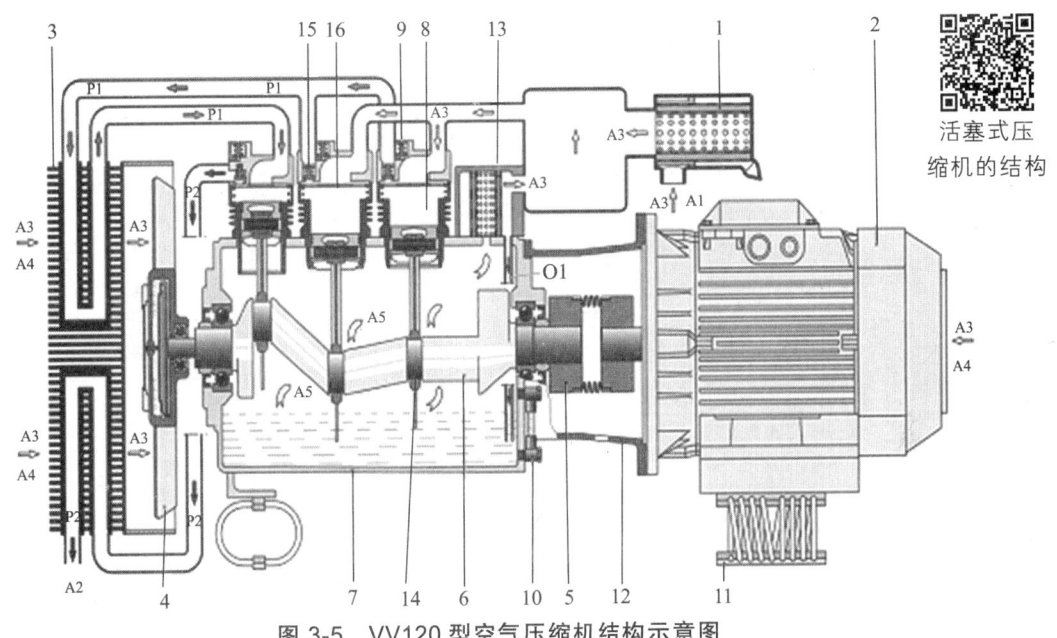

图 3-5　VV120 型空气压缩机结构示意图

1—空气过滤器；2—电机；3—冷却器；4—叶轮；5—新型波纹联轴节；6—机轴；7—曲柄轴箱；8—气缸；
9—安全阀；10—油位刻度管；11—弹簧减振器；12—对接法兰；13—油滤器；14—连杆；
15—进气阀；16—止回阀；A1—空气进口；A2—空气出口；A3—油箱通风口；
A4—冷却空气；A5—含油空气；P1—低压空气；
P2—高压空气；O1—油

带有黏性联轴器的散热风扇的作用是能够根据环境温度和压缩机出口温度，给予连续并且相互独立的冷却控制，从而确保压缩机在适合的工作温度下运行。当散热风扇结冰或附着异物时，黏性联轴器同时充当离合器来避免危险。

压缩机与电动机新型波纹联轴节连接，外部采用法兰保护。该联轴节高度耐用，免于维护，扭转刚度强，避免了压缩机内的扭转振动。自定心凸缘结构避免了电机与压缩机之间频繁复杂地工作。

2. 空气压缩机工作原理

电机通过联轴节驱动空压机机轴转动，曲柄连杆机构带动高、低压缸活塞同时在气缸内做上下往复运动。当低压活塞下行时，活塞顶面与缸盖之间形成真空，经空气滤清器的大气推开吸气阀片（吸气阀片弹簧被压缩）进入低压缸，此时供给阀在弹簧和中冷器内空气压力的作用下关闭。当低压活塞上行时，气缸内的空气被压缩，其压力大于供给阀片上方压力与供给阀弹簧的弹力之和时，压缩供给阀弹簧而推开供给阀片，具有一定压力的空气排出缸外，而吸气阀片在气缸内压力及其弹簧的作用下关闭。两个低压缸送出的压缩空气都经气缸盖的同一通道进入中冷器。经中冷器冷却后，再进入高压缸，进行第二次压缩，压缩后的空气由后冷却器冷却后进入空气干燥器。

机轴带动连杆转动时，连杆下端的拨杆使得机轴箱内的油四处飞溅，从而对被润滑的部件进行润滑。VV120型空气压缩机空气循环系统示意图如图3-6所示。

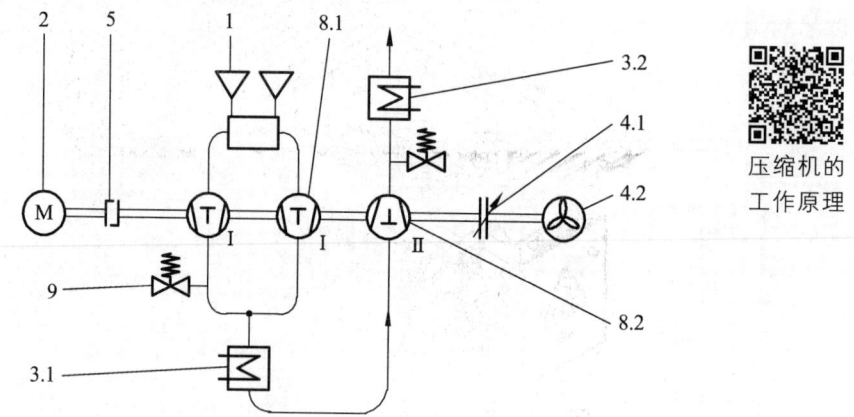

图3-6　VV120型空气压缩机空气循环系统简化示意图
1—纸过滤器；2—电机；3.1—中间冷却器；3.2—后冷却器；4.1—黏性联轴节；
4.2—冷却风扇；5—联轴节；8.1—低压气缸；8.2—高压气缸；9—安全阀

3. 空压机油乳化问题

空压机油乳化的主要原因是空压机的工作周期偏小，即空压机的工作时间不够，列车的空气消耗量较小。由于空压机工作时机组温度会升高，停机时温度会降低，如果压缩机工作时间不够，会造成机组温差变化较大，温差的变化造成机组内部出现大量冷凝水，冷凝水的出现是造成空压机油乳化的直接原因。列车空气消耗量较小的原因有两个：第一，在信号系统没有完全使用上之前，列车的运行速度比较低，空气的消耗量比较低；第二，空压机的容量过大，也就是压缩机在较短的工作时间内就可以产生足够的压缩空气。可以通过调整空压机的工作周期来减少机组工作时的温差，从而避免乳化现象。

空压机的相对工作时间以 t_{on} 表示，相对停机时间以 t_{off} 表示，而空压机的相对工作周期为

$$DC_{comp} = \frac{t_{on}}{t_{on} + t_{off}} \tag{3-1}$$

一般地，空压机的相对工作周期为 35.0%（Min）、68.4%（Nor）、96.7%（Max）。Min指列车在最良好的工况下运行，平直道、低载荷、低用气量；Nor指列车运行在普通的工况下；Max表示列车运行在最恶劣的情况下，多曲线、重载荷、空气制动使用频繁。

二、螺杆式空气压缩机组

GAR-B型螺杆空气压缩机组用于在机车或轨道车辆的车底安装。机组包括空气入口装置、空压机主机、油分离器、油和空气后冷却器、加热装置（-40 ℃启动）、润滑系统和干燥器等。

GAR-B 型螺杆空气压缩机组采用集成化模块，一体化设计，如图 3-7 所示。

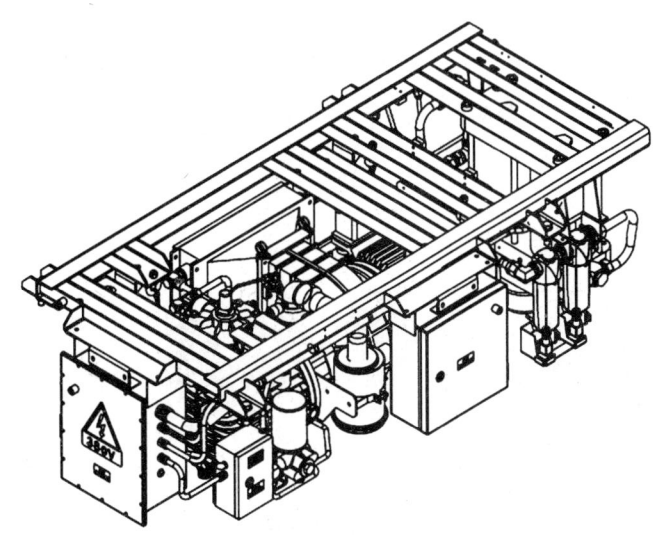

图 3-7　GAR-B 型螺杆空气压缩机组一体化安装

（一）空压机系统组成

空气压缩机组是固定式、风冷、喷油螺杆空压机组。其独特的设计，是为满足列车上的制动系统和其他气动部件对压缩空气的需求。

空气压缩机系统包括：压缩机机头、整体冷却风扇、复合冷却器（空气/油）、油气分离器、水分离器（WSDR）、集成过滤装置、电机、温度保护开关及报警压力开关（PSA），如图 3-8 所示。

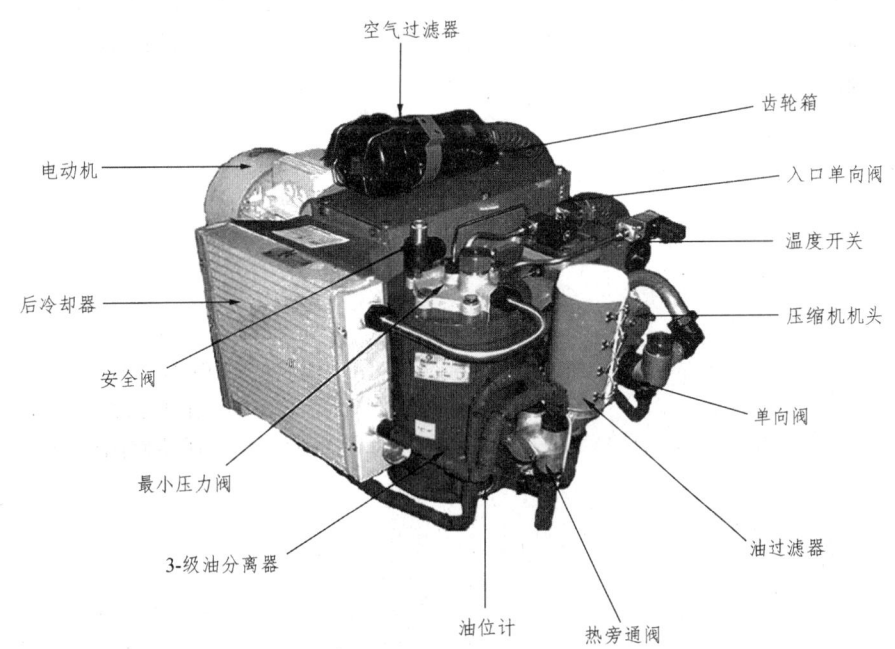

图 3-8　空压机系统组成

1. 空压机主机

空压机主机包括电动机、驱动装置和压缩机机头。

GAR-B 型空气压缩机组由 3AC 400 V（50 Hz，10 kW）鼠笼式异步感应电动机驱动。面向驱动电机末端，正确的旋转方向为顺时针。

压缩机机头包含两个反向转子，如图 3-9 所示。其工作过程为：进气口打开，常压空气进入；进气口随转子啮合而关闭，进入压缩过程；转子转动，空气升压，压缩空气；出气口打开，压缩空气排出。

图 3-9 螺杆转子工作过程

螺杆式压缩机

转子由长寿命向心止推滚动轴承支撑，进行空气的压缩。机头仅有两个运动部件，使机头简单且坚固。当转子旋转时，进气口和排气口由转子末端自动打开和关闭，因此无须额外的阀门及定时机构。无额外的阀门和最少的运动部件，增加了可靠性并使磨损减少到最低。

由于交叠及连续压缩循环，转子的螺线形设计无振动，提供无冲击的压缩空气。因在压缩腔内没有金属和金属之间的摩擦，机组在运行中性能不会有所降低。

GAR 结合了齿轮箱设计，将电机的功率通过一个弹性联轴器传递给空压机组机头。弹性联轴器是为降低空压机组启动时的转矩峰值而特殊设计的。

运行过程中，冷却风扇通过直接安装在电机轴上实现运转。

齿轮箱与压缩机头外壳紧密相连，齿轮箱组件的润滑是通过在其内部沟槽中注入压缩机润滑油实现的，无须分离于齿轮箱的润滑系统及外部管道。

联轴器的外壳连接空压机组机头及电机，使其永久对中，优化了驱动系统的可靠性。

2. 油分离器

油分离器通过 3 种方式将油从空气中分离：气旋运动、重力作用和精滤装置。在正常工况下，油分离器出口的压缩空气含油量低于 3 mg/m³。为了便于监控油位，油分离器外壳带有竖直的油视镜，如图 3-10 所示。

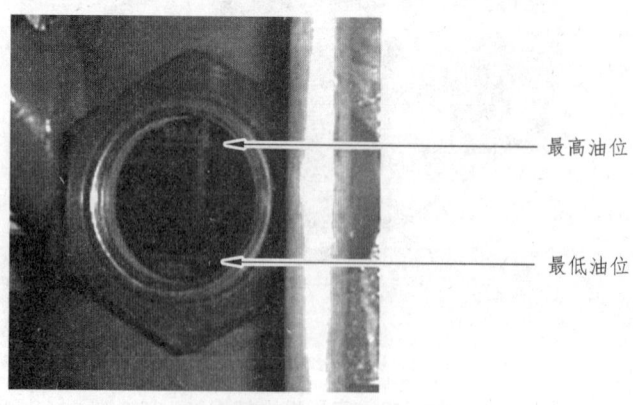

图 3-10 油视镜

3. 空气过滤器

空压机组进气口设置有空气过滤器，对空气中的颗粒、杂质进行有效过滤，其实物照片如图 3-11 所示。空气过滤器主要包括滤芯、外壳、进气管、环箍及其他部件。

4. 真空指示器

真空指示器是一个带有光学显示的气动精密仪表，测量空气过滤器的压差。它被安装在压缩空气系统的进气端，如图 3-11 所示。

 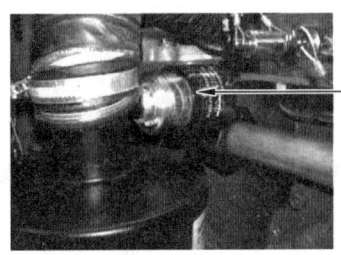

图 3-11 空气过滤器及真空指示器

随着空气过滤器滤芯中积尘越来越多，过滤器的流动阻力会增加。其结果是，红色指示柱塞被逐步推入壳体的透明部分中。一旦达到允许的最大流阻（约 5 kPa），指示柱塞即完全可见。它会锁定在该位置，且在压缩机停机状态下仍保持完全可见。柱塞的出现表示干式空气过滤器需要维护，需更换滤芯。

5. 机头出口油温开关

油温开关（见图 3-12）连接到电气装置，当空压机组内油温达到 110 ℃ 时报警，当油温达到 120 ℃ 时使空压机组停止运行。

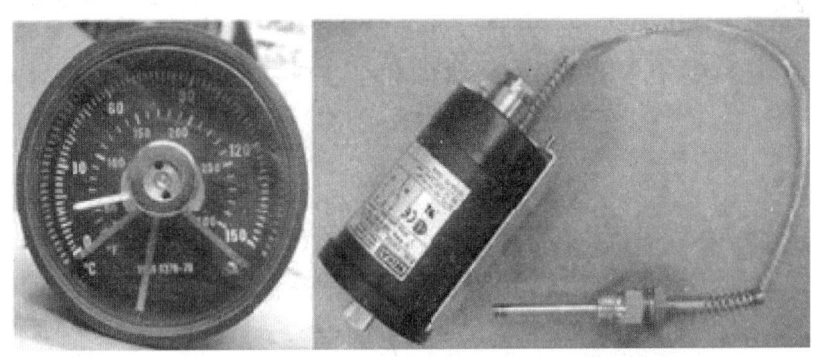

图 3-12 油温开关

油温开关有指示刻度并带有 3 个指针：白色指针指明当前机头内的油温；绿色指针指明报警温度设定；红色指针指明开关的停机温度设定。

6. 最小压力阀

最小压力阀防止油气分离器内压力低于最小压力，防止空压机组停机时压缩空气倒流；同时，该压力建立润滑油循环，使空压机组机头（E）得到润滑。

7. 油和空气后冷却器

油和空气后冷却器是铝制的紧凑型冷却器。冷却器能将其出口的压缩空气温度冷却到高于周围环境温度 10 ℃。

冷却风扇直接安装在电机轴上以产生冷却气流，因此不需要单独的电动机来驱动。

8. 加热装置（气温低于 -25 ℃ 选择）

当气温低于 -25 ℃ 时，为保证空压机组的正常启动，需要在系统中加装加热装置，该装置的主要功能是加热润滑油使空压机正常启动。加热装置主要包括带有温度继电器的油加热器、油过滤器加热套和油管的绝热部分。

（二）气路流程

如图 3-13 所示，空气经空气过滤器（AF）吸入空压机组。空气通过进气阀（IV）经过空压机组机头（E），在压缩过程中与油混合。出口单向阀置于机头出口处。在油气筒/油分离器（OS）内部，压缩空气先通过冲击与油预分离，接着进入油分离器滤芯，然后经过最小压力阀构成的止回阀、复合冷却器（OC/AC）及后处理设备。最小压力阀（VP1）防止油气分离器内压力低于最小压力，防止空压机组停机时压缩空气倒流；同时，该压力建立润滑油循环，使空压机组机头（E）得到润滑。

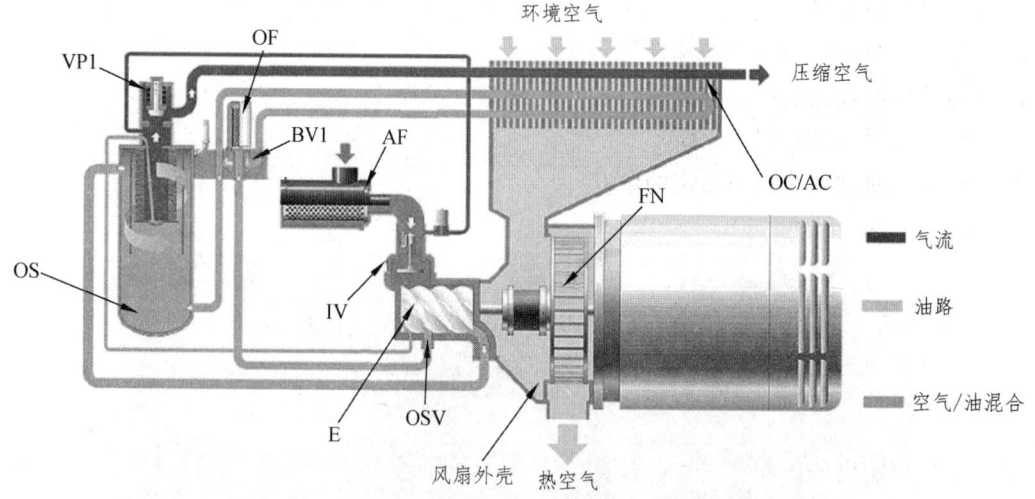

图 3-13　GAR-B 型空气压缩机组结构部件示意图

AF—空气过滤器；IV—进气阀；E—机头；FN—冷却风扇；OS—油气分离器；VP1—最小压力阀；
OC/AC—油气后冷却器；OSV—油截止阀；OF—油过滤器；BV1—旁通阀

（三）润滑油系统

如图 3-13 所示，在油气分离器（OS）中，绝大多数的油被离心力分离掉。剩余部分由油气分离器滤芯（OS）分离。油气分离器底下部分作为储油桶。空气压力迫使油经油气桶进入油冷却器（OC）、油过滤器（OF）直至空压机组机头（E）。

油路系统配有旁通阀（BV1），当油温低于 75 ℃ 时，旁通阀（BV1）切断了从油冷却器

(OC)供来的油。气压迫使油从油气桶（OS）经油过滤器（OF）和油截止阀（OSV）到达空压机组机头（E）。油冷却器（OC）被旁通。当油温超过 75 ℃ 时，旁通阀（BV1）开启，油进入冷却器（OC）。

油截止阀（OSV）为防止当空压机组停机时油灌入。当空压机组启动时，该阀由机头出口压力开启。

（四）启停装置

GAR 压缩机组带有启停调节系统，由系统压力开关控制。压缩机停机时，进气阀自动关闭，压缩机内的压力通过节流孔排出，无须额外装置。

为了防止过热以及对机组整体的保护，在压缩机机头处安装有温度开关。如果出现紧急情况（温度过高 120 ℃），机组将自动停机。

最小压力阀确保压缩机内能维持足够的压力以保证润滑油正常循环。

空压机启动装置给电，压力开关监测风缸压力信号。当风缸压力达到 900 kPa 时，两台空压机停止打风；当风缸压力低于 750 kPa 时，单台空压机打风；当风缸压力低于 700 kPa 时，两台空压机同时启动打风。

强迫泵风功能：若按下强迫泵风开关（设置在司机室内，为自复式开关），网络控制被旁路，两端空压机启动打风。

防止带背压启动：空压机突然断电又突然上电时，若压缩机内压力大于 250 kPa，空压机停止启动。启停装置能防止电机转矩过大而降低电机寿命的情况发生。

空压机每间隔一段时间，干燥器等要进行排水、排污。

两台空压机通过列车控制系统的单双日信息，对空压机组进行单双日控制管理，以提高空压机组的工作率。

第三节　空气干燥器

空气压缩机输出的压缩空气含有较高的水分、油分和机械杂质等，必须经过空气干燥器将其中的水分、油分和机械杂质除去，才能达到车辆上用风设备对压缩空气的要求。液态的水、油微粒及机械杂质在滤清器（或油水分离器）中基本被除去，压缩空气的相对湿度降低（通常相对湿度在 35% 以下）。干燥是避免用风过程中出现冷凝水危害的主要方式，它依靠空气干燥器来完成。

空气干燥器的基本原理：吸附过程是一个平衡反应，即在吸附剂（干燥剂）和与其接触的压缩空气之间湿度趋向于平衡，而相对湿度大的压缩空气与吸附剂的表面接触时，由于吸附剂具有大量微孔，与空气的接触面积大，吸附剂可以大量、快速地吸附压缩空气的水蒸气分子，达到干燥压缩空气的目的；再生过程也是一个平衡反应，用于吸附剂再生的吹扫气体是由较高压力的压缩空气膨胀而来，膨胀时，空气体积增大而压力降低，获得的吹扫气体的相对湿度较低,因而易于"夺"走吸附剂上已吸附的水蒸气分子,使湿的吸附剂恢复干燥状态,达到再生的目的。其特点是在压力下吸附,在大气或负压下再生。所以对任何一种吸附剂来说,它与被吸附的水蒸气的关系是:温度越低,压力越高,单位吸附剂所吸附的水分量就越多;反之,吸附量就少。其原理简言之为"压力吸附与无热再生"。

常用的吸附剂有硅凝胶、氧化铝、活性炭及分子筛等。

现代城轨车辆上空气干燥器一般为双塔式空气干燥器和膜式空气干燥器。

一、双塔式空气干燥器

1. 构造组成

双塔式空气干燥器的构造如图 3-14 所示,由干燥塔 19、干燥器座 25、带消音器的双向活塞阀 34、电磁阀 43 和电子循环控制器的电路板几个主要部分组成。

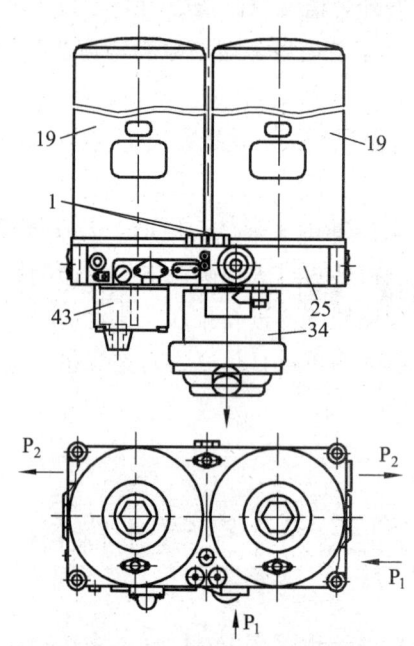

图 3-14 双塔式空气干燥器

1—压力指示器;A—排气装置;19—干燥塔;P_1—与压缩空气连接;25—干燥器座(在前面或右面某个位置);
34—双向活塞阀;P_2—与干燥塔主体连接;43—电磁阀(在左面或右面某个位置)

两个干燥塔 19 除了装有干燥空气用的吸附剂外,在其下部均装有油水分离器。干燥器座 25 上设置有再生节流孔 50、2 个止回阀 24、1 个旁通阀 71 和 1 个预控制阀 55,如图 3-15 所示。电磁阀 43 和电子循环控制器相配合,控制干燥器的干燥和再生循环。

另外,每个干燥塔都有一个显示工作状态的压力指示器 1,若左边的干燥塔在压力状态下(干燥状态),红色指针就在左边的压力指示器出现。当无压力时(再生状态),红色指针就自动消失。

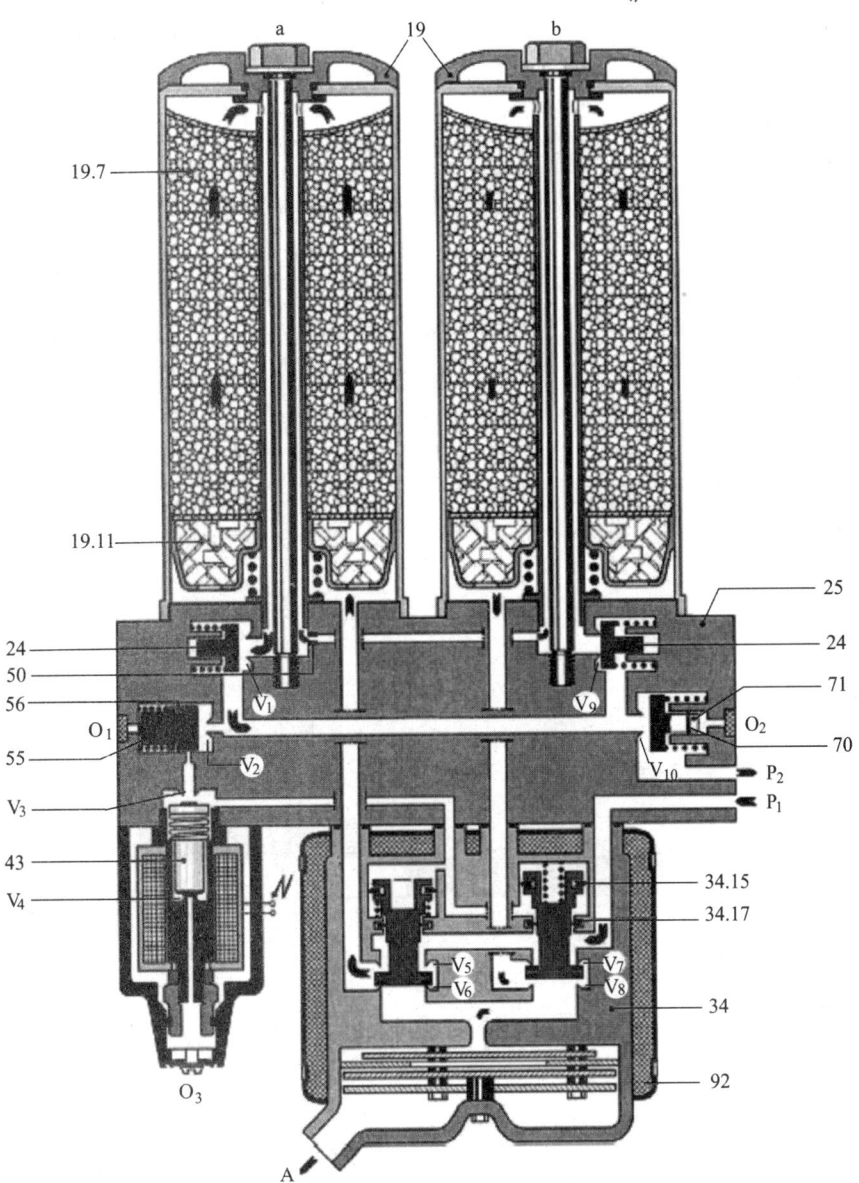

图 3-15 双塔式空气干燥器的内部结构图

19—干燥塔；19.7—吸附剂；19.11—油水分离器；24—止回阀；25—干燥座；34—双活塞阀；
34.15，34.17，56，70—克诺尔K形环；43—电磁阀；50—再生节流孔；55—预控制阀；
71—旁通阀；92—隔热材料；A—排泄口；$O_1 \sim O_3$—排气口；
P_1—进气口；P_2—出气口；$V_1 \sim V_{10}$—阀座

2. 工作原理

为了保证干燥器工作的准确性，干燥器内部要求达到一定的"移动压力"时，预控制阀 55 才开启，双活塞阀 34 才能够移动到位。旁通阀 71 保证"移动压力"迅速建立，当压缩空气压力超过这个"移动压力"之后，才能打开旁通阀 71，使压力空气流向总风缸。这种设置也可防止干燥塔 19b 出现干燥时间的延长（不能迅速转换工作状态），而使其中的吸附剂产生过饱和。

两个止回阀 24 的作用是防止当空气压缩机不工作时压力空气逆流。

干燥塔 19a 处于吸附工作状态，干燥塔 19b 则处于再生工作状态，相当于处在图 3-16 所示工作循环的前 $T/2$。

循环控制器控制电磁阀 43，当电磁阀 43 得电时，开启阀 V_3；从干燥后的压力空气中部分分流出来的用于控制的压力空气，通过打开的阀 V_2 和阀 V_3 后，到达双活塞阀 34。预控制阀 55 用来防止双活塞阀 34 动作时处于中间位置；阀 V_2 是在双活塞阀 34 需要的"移动压力"达到时才打开。这个"移动压力"推动双活塞阀 34 的两个活塞克服各自的弹簧力，使右活塞移到顶部，而左活塞则移到底部，因此导致阀 V_5 及阀 V_8 的开启。其流程如下：

空气压缩机输出压力空气→进气口 P_1→阀 V_5→干燥塔 19a 中油水分离器、吸附剂；另一路至再生节流孔 50→干燥塔 19b 中吸附剂、油水分离器→阀 V_8→消声器→排泄口→大气。

这样，干燥塔 19a 对空气压缩机输出压力空气进行油水分离和干燥，干燥塔 19b 则对吸附剂再生及排除油污，完成半个循环周期。

然后经过同样的方式经过各阀的切换，完成干燥塔 19b 干燥和干燥塔 19a 再生的下半个循环周期。

3. 干燥/再生循环控制器

循环控制器在空气压缩机启动的同时也开始工作，它根据规定的程序控制电磁阀 43 的开关时间；从而控制双干燥塔工作循环，每 2 min 转换一次工作状态。操作位置的时间顺序和相应的工作阶段如图 3-16 所示。

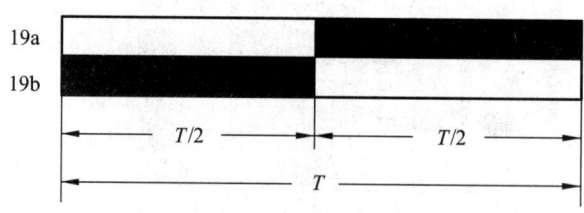

图 3-16 一个工作循环示意图

T—工作循环；19a，19b—干燥塔

当空气压缩机停止工作或空转时，循环控制器记忆下实际的循环状态，当空气压缩机重新启动后，循环控制器从原有的状态上执行控制，这样就可以保证吸附剂充分地再生，并保证吸附剂不会因工作循环的重新设置而产生过饱和。

如果循环控制器或电磁阀出现故障，空气压缩机输出的压力空气仍可以通过干燥器中的一个干燥塔干燥，保证压力空气的供给。

二、膜式干燥器

（一）膜式干燥器系统的功能、结构和工作原理

膜式干燥器系统包括膜式干燥器和前置的三级过滤装置，如图 3-17 所示。

前置的三级过滤装置依次为水分离器、过滤精度 1 μm 的精密过滤器、过滤精度 0.01 μm 的超精过滤器。

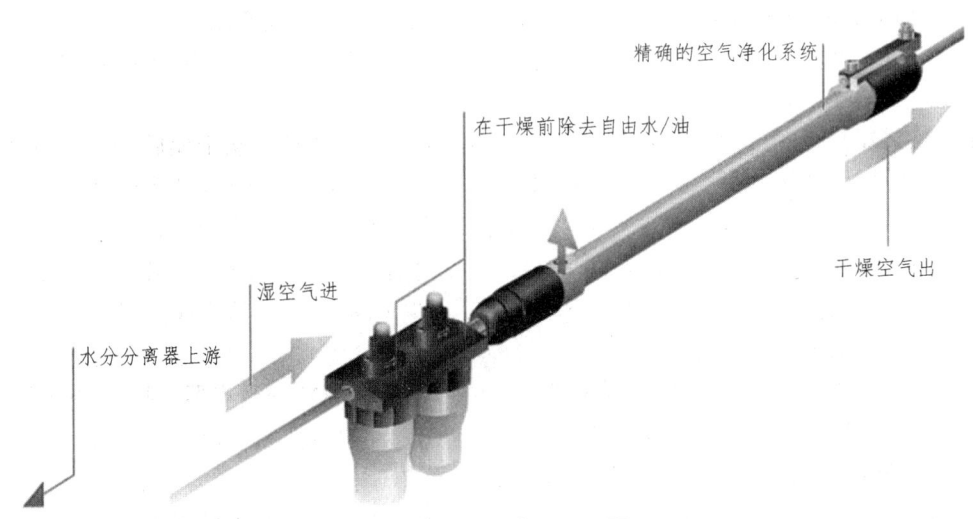

图 3-17　膜式干燥器

1. 水分离器

水分离器工作原理如图 3-18 所示，依靠其内部的导流叶片，使进入气水分离器的流体高速旋转，因液体与气体密度的差异产生离心力，将液态油滴及冷凝水与空气分离，其液态物分离效率可达 97%以上。

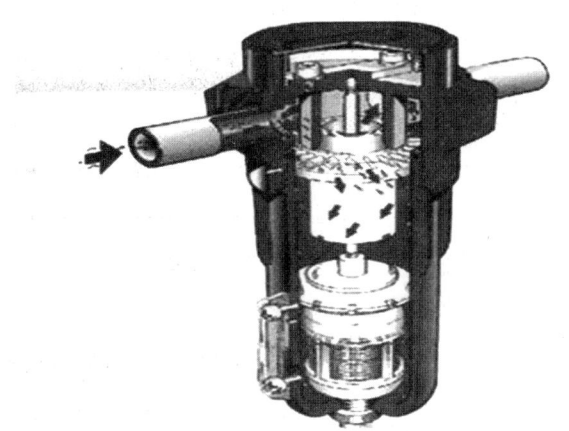

图 3-18　水分离器工作原理图

经过空压机后冷却器冷却的压缩空气温度降低而达到饱和，所产生的液态污染物，可在水分离器处得到有效去除。

水分离器安装在后冷却器的出口，用以从压缩空气中分离所含的水分和油。其上装有排污阀，该装置包含一个排污控制装置及其加热装置。它含有一个计时器，每 2 min 的时间间隔进行 2 s 的排空。在环境温度低于 5 ℃ 的时候温控器启动加热装置，防止水的冻结。

2. 集成过滤装置

集成过滤装置包括精密过滤器和超精过滤器两部分，安装在水分离器的下游。

过滤精度 1 μm 的精密过滤器和过滤精度 0.01 μm 的超精过滤器工作原理相同，均为介质过滤,依靠滤材拦截固态颗粒杂质,同时将微小液滴状态的液态杂质进行拦截汇集后排出,其原理如图 3-19 所示。

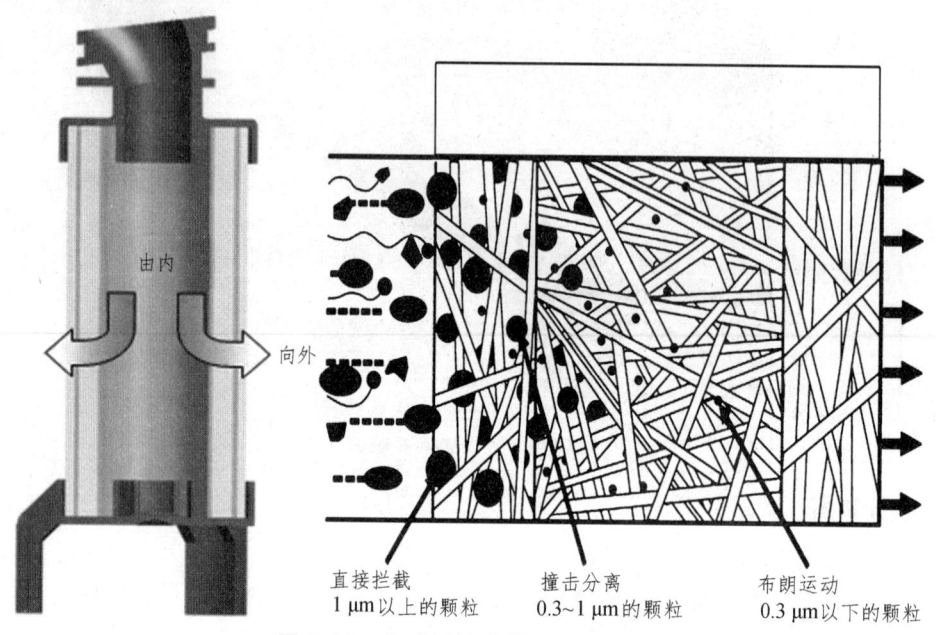

图 3-19　集成过滤装置工作原理图

3. 膜式干燥器

膜式干燥器脱水膜的工作原理:脱水膜是利用具有特殊选择性的膜丝,对水分子进行去除。膜丝具有选择性渗透功能,仅允许水分子由高浓度侧转移至低浓度侧,达到最终平衡状态,如图 3-20 和图 3-21 所示。脱水膜便利用此原理,使饱和压缩空气中高浓度水分子转移,同时并不会损失压缩空气,从而达到使压缩空气干燥的目的。

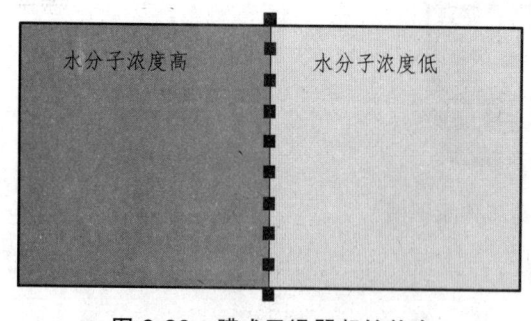

图 3-20　膜式干燥器起始状态

图 3-21　膜式干燥器平衡状态

如图 3-22 是膜式干燥器工作原理示意图。湿空气经过前置过滤器去除油和水滴后进入膜式干燥器,由膜丝的一端进入,湿空气进入纤维,其中的水蒸气经过纤维渗透,干燥的空气流向出口。出口处经由一个小孔分离出一定比例的干空气,并导向纤维外侧,通过截流阀膨胀减压为反吹气。由于体积的急剧增加,水分子的数量没有改变,膨胀后的压缩空气用以去除渗透出来的水蒸气,膜外侧的反吹气相对湿度增加,在压力作用下,这部分潮湿的反吹气被排向大气。

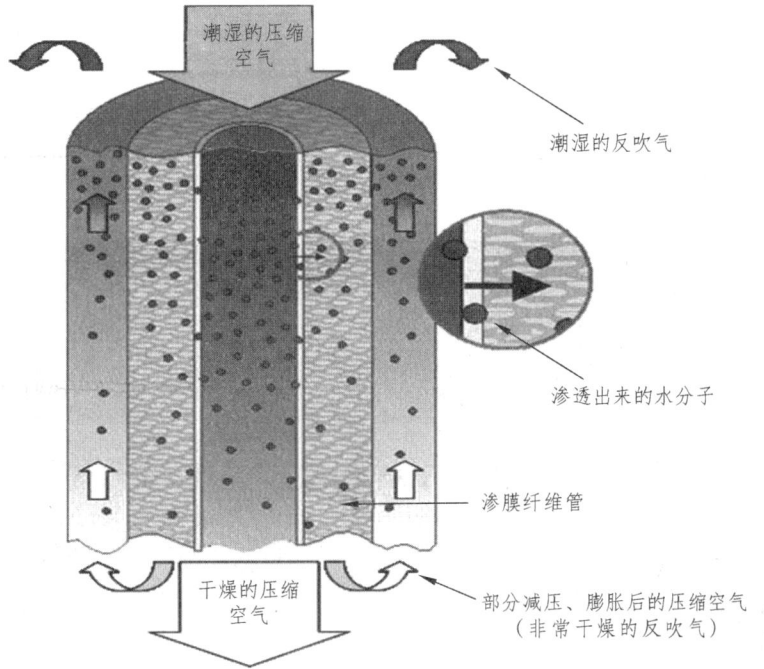

图 3-22 膜式干燥器工作原理示意图

整个干燥过程是连续的，如图 3-23 所示。未经干燥的压缩空气进入膜式干燥器，流过一束高选择的中空纤维，中空纤维有一层水蒸气可以自由穿透的薄膜。膜式干燥器的出口处一部分干燥的压缩空气通过节流孔，反吹过膜的外表面。由于节流孔的减压，反吹空气被膜内的压缩空气干燥，结果膜的内外形成分压力差，因此膜内的水蒸气分子由内向外扩散。水蒸气通过扫气孔排入大气，压缩空气得到干燥。图 3-24 是剖开的膜管图。

膜式干燥器反吹系统带有电磁阀（常闭），空压机组停止工作时，停止反吹。

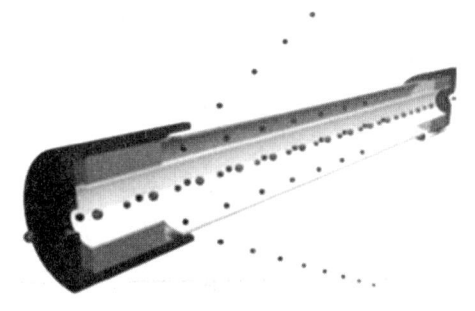

图 3-23 膜式干燥器系统流程示意图

图 3-24 剖开的膜管

（二）影响膜式干燥器的因素

① 空气流速。空气流速快，流量高，空气压力大。
② 空气压力。压力越高，反吹空气越干燥。
③ 入口温度。进口压力露点越低，出口空气越干燥。
④ 反吹量。反吹量越大，出口空气越干燥。

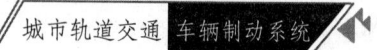

（三）膜式干燥器的特点

① 恒定不变的压力露点降。
② 可靠性高。
③ 使用方便。
④ 低寿命周期成本。
⑤ 适应恶劣的工作环境。
⑥ 紧凑、轻巧。
⑦ 安装灵活、方便。
⑧ 无噪声和振动。

三、吸附式空气干燥器与膜式干燥器的特点

（1）吸附式干燥器的干燥介质，在正常运用温度区间，随着运用环境温度的降低，其吸附能力随之增强；膜式干燥器中脱水膜丝为高分子结构，其本身对温度不敏感，低温不会导致其损坏，但如果膜丝内部压缩空气湿度较高，冷凝后形成液态水，在低温状态下，冷凝水结冰后体积增大，存在损坏膜丝的可能。所以，低温运用环境下，吸附式干燥器可靠性更高。

（2）当用风设备对压缩空气露点温度要求不高或运用环境温度相对较高时，膜式干燥器可满足使用要求；但如果对压缩空气露点要求较高、运用环境温度较低时，吸附式干燥器的干燥效果更好。

（3）运用过程中，如果出现干燥器损坏，吸附式干燥器具有更好的可维修性。膜式干燥器采用的高分子结构脱水膜具有不可修复性，一旦出现故障，需整体更换脱水膜，使用成本较吸附式干燥器高。

第四节　供风系统空气管路

供风系统空气管路主要安装在车辆底架上，作为用于列车空气制动系统和空气悬挂装置的底架管路布局的一部分；同时还为位于拖车 1 位端的轮喷系统、空气压力表等提供压缩空气。全自动及半自动车钩的解钩用风也是通过供风系统空气管路，最后由空气软管连接到车钩上。

一、空气管路设计

各车空气管路设计大致相同，基本可分为中央制动管路、1 位端制动管路、2 位端制动管路。空气管路采用薄壁无缝不锈钢管，管路紧固采用尼龙和不锈钢管卡，管路连接采用不锈钢卡套式管接头。由于拖车、动车管路布置大同小异，下面以武汉地铁 2 号线（六辆编组 *Tc-M1-M2 = M2-M1-Tc）Tc 车管路布置为例进行说明。

1. 中央制动管路

中央制动管路用来连接制动控制模块、供风模块及 1 位端制动管路、2 位端制动管路。中央制动管路还设有转向架截断塞门。Tc 车中央制动管路如图 3-25 所示。

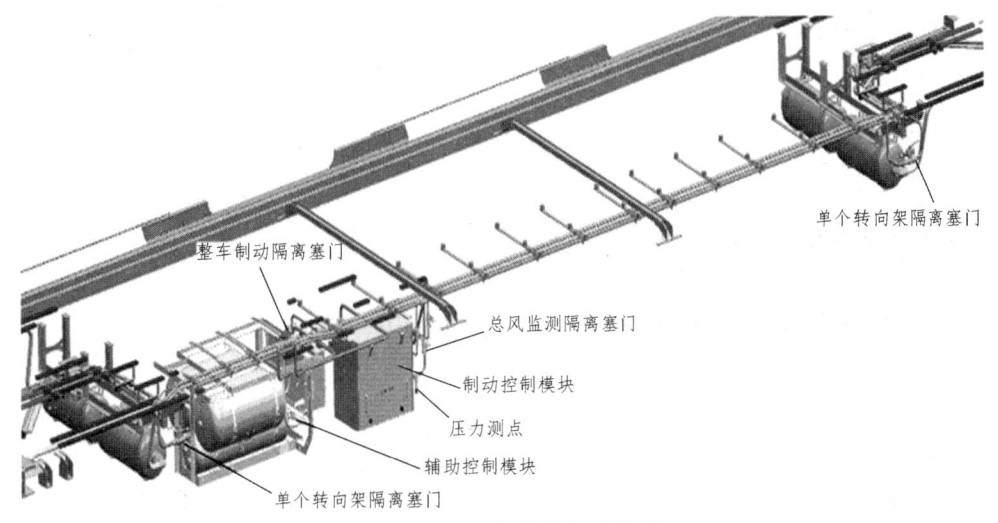

图 3-25　Tc 车中央制动管路

2. 端部制动管路

端部制动管路主要包括制动控制装置连接管路、空气悬挂系统管路、车钩操作管路、Tc 车 1 位端管路及轮喷系统、喇叭、空气压力表等供风管路。Tc 车 1 位端制动管路如图 3-26（a）所示，Tc 车 2 位端制动管路如图 3-26（b）所示。

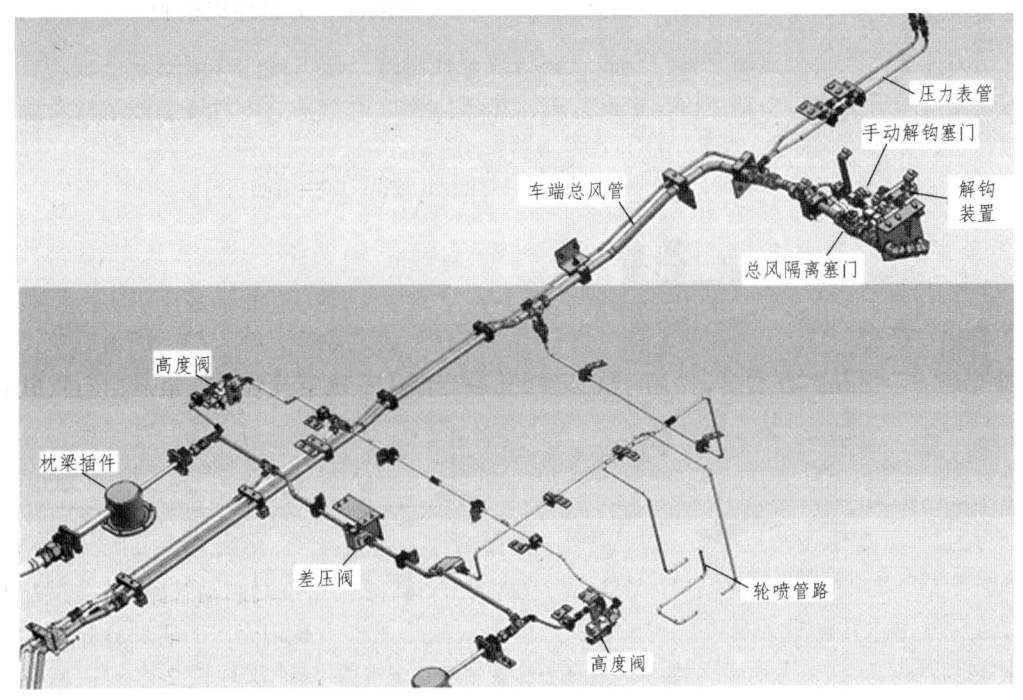

（a）Tc 车 1 位端制动管路

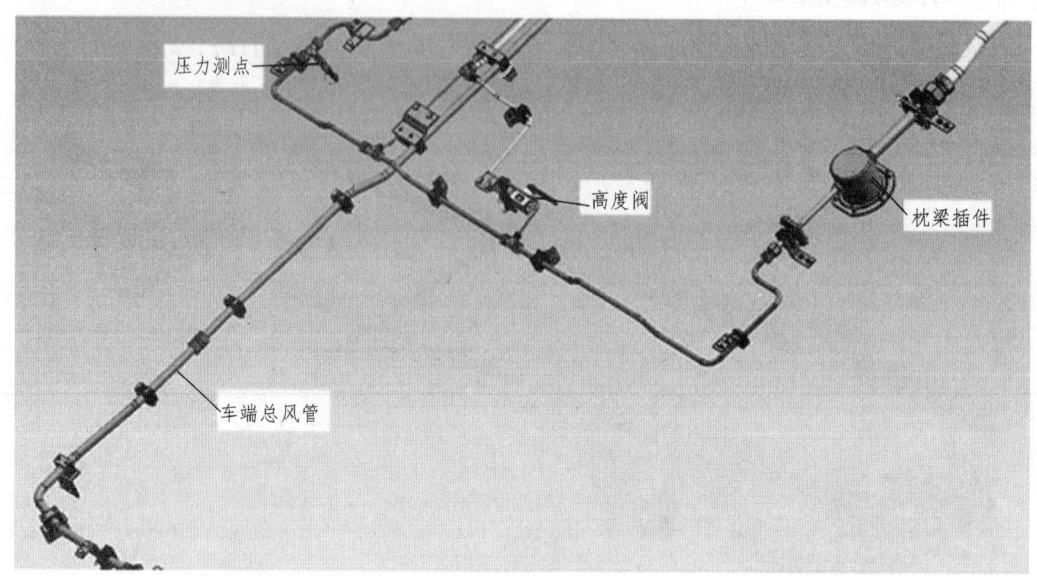

(b) Tc车2位端制动管路

图 3-26　制动管路

二、供风系统管路部件

1. 压力传感器

压力传感器是最典型、最常用的压力变送器件。制动计算机列车信息控制网络（TCMS）都是通过压力传感器获得必要的空气压力信息的。

压力传感器通常由压敏元件及附属电路构成，通过空气压力对元件电阻、电容、电感特性的改变而形成电信号，也可由压电元件直接把压力变成电信号。压力传感器结构示意图如图3-27（a）所示。图3-27（b）为压力传感器符号。

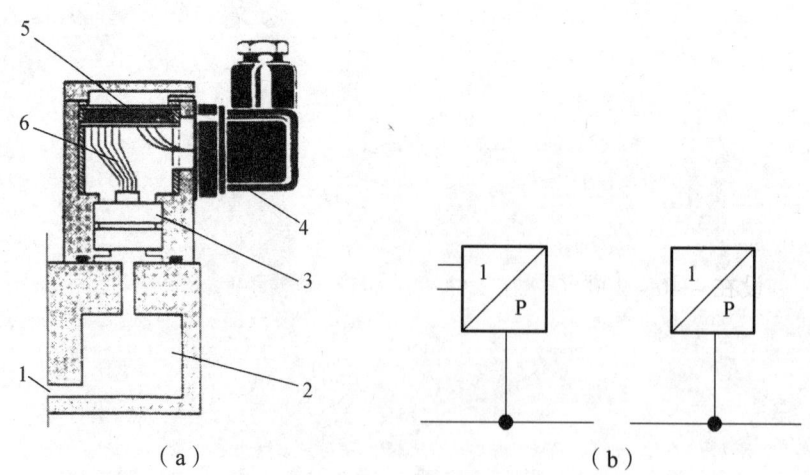

图 3-27　压力传感器结构示意图

1—入口；2—气腔；3—压力传感元件；4—接线盒；5—电子元件；6—内部引线

2. 压力控制器（压力开关）

该装置通过压力变化改变电路，即电信号的变化可定性地反映所控制管路的压力变化，其压力整定值根据需要可调。

压力开关具有一对常开和常闭触点。压缩空气通过螺纹连接处进入压力开关，当被测压力超过设定值时，压力开关内部的弹性元件的自由端产生位移，推动开关元件，改变开关触点的通断状态，从而输出相应的电信号。其外形和触点如图 3-28（a）所示，其气路符号如图 3-28（b）所示。

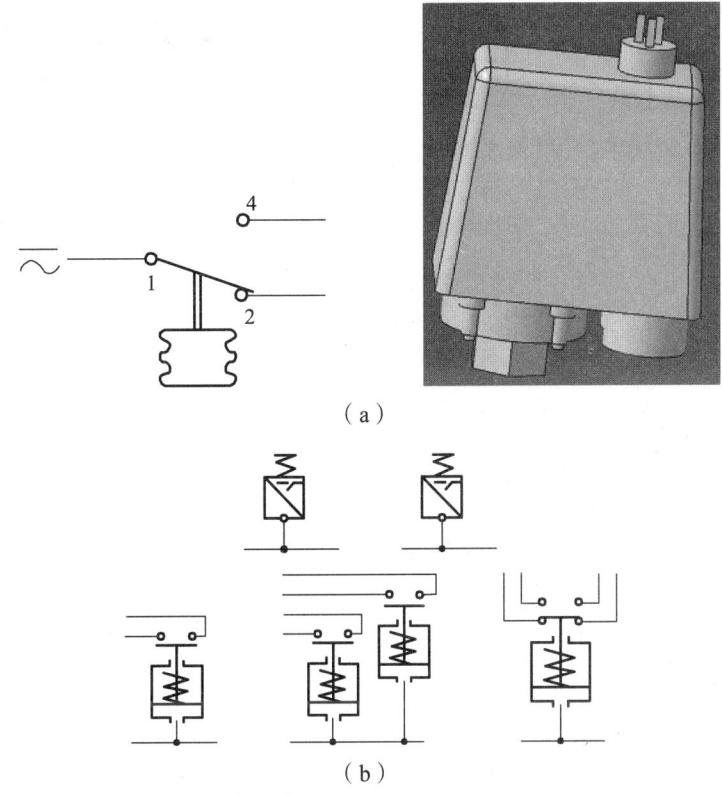

图 3-28　压力开关触点示意图、外形图及符号

3. 止回阀

（1）止回阀的作用。

止回阀防止因进气口的压力下降而产生空气回流。它的工作压力范围设在 100～1000 kPa，而工作温度范围设在 –40～200 ℃。在支座上箭头指示方向为空气流向。止回阀示意图如图 3-29 所示。

图 3-29　止回阀示意图

P_1—连接压缩机端口；P_2—通往截断塞门

（2）止回阀的结构及工作原理。

止回阀的结构如图3-30所示。

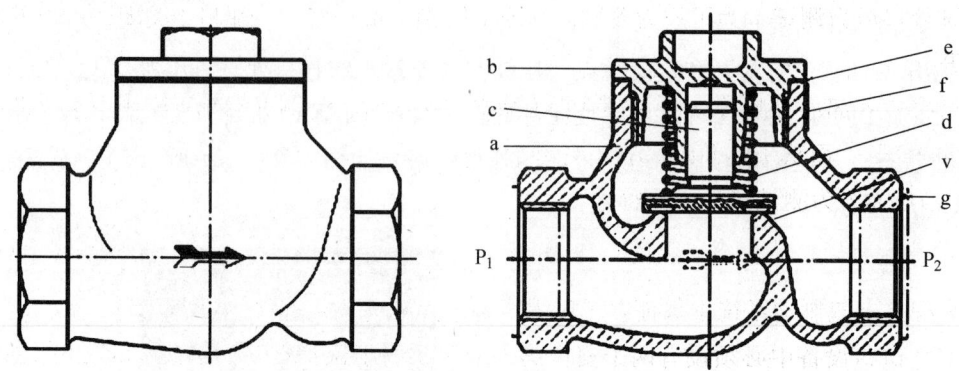

图3-30　止回阀结构示意图

a—支架；b—螺旋塞；c—阀锥；d—压缩弹簧；e—密封圈；f—铭牌；g—螺纹罩；
P_1—连接压缩机端口；P_2—通往截断塞门

当压缩空气流经止回阀时，阀锥被与弹簧压力方向相反的力抬起。阀锥的导向杆像一个活塞一样，压缩空气可以从它的顶部通过。由于螺旋塞和阀锥有间隙，阻止阀杆向上，阀锥得到缓冲，因此不会与螺旋塞相撞。在这种方式下，阀锥的上下冲程振动会减小。从压缩机冲出的压力就不会造成很大噪声和过早的消耗。

当压缩机关闭后，阀锥向下落，在导向杆上部产生一个细微的反向压力。在压缩弹簧的作用下，阀锥向下被推回与阀座接触。

止回阀中密封圈采用高耐温、耐油性的橡胶圈。

4. 测试接口

为了调整压力控制元件设定值或检测局部管路压力或为局部管路充风，系统在多处设有测试接口（俗称测试头）。因此，测试接口一方面可以测量管中的压力，另一方面利用外气注入的方式检测管理器、压力开关、制动阀压力。

测试接口设计成管道插口状，测试接口含有支架、螺帽、弹簧塞，如图3-31所示，最大工作压力为1000 kPa。

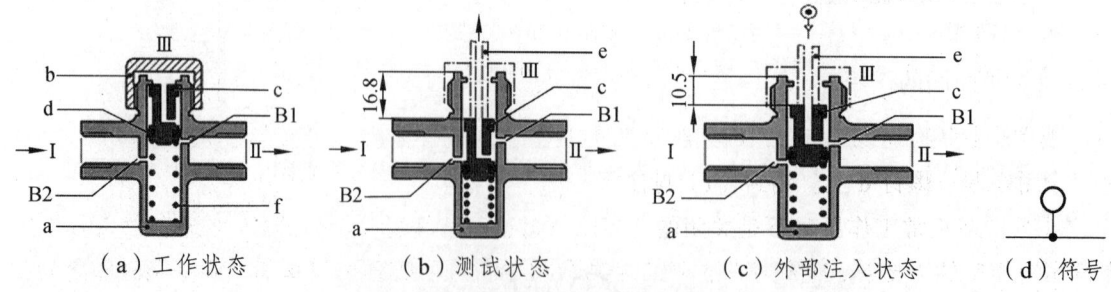

（a）工作状态　　（b）测试状态　　（c）外部注入状态　　（d）符号

图3-31　测试接口结构及工作原理图

a—阀体；b—螺帽；c—活塞；d—O型圈；e—选择开关；f—压力弹簧；
B1，B2—气口；Ⅰ—进气端口；Ⅱ—出气端口；Ⅲ—测试端口如图 3-31 所示，测试接口在工作位置，测试口用螺帽 b 关闭。活塞 c 被压缩弹簧 f 推上去。从端口Ⅰ到Ⅱ的通道打开。无论外气注入口还是测试连接口，必须拧到测试接口上。

测试接口压力测试：为了压力测试，活塞 c 推到下端进气口，端口Ⅰ关闭，端口Ⅱ和端口Ⅲ打开。

测试接口外部注入测试：来自外源的压缩空气注入时，从测试端口Ⅲ到测试端口Ⅱ的通道经 B2 被打开。而从Ⅰ到Ⅱ的通道被关闭。

图 3-31（d）为测试接口气路符号。

5. 安全阀

安全阀是空气制动系统中保证空气压力不至于过高的重要部件。

在空气供给设备中必须设有两个安全阀，分别是为了保护空气供给系统的过压情况。1个安全阀设定值为 1050 kPa，主要是防止因为外部受热（临近总风缸的受热）而导致空气系统的过压；另 1 个安全阀的设定值为 1200 kPa，主要是为了保护空气供给系统在压缩空气进入双塔空气干燥单元之前产生堵塞。

安全阀结构示意图如图 3-32 所示。

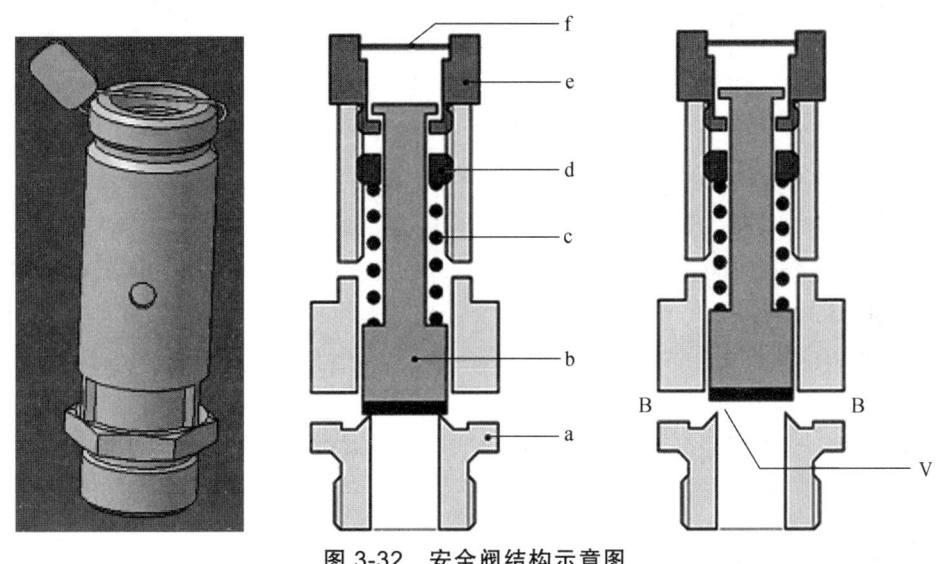

图 3-32 安全阀结构示意图

a—轴套；b—阀杆；c—压缩弹簧；d—调节螺钉；e—手动放气螺钉；f—铅封；B—排气装置；V—阀座

阀杆 b 上装有压缩弹簧 c，因此阀座 V 被关闭。压缩弹簧推力一端作用在阀杆 b 上，另一端作用在调节螺钉 d 上。铅封（f）封住阀口。

阀座 V 在正常工作压力下是关闭的。当压力超过安全阀所设定的压力时，阀杆被与压缩弹簧作用相反的力抬起，使得额外的压力从排气口 B 排出，即压缩气体通过阀杆和阀座之间的空隙向外排气。当压力恢复到设定压力下时，阀座 V 再次关闭。

安全阀打开的压力可以通过调节螺钉 b 进行设定。铅封确保设定压力在不经允许的情况下改变。

安全阀含有排污装置,从而确保工作部分运转并且避免脏污在阀中堆积。旋出调节螺钉,抽出阀杆,然后再打开阀座 V,附着在阀内的脏污沉淀物就可以被清除。

逆时针旋转调整螺栓开启压力增加。

6. 塞门

塞门在气路中的主要作用是使塞门两侧的气路连通或隔断以实现气路转换,从而方便检修、局部调试、人工切换气路等。有些塞门根据需要设有一些辅助功能,如带排气孔的塞门,在关闭状态下,在隔断进气的同时将出气口连通大气;又如带电接点的塞门,在塞门状态改变时,通过机械装置引发外接电路的改变,将塞门状态以电信号的方式反馈给有关系统。

(1)截断塞门符号。

几种截断塞门的符号表示方式如图 3-33 所示。

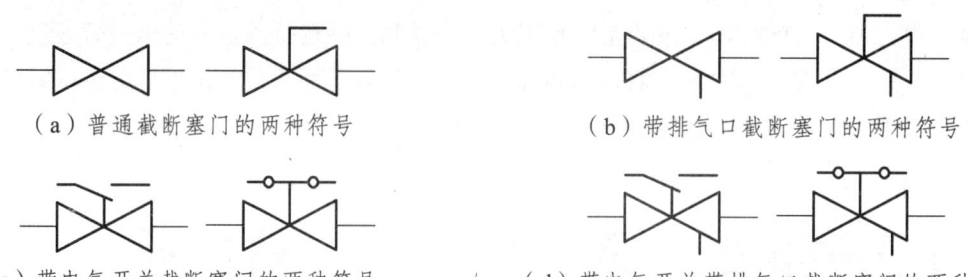

(a)普通截断塞门的两种符号　　　　(b)带排气口截断塞门的两种符号

(c)带电气开关截断塞门的两种符号　　(d)带电气开关带排气口截断塞门的两种符号

图 3-33　几种截断塞门的符号表示方式

普通截断塞门的进气口与出气口之间只有通、断两种状态,流通前后压力不发生改变。带排气口截断塞门在关断位同时打开了出气口与排气口的通路,相当于一个手动两位三通阀。带电气开关截断塞门能够将阀处于开通或关闭的状态;用于对该阀的状态进行监控的电路或计算机,进行相应的显示或信息读取。

(2)普通塞门。

① 普通塞门分类。

普通塞门指手柄式纯机械类塞门,此类塞门通过改变手柄与阀体的相对位置来改变气路,包括带排气孔型和不带排气孔型塞门;同时根据手柄形状的不同,又分为蝶形手柄塞门和杆形手柄(长手柄)塞门,如图 3-34 所示。

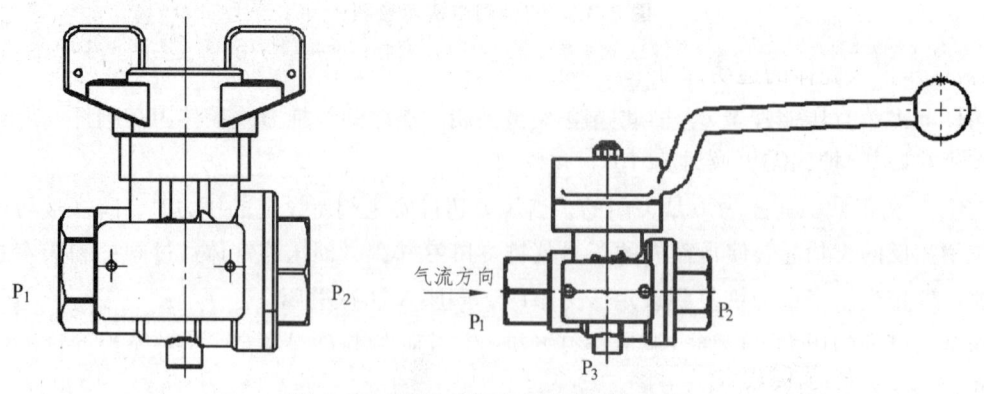

图 3-34　蝶形手柄塞门与长手柄塞门

② 手柄位置和关断方向。

无论是蝶形手柄塞门还是长手柄塞门，其手柄都有两档位置，分别对应塞门的通路和截断位置。关断方向可以顺时针或逆时针。塞门的各种初始位置和关断方向如图 3-35 所示。

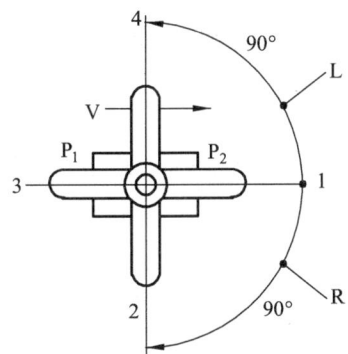

图 3-35 手柄位置和关断方向

1，2，3，4—手柄位置；P_1—进气接口；P_2—出气接口；V—气流方向；
R—关断方向：顺时针；L—关断方向：逆时针

③ 结构及功能。

塞门是为管式结构设计的单向旋塞，安装在管路系统中。有两个锥管螺纹接口：进气接口 P_1 和排气接口 P_2。带排风的塞门还有一个 P_3 排气口，如图 3-36 所示。截止球浮在用两个环支撑和密封的支架内部。密封圈 e_1 在进气口，密封圈 e_2 在排气口。球壁上有斜的通孔使球阀出气口 P_2 与排气口 P_3 相通。

塞门用于切断管路内的空气通路。带排风的塞门还可以在切断管路的同时排空后端的压力空气。通过手柄旋转 90°可以达到塞门的两个工作状态：通路状态和截止状态。

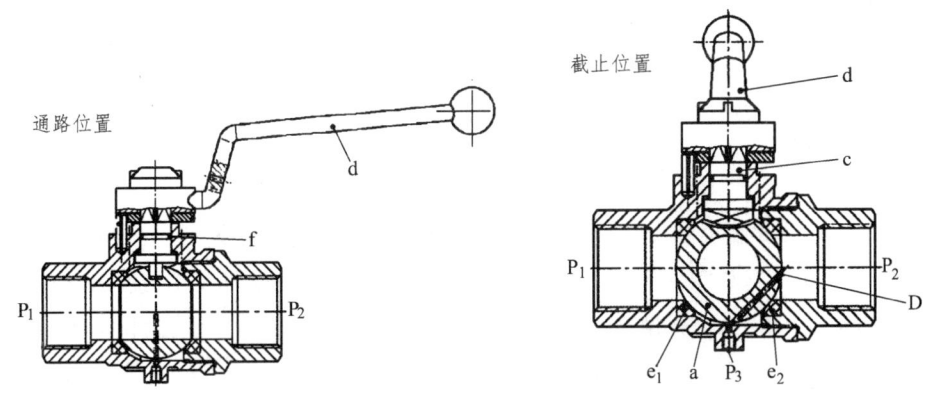

图 3-36 长手柄塞门剖面图

a—截止球；c—开关主轴；d—手柄；e_1，e_2—密封圈；f—O型密封圈；D—直通孔；
P_1—进气接口；P_2—出气接口；P_3—排气口

通路位置：该状态时，塞门内部截止球的直通孔位置和塞门体的纵向一致，从接口 P_1 到接口 P_2 的通路开启。

截止位置：该状态时，塞门内部截止球的直通孔和塞门体的纵向垂直，根据是否带有排气口，不同类型塞门的工作方式不同。

a. 不带排气口的球阀的截止位置：剖面图中的排气口是堵死的。压缩空气在 P_1 和 P_2 之间截断。P_2 端的压缩空气也不会排出。

b. 带排气口的球阀的截止位置：剖面图中的排气口是通的。输入口 P_1 的压缩空气被截断；同时出气口 P_2 和排气口 P_3 连通，排出 P_2 端的压缩空气。

（3）带电触点截断塞门。

为了能够实现对空气制动进行人为的制动隔离，在客室中不被乘客接触之处为每个转向架设置有带电触点的截断塞门，如图3-37所示。该装置包括气路（进气口、出气口及排气口）、电开关模块及机械传动装置。

该装置能够实现每个转向架的单独隔离。当进行某个转向架制动隔离时，隔离信号将同时发给 TCMS。

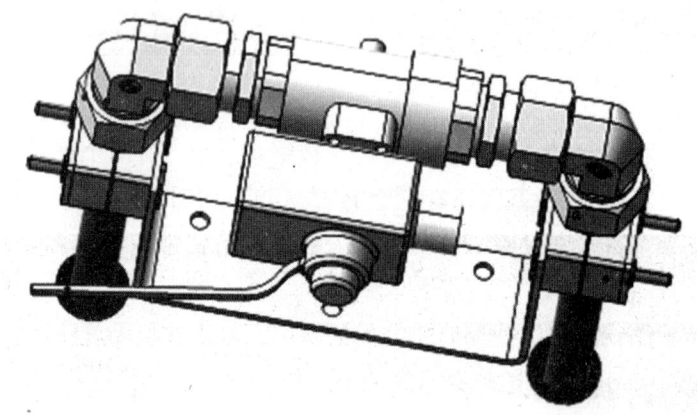

图 3-37　带电触点的截断塞门

三、其他管路部件

1. 风　缸

风缸的主要作用是储存压缩空气和稳定相关管路压力。每辆车设置一个总风缸（100 L）、空气悬挂风缸（100 L）和制动风缸（100 L 或 60 L），有的车还设置有空气弹簧风缸（50 L）。总风缸及空气悬挂风缸上设有排水塞门，定期排出风缸内的冷凝水。风缸和排水塞门之间通过双向接头连接在一起，有的排水塞门选用蝶形手柄，方向和气流方向一致时为关闭位；空气悬挂风缸的一端还设有一个带卸荷槽的螺堵；出于安全考虑，在制动风缸上只设带卸荷槽的排水螺堵，如图3-38（a）所示，图3-38（b）为风缸的气路符号。

所有风缸最高设计压力为 1000 kPa，所有风缸使用寿命大于 30 年，风缸材料选用铝合金。

为了便于风缸模块的维护，将三个风缸集成为一个模块，如图3-39所示。

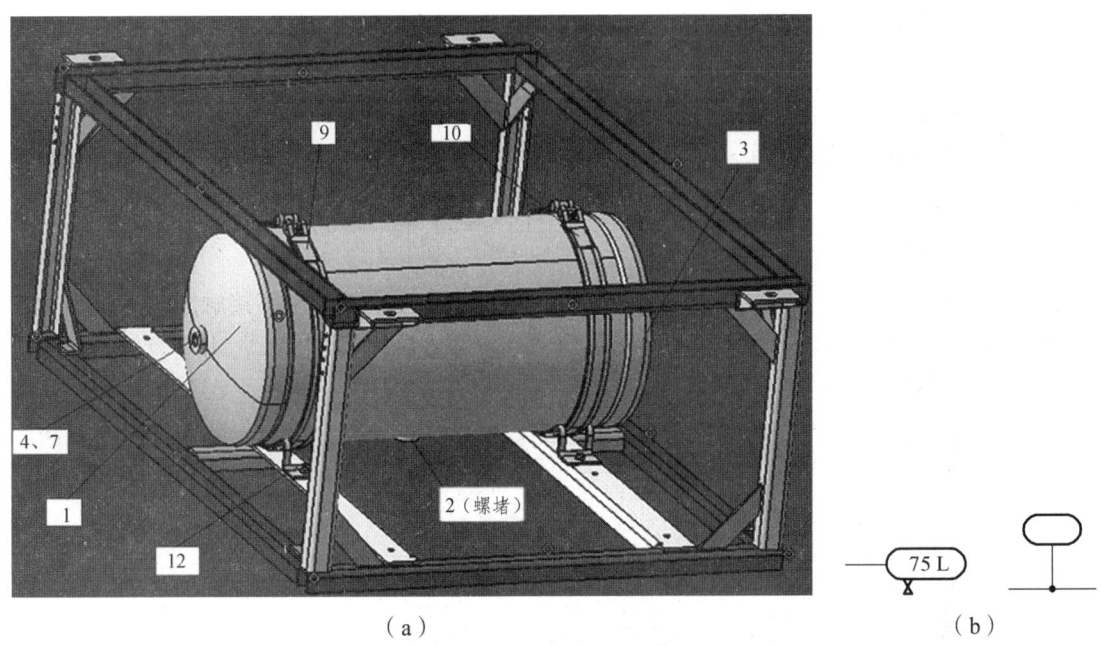

图 3-38 风缸及排水装置

1—制动风缸；2—排水螺堵；3—排气螺堵；4，7—管接头和连接管路；9，10—风缸匝带；12—安装设备

图 3-39 风缸模块三维图

列车储风缸的容积将满足在下列条件下，保证空气制动系统实施至少 6 次常用制动或 3 次紧急制动/缓解循环：① 总风缸空气压力处于下限制点；② 空气压缩机都停止工作（故障时）；③ 载荷 AW3；④ 电制动停止工作；⑤ 防滑保护不工作。

2. 空气滤尘器符号

在空气压缩机进气口前都设有专门的进气滤清器，能够过滤随气流而来的灰尘和各种杂质、悬浮物。但在一些含有较为精密气阀的重要用风设备的供风支路前端，往往还要用空气滤尘器过滤更细微的灰尘，也包括管路接头在装配或维修后引入的杂质以及管路内壁随着振动、锈蚀、老化等原因而脱落的微粒，保证后端设备对空气纯净度的要求。这样既保证了压缩空气的纯净度，也保证了阀类器件的工作可靠性。空气滤尘器的几种符号如图 3-40 所示。

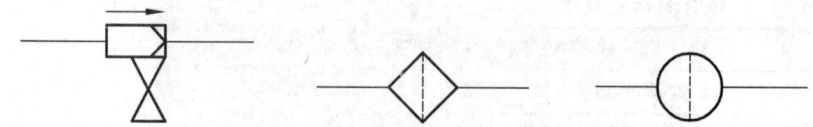

图 3-40　空气滤尘器的几种符号

3. 指针式压力表符号

在制动系统工作、维护、检修时，有几种方式可以看到主要压力参数。
（1）司机室列车网络的信息显示屏显示主要设备的空气压力值。
（2）司机室的控制台上设有指针式压力表。
（3）采用外部指针式压力表通过在预定位置留出的测试口测试管路系统的压力。

图 3-41 给出了指针式压力表的一种。由于显示数量的限制，在司机室的指针式压力表通常只显示制动系统最主要的压力信息，如总风压力、头车的制动缸压力。而信息显示屏可以显示更多的压力，其数量和显示对象取决于设计中考虑的压力传感器布置数量和位置。

图 3-41　指针式压力表

4. 软　管

普通软管的设置有阻止振动传递、连接有相对运动的管路、方便接管的作用，如表 3-1 所示。软管使用寿命为 6 年，到期需更换。

5. 制动系统维护终端

用于从贯穿全列车的外部 CAN 总线上接收制动控制装置发出的状态信息、控制信息和故障信息，并通过 USB 通信接口或 RS232 串行通信接口将这些数据信息发送到上位机。

表 3-1 普通软管的名称及作用

参考名称	作用
压缩机出风软管	阻止振动传递
制动软管	适应相对运动
停放制动软管	适应相对运动
制动缸软管	适应相对运动
停放制动缸软管	适应相对运动
车钩总风软管	适应相对运动
车钩解钩软管	适应相对运动

第五节 空气悬挂模块气路部件

空气悬挂系统主要有三方面的功能：一是为车辆提供空气悬挂，改善车辆的动力学特性和运行品质；二是通过设置高度阀，可使车辆地板面高度调整好后不随载荷的变化而改变；三是将簧上载荷（可变）进行准确测量并提供给车辆控制系统，为列车的有效牵引和精确制动打下基础。空气悬挂系统根据每辆车所设置的高度阀的个数，分为两点式、三点式、四点式等悬挂方式，典型三点式空气悬挂模块气路如图 3-42 所示。

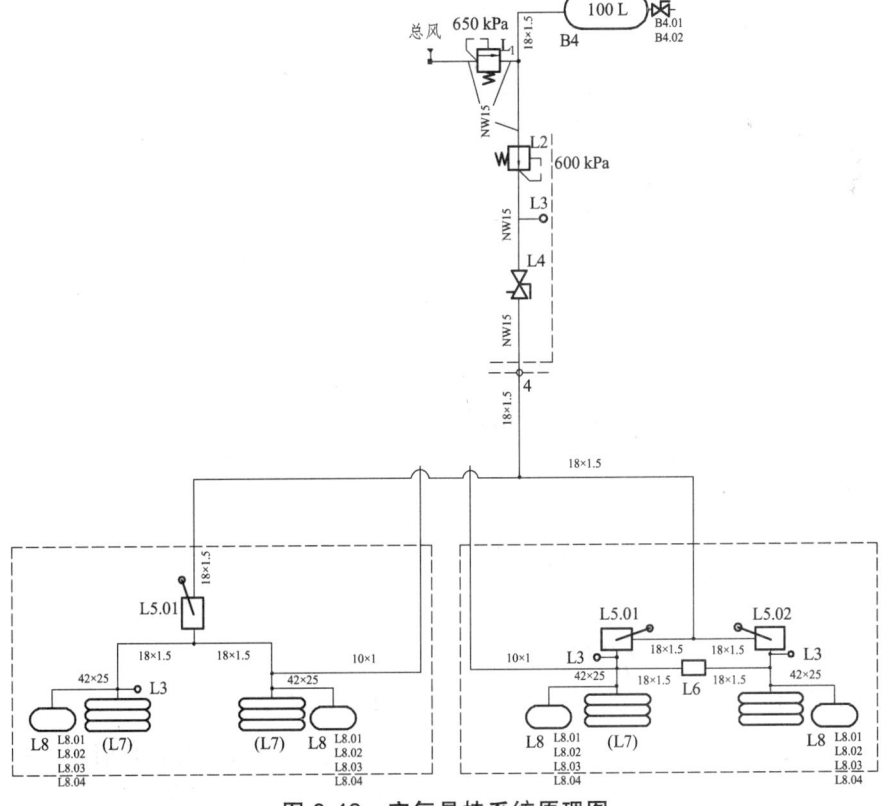

图 3-42 空气悬挂系统原理图

风源经限压阀 L1 充入空气悬挂风缸 B4。从风缸 B4 出来的压缩空气经调压阀 L2 调整为 600 kPa 后通过塞门 L4，再分两路通向两转向架的高度阀。高度阀根据车辆载荷变化情况控制气囊的充气或排气。同一转向架的两高度阀出风管之间设有差压阀 L6（见图 3-43），保证两个空气弹簧间的压力差不超过设定值。

图 3-43　高度阀和差压阀外形图

一、高度阀

高度阀是空气悬挂闭环系统中的驱动元件。高度阀安装在车体下，如图 3-44 所示。

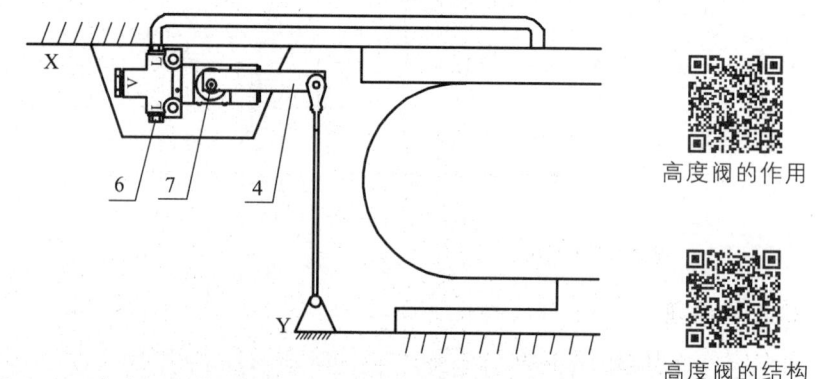

高度阀的作用

高度阀的结构

图 3-44　高度阀在车体上的安装位置（高度阀处于中立位）
4—杠杆；6—螺堵；7—六角螺栓；X—车体；Y—转向架

1. 结　构

高度阀采用经过节流的双阀座结构，它包括用于空簧保压的止回阀 V_1。高度阀结构示意图如图 3-45 所示。在阀上面有个通往空气悬挂风缸的端口 V，并且通过阀左右两边端口 L 连接到空气弹簧。与端口 V 相对的是排气口 E。

高度阀流量特征曲线如图 3-46 所示。曲线取决于具体的高度阀。流量和节流可以通过简单的尺寸更改来调节。

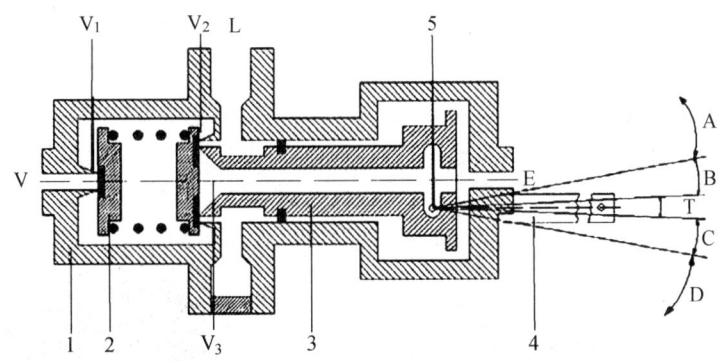

图 3-45 高度阀内部结构示意图（处于中立位的高度阀）

1—阀体；2—阀顶部；3—活塞；4—杠杆；5—驱动轴和偏心销；V—通往空气悬挂风缸风管的端口；
L—通往空气弹簧风管的端口；V_1—止回阀；V_2—进风阀；V_3—排风阀；E—排气口；
T—充排气盲区；A—不带节流排风；B—带节流排风；
C—带节流充风；D—不带节流充风

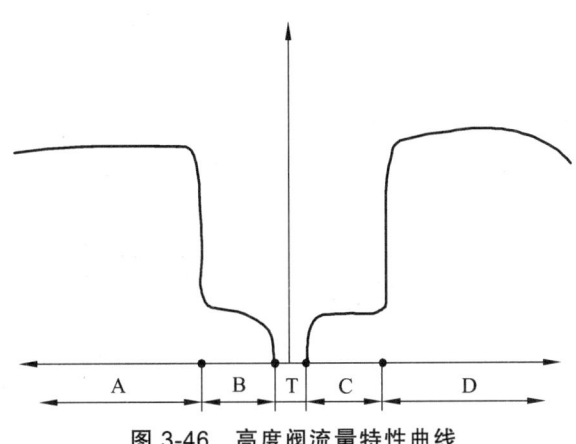

图 3-46 高度阀流量特性曲线

A—不带节流排风；B—带节流排风；T—充排气盲区；C—带节流充风；D—不带节流充风

2. 工作原理

由车辆载荷引起的车体相对于转向架的垂向运动，通过连杆传递到杠杆 4，并进一步传递到安装于高度阀阀体 1 上的驱动轴和偏心销 5。偏心销在活塞 3 的长条形孔中运动，使得活塞随着驱动轴旋转向左或向右运动。阀顶部 2 是止回阀 V_1，所以当端口 V 的压力下降时，它防止了空气从端口 L（空气弹簧）逆流到端口 V。如果车辆处于设定高度，高度阀就处于所谓的中立位，这时空气弹簧既不充风，也不排风。进气口 V_2 和排气口 V_3 都处于关闭状态。

（1）加载：向空气弹簧充风。

如图 3-47 所示，车辆载重增加时，车体开始下沉。当空气弹簧压缩时，驱动轴 5 通过杠杆机构旋转，使得偏心销拉动活塞 3 向左运动打开进气口 V_2。从悬挂风缸 B4 来的压缩空气进入上阀顶部 2，从而打开止回阀 V_1。在高度阀节流形式下，在到达 L 口和空气弹簧之前，压缩空气的流动由于活塞颈部和支座孔之间的关闭而截止。

随着控制杆偏离越来越大，活塞 3 进一步向左运动，支架孔被打开得越来越大。在高度阀非节流形式下,进风口打开,直到达到无流动位置。车体上升,杠杆 4 恢复到水平位置,相当于原来设置的位置,进风口 V_1 和排风口 V_2 都关闭,高度阀再次处于中立位。

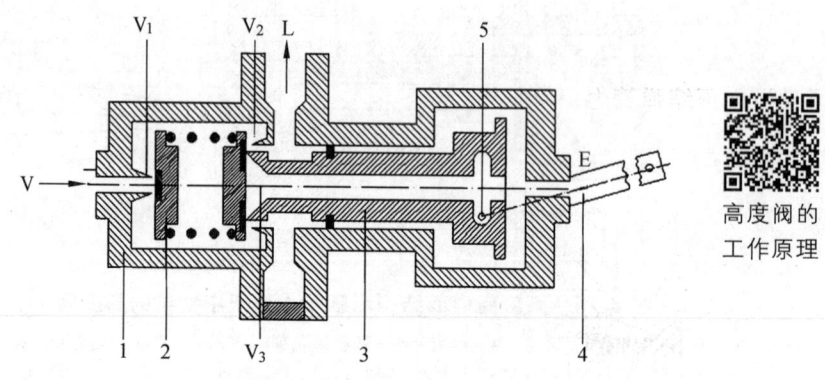

图 3-47　向空气弹簧充风

（2）减载：空气弹簧排风。

如图 3-48 所示,当车辆载重减少时,空气弹簧膨胀,车体开始上升。这时,驱动轴 5 旋转,引起偏心销拉动活塞 3 向右运动打开排气阀 V_3。进气阀 V_2 在弹簧和阀顶部 2 上的压力作用下保持关闭。空气悬挂风缸和空气弹簧之间的流动被切断。在高度阀节流模式下,压缩空气在流向排出口 E 时流经活塞排出口之前,来自空气弹簧的压缩空气的流动由于活塞颈部和支架孔的关闭而被停止。

活塞 3 越向右运动,活塞打开支架孔就越宽,空气弹簧排气越快,车体下降越多。车体下降直到杠杆恢复到水平位置,高度阀在中立位并且排出口 V_3 关闭。

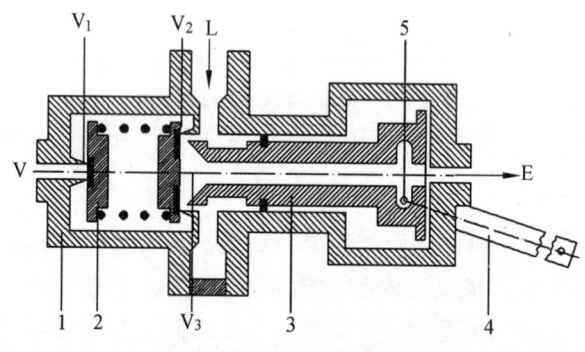

图 3-48　向空气弹簧排风

二、差压阀

同一转向架的两高度阀出风管之间设有差压阀 L6。差压阀是一个双向止回阀,使得两侧压力差高于设定值（100 kPa、120 kPa、150 kPa）时互相连通、低于设定值时互相独立,其作用是使两侧不因较小的压力波动而频繁沟通；同时因压力差过大,使压力高的一端空气流向较低的一端,以防止车体异常倾斜而影响行车安全；或者在转向架一侧空气弹簧破裂时,另一侧空气弹簧的空气也能泄出,保证车辆仍能在低速下继续安全运行。

1. 结构特点

差压阀结构如图 3-49 所示,由阀体 a 和固定座 b 组成。阀体 a 内有两个弹簧(d_1 和 d_2),弹簧力作用于阀芯 e,用作反向关闭止回阀。差压阀的端口 P_1 和 P_2 的压差设定(100 kPa、120 kPa、150 kPa)是根据压缩弹簧 d 的弹簧力来确定的。

通过设定压缩弹簧力,使其能在某一压差范围打开阀口,并平衡两端的压力。

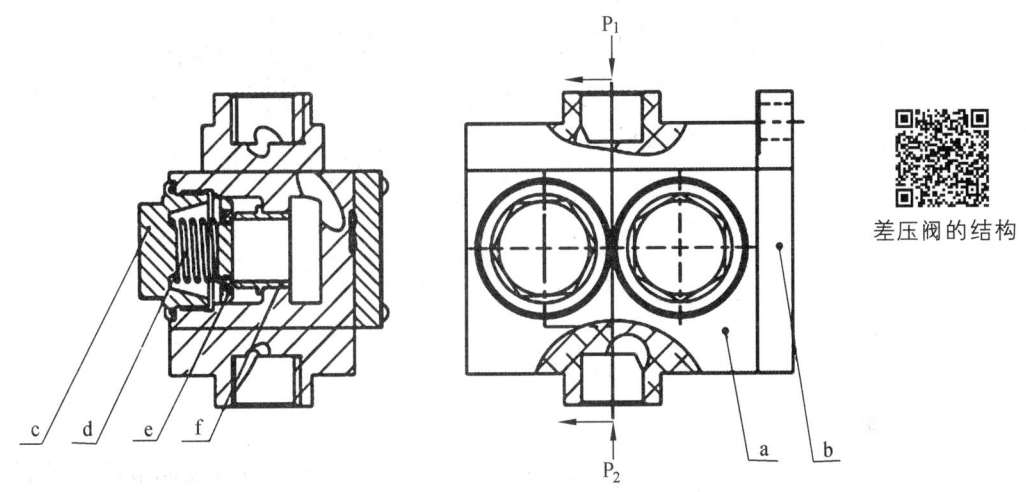

图 3-49 差压阀结构图

a—阀体;b—固定座;c—螺纹压盖;d—压缩弹簧;e—阀芯;f—阀座

2. 工作原理

差压阀工作原理如图 3-50 所示。

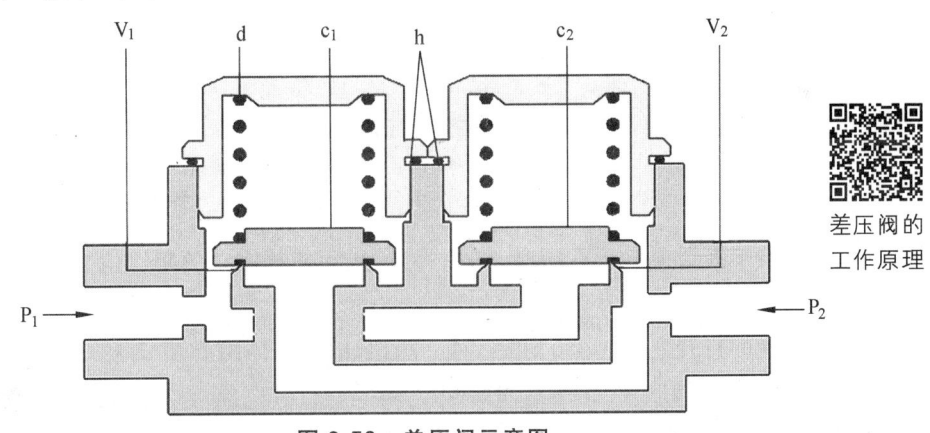

图 3-50 差压阀示意图

V_1、V_2—阀座;d—压缩弹簧;c_1、c_2—阀芯;h—密封圈;P_1、P_2—连接风管

只要端口 P_1 和 P_2 之间的压差不超过给定的差值时,两个阀口 V_1 和 V_2 在压缩弹簧 d 的作用下关闭,从而使端口 P_1 到 P_2 的压缩空气无法流动,反之亦然。

如果端口 P_2 的压力降到压缩弹簧 d 承载压力之下,超过给定压差,则端口 P_1 的压力将打开阀口 V_2,两端口连通,直到端口 P_1 和 P_2 的压差再次达到给定的差值范围,阀口 V_2 关闭。

如果端口 P_1 的压力下降,差压阀将按上述情形反向动作。

三、溢流阀与调压阀

1. 溢流阀（限压阀）

溢流阀 L1 用于限定为后续管路充气的最低风源压力。溢流阀结构如图 3-51 所示，包括支座 a、阀顶 b、弹簧 f、调节螺栓 d、止回阀 c 等。调节螺栓 d 可以改变阀顶 b 的弹簧 f 的拉伸力。弹簧拉伸力决定了 V_1 口打开所需压力的大小。当端口 A_3 压力降低时，止回阀 c 阻止压力空气从 A_1 口回流。

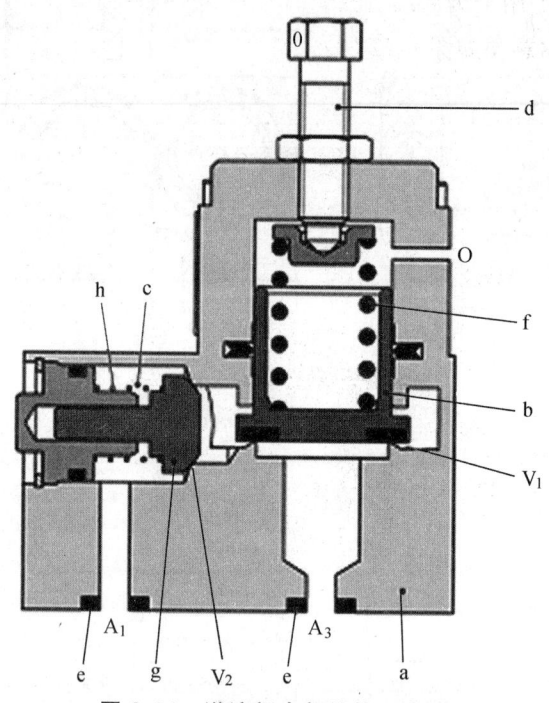

图 3-51　溢流阀内部结构示意图

a—支座；b—阀顶；c—止回阀；d—调节螺栓；e—O 型圈；f, h—压缩弹簧；g—阀锥体；A_1—排风端口；A_3—供风端口；O—通气口；V_1, V_2—阀座

通过压缩弹簧 f 将阀顶 b 压在阀座（V_1）上，从而使阀座口关闭。压缩空气无法从供风口 A_3 通过阀顶。

当达到所选择的打开压力（650 kPa）时，阀顶 b 被与压缩弹簧 f 相反的力抬起，阀座 V_1 打开。压缩空气通过阀座 V_1 到达止回阀阀座 V_2，并打开阀座 V_2。由此，压缩空气从供风口 A_3 流向排出口 A_1。只要供气压力高于关闭压力，阀将会一直处于开启状态。

当供气压力低于关闭压力时，阀座关闭。阀顶 b 将阀座 V_1 关闭。如果阀座 V_1 打开，空气从排出口 A_1 流向供风口 A_3，压缩弹簧 h 会将止回阀阀锥推到阀座 V_2 上，从而关闭阀座 V_2，阻止空气回流。

因此其作用原理可以概括为：当进气口压力不大于整定压力时，进气口截止；当进气口压力高于整定压力时，进气口连通出气口。

用于悬挂系统风源控制溢流阀 L1 的主要作用：一是保证悬挂系统充风后有一个保底的

压力水平,不因意外的总风丧失而受到影响;二是系统初充风时优先供给其他系统的用风(直到总风压力高于 650 kPa);三是当运行过程中发生空气弹簧气囊破裂时,使总风不至于无限制排放;四是在总风系统无风的情况下进行地板调平操作(如落车后的调平)时,可直接从空气悬挂风缸处向悬挂系统充风,做到高效节能。

2. 调压阀(减压阀)

调压阀 L2 实际上是一个减压阀,其作用将气压高、不稳定的空气经过它调节后变成气压低且稳定的压力空气,用于为后续管路正常工作时提供一个稳定的压力(L2 的整定值为 600 kPa)。调压阀结构示意图如图 3-52 所示。

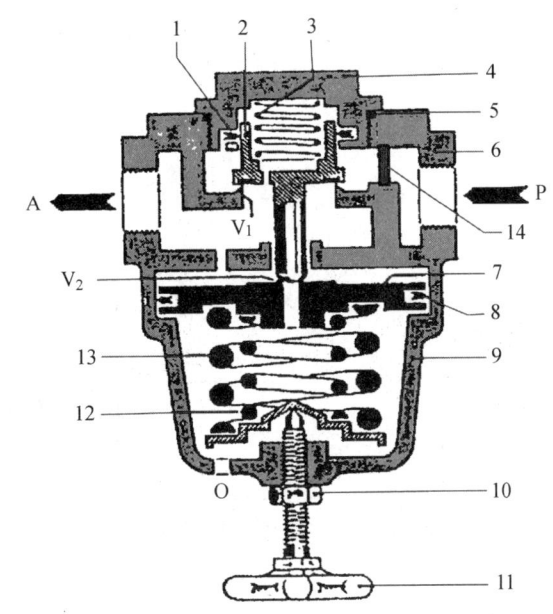

图 3-52 调压阀结构示意图

1,5,8—密封圈;2—阀;3—弹簧;4—螺盖;6—进气口;7—活塞;9—阀体;10—锁紧螺母;
11—调整手轮;12,13—调整弹簧;V_1—进气阀;V_2—溢流阀;
P—进风口;A—出风口

当出风口 A 的压力下降到小于调节压力,调整弹簧的力克服出风口 A 的压力空气向下的力,活塞 7 上移。压缩弹簧 3 打开进气阀 V_1,通过 V_1 进风口压力转移到出风口上。当出风口压力升高到调节压力,对活塞向下的力推动调整弹簧向下,把 V_1 关闭,进风口 P 压力供应停止,调压阀处于平衡状态。

当由于一些原因出风口的压力暂时大于调节压力时,出风 A 处压力空气向下的力克服调整弹簧的作用力使溢流阀 V_2 打开,出风口的压缩空气通过溢流阀 V_2 排入到空气中。当出风口的压力和调节压力一致时,活塞上移,溢流阀 V_2 关闭,出风口停止排气,调压阀又处于平衡状态。

通过旋转调整手轮可以调节出风口的输出压力。顺时针旋转调整手轮可调高输出压力;逆时针旋转调整手轮可降低输出压力。

习题

1. 供风系统主要包括哪些设备？
2. 用风设备主要有哪些？
3. 简述 VV120 型活塞式空气压缩机组的工作原理。
4. 简述螺杆式空气压缩机组的工作原理。
5. 螺杆式空气压缩机内的润滑油有什么作用？
6. 城市轨道交通车辆的空气压缩机组是如何控制的？
7. 简述膜式空气干燥器的工作原理。
8. 简述双塔式空气干燥器的工作原理。
9. 为什么要在双塔式空气干燥器中设置预控制阀（55）和旁通阀（71）？
10. 循环控制器的作用是什么？
11. 简述溢流阀的结构及原理。
12. 简述高度控制阀的工作原理。
13. 差压阀有什么作用？
14. 简述调压阀的工作原理。

第四章 基础制动装置

基础制动装置是地铁制动系统中的关键部件之一,其制动能力的优劣直接影响到地铁的行驶安全与乘坐舒适度。地铁列车制动频繁;制动减速度大;地铁车站站台上均安装有屏蔽门系统,因此车辆定点停车的精度要求高,一般在 ±300 mm 左右。这些特点要求地铁车辆制动系统需有稳定的摩擦副和良好的控制精度能力以及承受频繁制动热负荷的性能。

基础制动装置的功能是吸收制动动能并将之转化为热能散发到大气中。现代地铁列车基础制动装置主要是以空气压力作为制动原动力,将压力空气作用在制动缸活塞上的推力增大数倍后,平均地传递给闸瓦(或闸片),使其压紧车轮(或制动盘)产生制动转矩,以阻止列车运行。根据基础制动装置作用方式的不同,可将其分为闸瓦制动(踏面制动)和盘型制动。

第一节 闸瓦制动

现代城市轨道交通车辆的基础制动装置普遍采用单元制动器,其主要原因是车辆的车底空间有限,特别是动车车底空间更小,采用单元制动器是解决基础制动装置安装问题的有效途径。

闸瓦制动装置(C组)由以下设备组成:单元制动器、带停放制动的单元制动器、闸瓦、停放制动缓解拉绳以及与车体管路相连的软管,如图 4-1 所示。

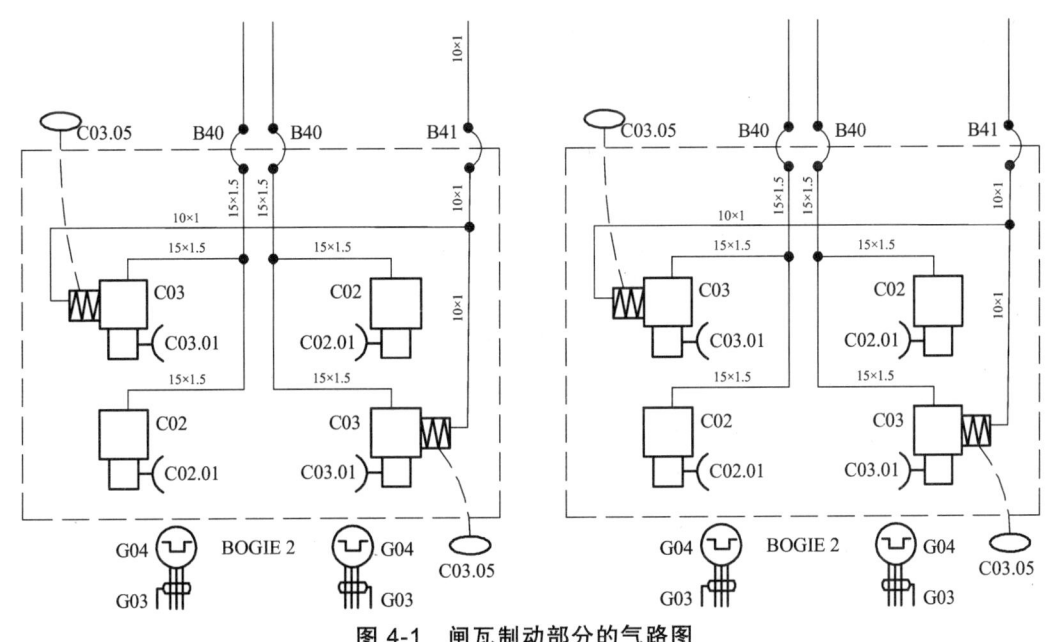

图 4-1 闸瓦制动部分的气路图

C02—单元制动器;C03—带停放制动的单元制动器;C03.05—停放制动缓解拉绳;B40,B41—软管;G04—速度传感器

闸瓦制动采用单侧双闸瓦踏面单元制动器，每个车轮外侧装 1 套，每台转向架装 4 套，其中每根车轴上有 1 套具有停放制动功能的停放制动器，在每台转向架上对角安装。停放制动由储能弹簧提供制动力，车辆无电、无压缩空气的情况下可确保车辆安全地停放在 35‰ 的坡道上。正常情况下停放制动装置充气缓解，紧急情况下或更换闸瓦时，也可通过拔出停放制动缸上的弹簧卸载手柄进行手动缓解。

闸瓦制动单元的基本作用原理如图 4-2 所示。当空气压力输入到制动缸体 1 时，制动活塞 2 向下移动，活塞的楔形块使推筒 3 沿受力方向移动。作用力通过轴承 4、轴承支架 5、推筒 3 和主轴丝杠 7 传递到闸瓦上，同时产生的反作用力通过后轴承 8 和轴承销轴 9，作用到轴承缸体 1 上。

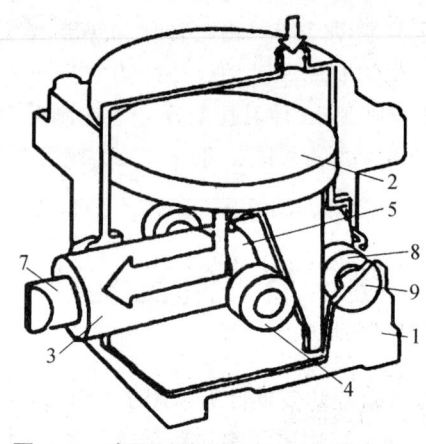

图 4-2 踏面制动单元的基本作用原理

1—制动缸体；2—制动活塞；3—推筒；4—轴承；5—轴承支架；
7—主轴丝杠；8—后轴承；9—轴承销轴

这种单元制动器具有以下特点：具有连杆的紧凑结构；因闸瓦和踏面磨耗造成的闸瓦间隙可由单动式间隙调节器自动校正；恒定空气消耗；司机室集中控制弹簧驱动装置；更换闸瓦后无须手动调节。

一、TFD 型踏面制动

1. TFD 型踏面制动单元技术条件

① 单元制动缸直径：ϕ177.8 mm；

② 最大闸瓦调整能力：110 mm；

③ 闸瓦托一次伸长量：(20 ± 2) mm；

④ 闸瓦托间隙：(10 ± 2) mm；

⑤ 闸瓦托一次调整量：≥6 mm；

⑥ 制动单元输出力：31 × (1 ± 5%) kN；

⑦ 弹簧缸输出力：≥15 kN；

⑧ 总风缓解压力：≤450 kPa；

⑨ 环境温度：-40 ~ +50 ℃ 正常使用。

2. 功能分析

TFD 型踏面制动单元是轨道交通工具的基础制动装置，根据其功能的差异，制动单元可以分为两种类型：TFD-1 型不带停放踏面制动单元（以下简称 TFD-1 型踏面单元）和 TFD-2 型带停放踏面制动单元（以下简称 TFD-2 型踏面单元），如图 4-3 所示。

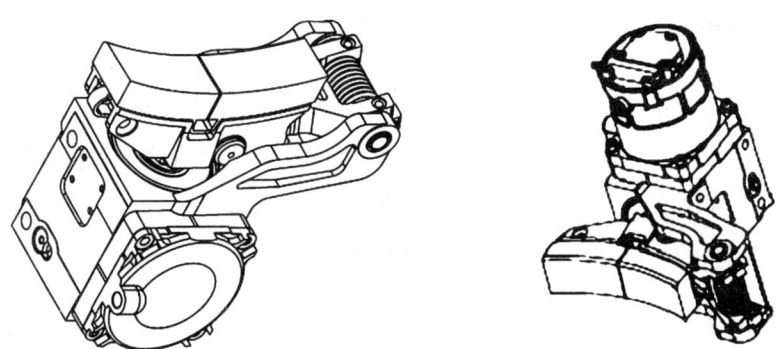

图 4-3　TFD-1 型踏面制动单元与 TFD-2 型带停放踏面制动单元

其中，TFD-1 型踏面制动单元只有常用制动的制动缸本体；而 TFD-2 型踏面制动单元不但有常用制动的制动缸本体，而且还有能够实现坡道停车、失风停车功能的弹簧缸体。制动缸和弹簧缸的中部设有一隔板，以保证各自的气密性。

TFD 型踏面制动单元具有集制动缸、弹簧缸、凸轮放大机构、间隙调整机构及执行机构为一体，结构紧凑，占用转向架空间小，制动倍率可以调节及模块化结构等特点，最重要的是，即使车辆的供风系统故障，仍然能够继续保证车辆安全制动。

3. TFD-1 型踏面制动单元

TFD-1 型踏面制动单元主要是由闸瓦托组成、闸瓦托活动吊杆组成、支撑鞲鞴组成、间隙调整器组成以及制动缸缸体、制动缸上盖等零部件组成，如图 4-4 所示。

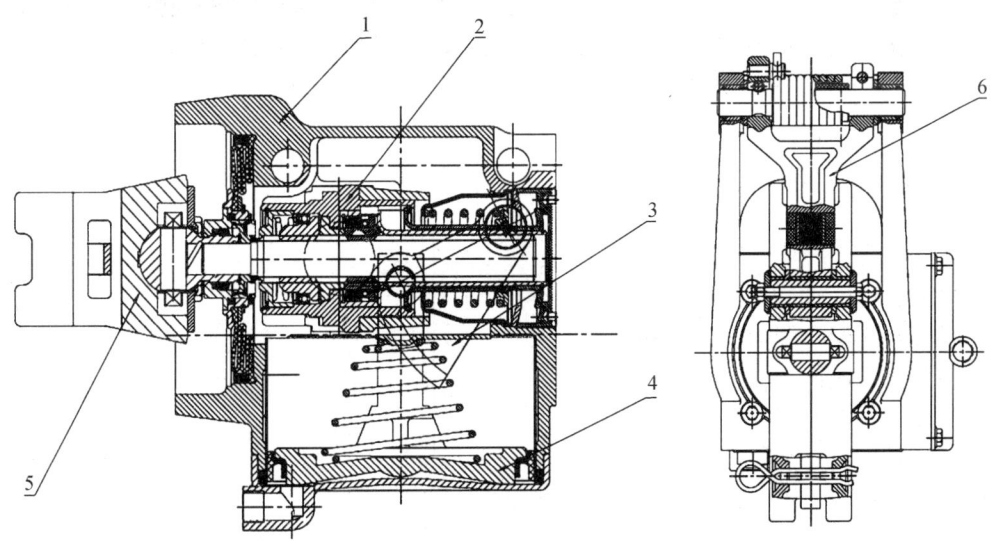

图 4-4　TFD-1 型踏面制动单元结构剖视图

1—制动缸体组成；2—间隙调整器组成；3—放大机构组成；4—支撑鞲鞴组成；
5—闸瓦托组成；6—闸瓦托活动吊杆组成

(1)制动缸组成。

制动缸组成主要是由制动缸缸体和制动缸上盖两部分组成。

(2)间隙调整器组成。

间隙调整器主要由推筒组成、引导螺母组成、缓解弹簧拉套等三大部分组成,如图 4-5 所示。其主要作用是在闸瓦间隙超过正常间隙时(即由于闸瓦严重磨耗时),间隙调整机构能够进行调整,使其复原到合理的间隙。

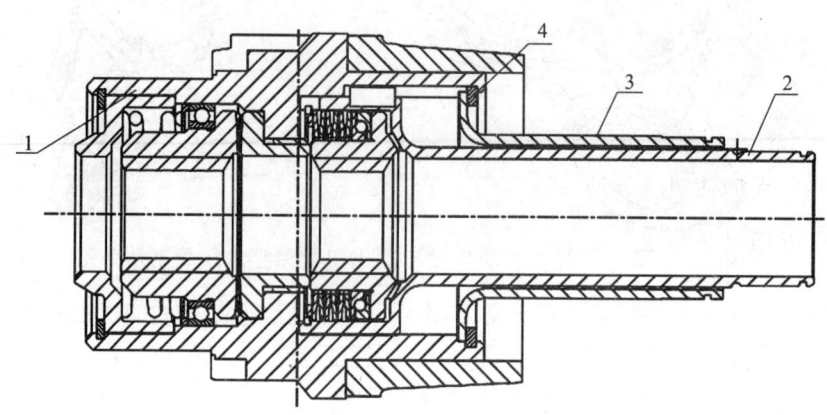

图 4-5 间隙调整器结构剖视图

1—推筒组成;2—引导螺母组成;3—缓解弹簧拉套;4—卡圈

(3)支撑鞲鞴组成。

支撑鞲鞴组成主要是由支撑鞲鞴、位移骨架皮碗、凸轮等主要部件组成,如图4-6所示。其中支撑鞲鞴起活塞的作用,是将空气势能转化为机械能的机构;位移骨架皮碗起着密封的作用,防止气体发生泄漏而影响性能;凸轮是力学放大机构,是将小的压力值变化为较大的输出力。

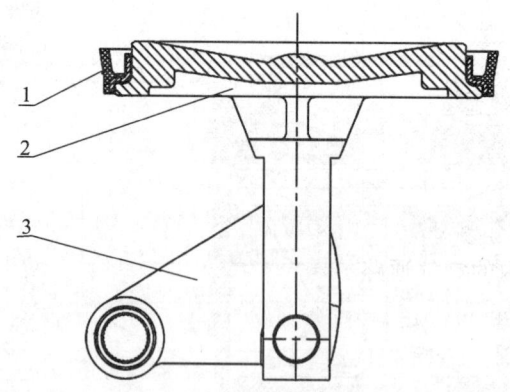

图 4-6 支撑鞲鞴结构剖视图

1—位移骨架皮碗;2—支撑鞲鞴;3—凸轮机构

(4)闸瓦托组成。

闸瓦托组成主要是由制动螺杆、闸瓦托、防尘罩安装环、制动螺杆头等主要部件组成,如图 4-7 所示。其中，制动螺杆起着传递力的作用；闸瓦托是闸瓦的安装机构，可以让闸瓦能够均匀地贴靠车轮；防尘罩压环是防尘罩的固定机构；制动螺杆头与闸瓦托相连，可以实现闸瓦托的上下偏摆。

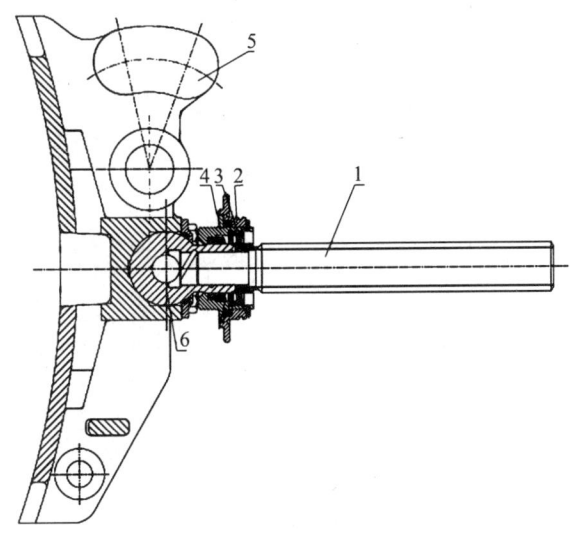

图 4-7 闸瓦托组成结构剖视图

1—制动螺杆；2—防尘罩压环；3—螺杆调整螺母；4—复位螺母；5—闸瓦托；6—制动螺杆头

（5）闸瓦托活动吊杆组成。

闸瓦托活动吊杆组成主要是由闸瓦托活动吊杆和闸瓦托吊杆衬套组成，如图 4-8 所示。其作用是用来控制闸瓦托的横向变形，同时配合扭转弹簧来控制闸瓦托的复位。

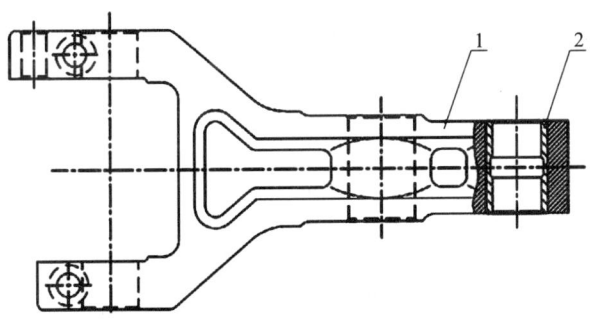

图 4-8 闸瓦托活动吊杆组成结构图

1—闸瓦托活动吊杆；2—闸瓦托吊杆衬套

4. TFD-2 型带停放踏面制动单元

TFD-2 型带停放踏面制动单元主要是由 TFD-1 型踏面单元加上弹簧制动组成组合而成，不但具有常用的制动功能，而且具有能够在入库停车、坡道停车以及断电断风特殊情况下的紧急停车功能，如图 4-9 所示。

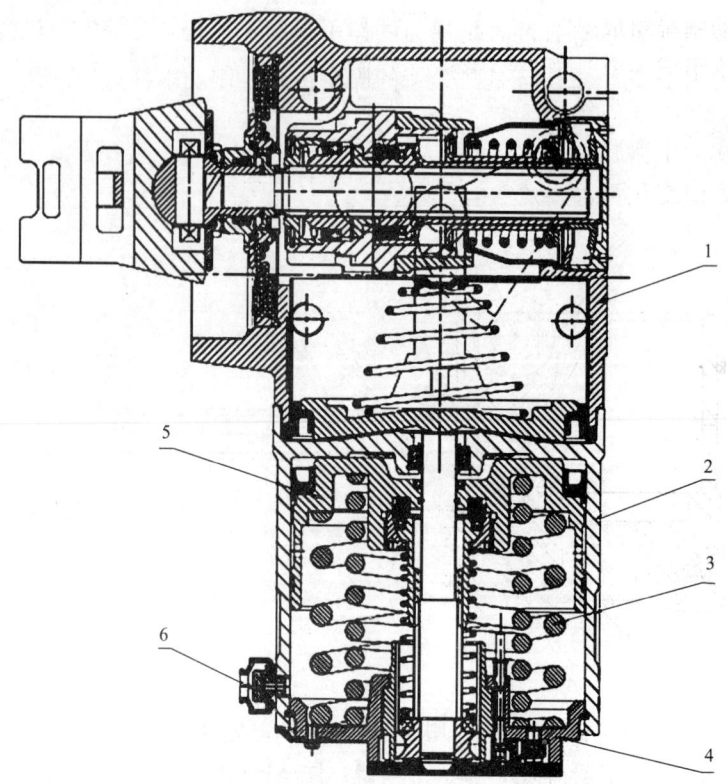

图 4-9 TFD-2 型踏面制动单元结构剖视图

1—制动缸组成；2—弹簧制动筒体；3—双弹簧；4—弹簧制动箱盖组成；
5—弹簧制动鞲鞴组成；6—排气罩组成

（1）弹簧制动箱盖组成。

弹簧制动箱盖组成是弹簧停车的核心机构，是将已经储存的弹簧能在接到指令后，立即释放出机械能的机构，其主要是由弹簧制动箱盖、弹簧制动上盖、棘轮座、锁闭棘轮和止动心轴部件组成，如图 4-10 所示。

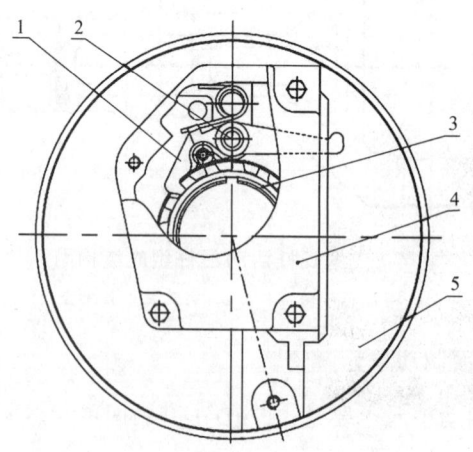

图 4-10 弹簧制动箱盖组成结构剖视图

1—锁闭棘轮；2—棘轮轴；3—棘轮座；4—弹簧制动上盖；5—弹簧制动箱盖

（2）弹簧制动鞲鞴组成。

弹簧制动鞲鞴组成主要是由制动鞲鞴、橡胶皮碗、锥形座和锥形螺母组成，如图4-11所示。弹簧制动鞲鞴起活塞的作用，是将空气势能转化为弹簧势能的机构，橡胶皮碗起着密封的作用，防止气体发生泄漏而影响性能，通过弹簧制动螺杆推动支撑鞲鞴，再经过凸轮放大机构，将小的压力值变化为较大的输出力，实现无空气压力下的停车制动。

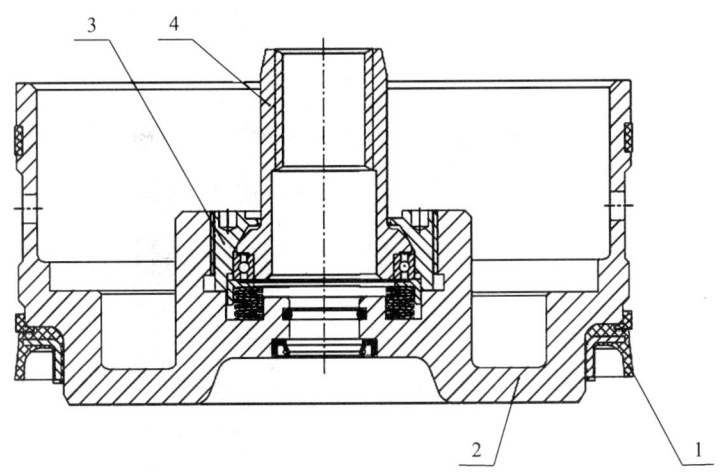

图4-11 弹簧制动鞲鞴组成结构剖视图

1—橡胶皮碗；2—弹簧制动鞲鞴；3—锥形座；4—锥形螺母

二、PEC7型和PEC7F型单元制动器

地铁车辆采用不带停放制动的PEC7型和带停放制动的PEC7F型（P表示气动踏面制动单元；E表示渐开线驱动；C表示闸瓦间隙调整器型号；F表示弹簧驱动；7表示制动缸直径）两种单元制动器，如图4-12所示。

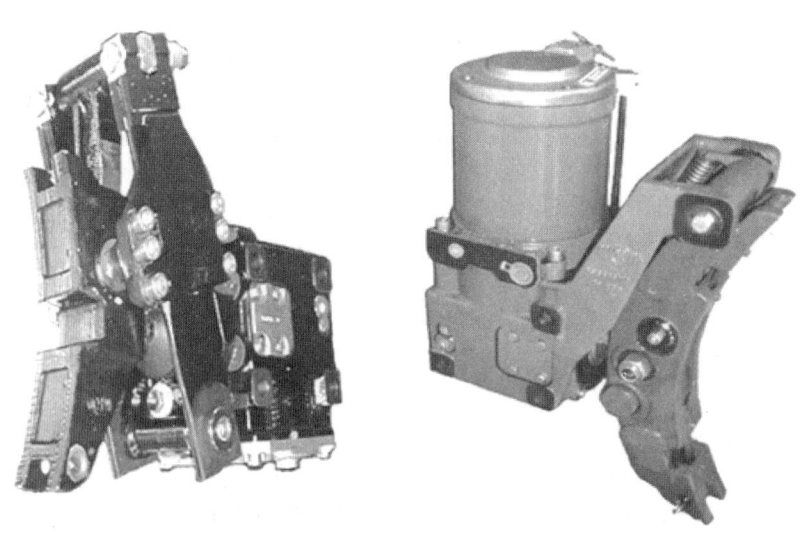

图4-12 PEC7-EXLSX型和PEC7-EFLSX型踏面单元制动器

1. PEC7型单元制动器

（1）结构组成。

PEC7型单元制动器为不带停放制动器，其结构如图4-13所示。该制动器包括以下主要部件：制动气缸和活塞2；两个对称安装的凸轮盘5（可传送制动力）；间隙调节装置9（会根据闸瓦和轮对踏面的磨耗情况进行自动调节，单动式间隙调节装置在执行一次制动后，会自动校正因磨耗增加的间隙）。

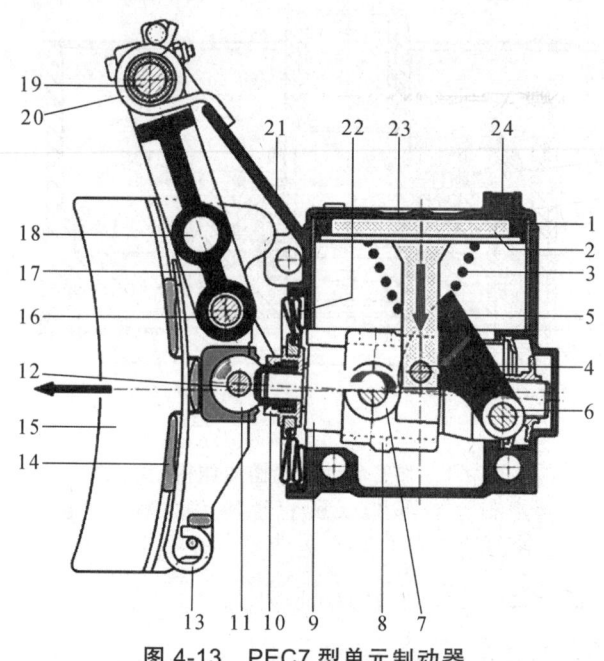

图4-13　PEC7型单元制动器

1—活塞垫圈；2—活塞；3—活塞复位弹簧；4—活塞销；5—凸轮盘；6—轴承销；7—凸轮滚子；8—止推环；9—调节装置；10—六角复位螺栓；11—球形杆头；12—扭转销；13—闸瓦签；14—闸瓦垫；15—闸瓦；16—连杆销；17—吊杆；18—摩擦构件；19—吊耳销；20—扭簧；21—套；22—波纹管；23—制动缸盖；24—气孔

（2）工作原理。

① 制动施加。

压缩空气通过气孔24进入制动缸，活塞2压缩活塞复位弹簧3下移，通过活塞杆使凸轮盘5逆时针转动。凸轮盘沿着滚子7转动并将整个调节装置9、主轴和闸瓦垫一起向前推，当闸瓦15与轮对接触时，制动力就产生了。调节装置9由球形杆头11和止推环8固定。这样可使力平均分布到两个凸轮滚子7上，并防止在调节装置9的主轴上形成弯矩。

② 制动缓解。

制动缸排气，复位弹簧3推动活塞上移，活塞通过活塞销4使凸轮盘5顺时针转动，调节装置9在其内部弹簧的作用下回移（右移），吊杆17在扭簧20的作用下逆时针转动，闸瓦15回移离开车轮踏面，制动缓解。闸瓦垫14由一个装有弹簧的壳形联轴节和摩擦构件18固定在吊杆17上与轮对平行的位置。这样设置可防止在缓解制动时，闸瓦只在一端摩擦而引起倾斜。

2. PEC7F 型单元制动器

（1）结构。

PEC7F 型单元制动器是在 PEC7 型单元制动器的基础上增加了一个用于停放制动的弹簧制动器或手闸杆，其弹簧制动器结构如图 4-14 所示。

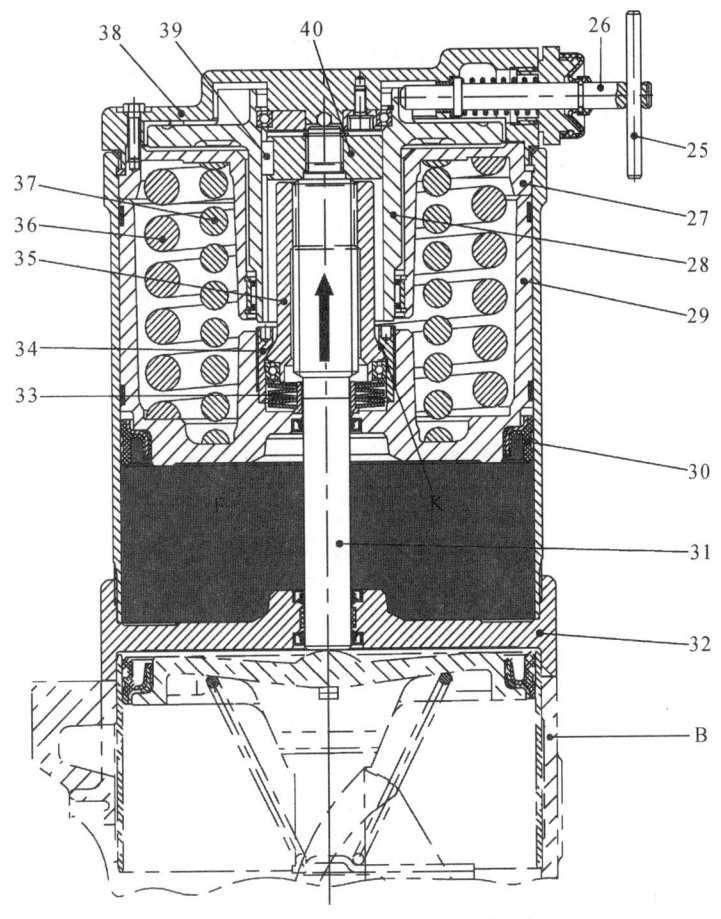

图 4-14　PEC7F 型停放制动器结构图

25—定位销；26—挺杆；27，38—盖；28—齿轮；29—停放制动器活塞；30—活塞垫圈；31—主轴；
32—停放制动气缸；33—Belleville 弹簧；34—锥形圈；35—螺母；36，37—传动弹簧；
39—半月销；40—导板；B—制动缸；F—压力室；K—锥形联轴节

（2）工作原理。

① 停放制动施加。

压力室 F 排气，传动弹簧的力通过活塞、锥形圈、螺母和主轴作用在制动气缸 B 的活塞上，从而使停放制动施加。主轴带有非自锁螺纹，由于锥形联轴节 K 此时处于啮合状态，挺杆锁紧齿轮，主轴可以把传动弹簧的力传给制动气缸 B 的活塞。

② 停放制动缓解。

压缩空气进入压力室 F，将停放制动器的活塞向上推并压缩传动弹簧。主轴和导板经由活塞、锥形圈和螺母也上移。锥形联轴节 K 通过 Belleville 弹簧预加载，停放制动完全缓解。

③ 停放制动的手动缓解。

停放制动的手动缓解原理如图 4-15 所示。

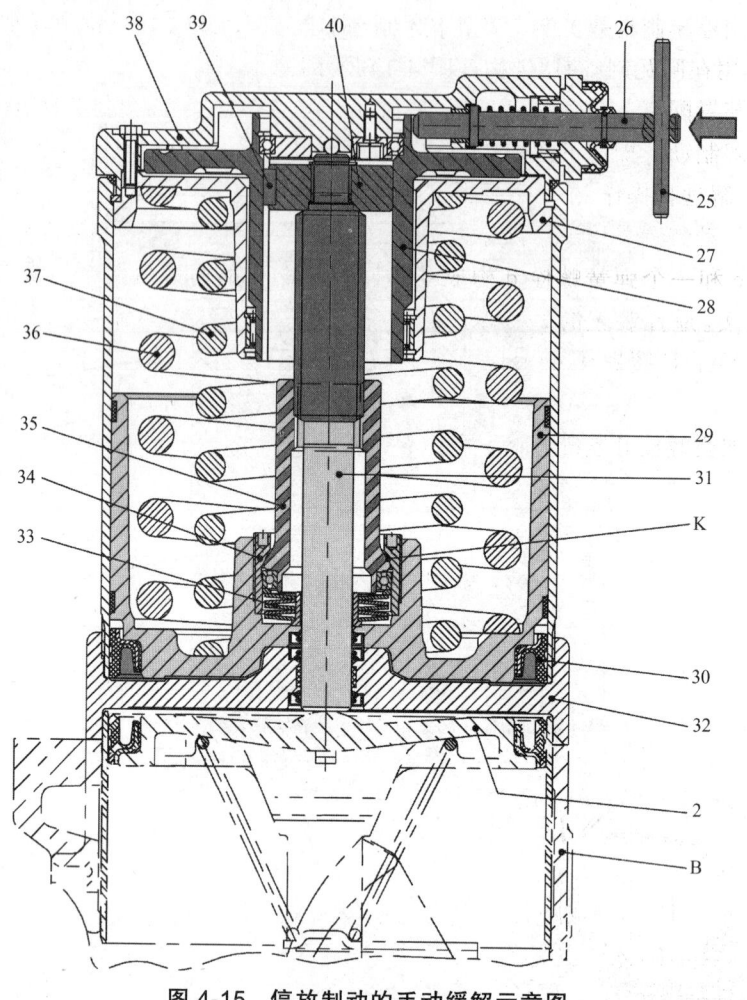

图 4-15 停放制动的手动缓解示意图

2—活塞；25—定位销；26—挺杆；27、38—盖；28—齿轮；29—停放制动器活塞；30—活塞垫圈；31—主轴；32—停放制动气缸；33—Belleville 弹簧；34—锥形圈；35—螺母；36、37—传动弹簧；39—半月销；40—导板；B—制动缸；K—锥形联轴节

如果没有压缩空气，需要缓解停放制动时可手动拔出挺杆进行紧急缓解。拔出挺杆，缓解齿轮使主轴可进行旋转。传动弹簧装置的力使活塞和螺母下移至气缸底部，同时主轴转动；齿轮也通过带有半月销的导板跟着主轴转动。大部分弹簧能都可转换为循环能，所以在活塞接触气缸底部时无须再减振，在活塞接触气缸底部后，因齿轮的动量很大，零部件仍持续旋转。主轴和导板一起上移，直到其接触到盖上的滚珠轴承。主轴仍会旋转，抵住 Belleville 弹簧的力拧紧螺母。在这个过程中，锥形联轴节 K 打开。连接的零部件滑动并通过摩擦力缓解剩余的动量。制动气缸 B 的活塞在紧急缓解时会自动回到缓解位置。

④ 撤消停放制动的手动缓解。

手动缓解后，需要施加停放制动，压力室 F 必须重新充气，使活塞上移。活塞上移使锥形联轴节 K 脱开，使螺母沿着主轴做旋转运动。当停放制动器的活塞到位，传动弹簧装置被压缩并为下一步的停放制动做好准备。

当开始应用停车制动弹簧时，弹簧传动装置 36 和 37 的力通过锥形联轴节 K、螺母 35 和主轴 31，作用在闸瓦制动单元的制动气缸 B 的活塞上。

弹簧传动装置配有一个手动紧急缓解装置，使车辆的停车制动在没有压缩空气的情况下也可缓解。缓解制动，操作员必须用把手拔出挺杆 26。

⑤ 紧急缓解远程操作。

紧急缓解传动装置采用远程操作，如图 4-16 所示，遥控装置主要由带有手柄 b 的可活动控制缆 a、叉 c 和一个弹簧螺栓 d 构成。遥控装置的端部通过由两个凸缘上的螺钉紧固的叉 c 与车辆连接。遥控装置的另一端用缆终端 g 和终端件 h 与制动单元上的紧急缓解装置相连。只要一拆下弹簧螺栓 d，即可拔出遥控装置的手柄 b，启动弹簧制动气缸上的紧急缓解装置。

手柄 b 用弹簧螺栓 d 紧固，使紧急缓解装置未经许可不会被启动。

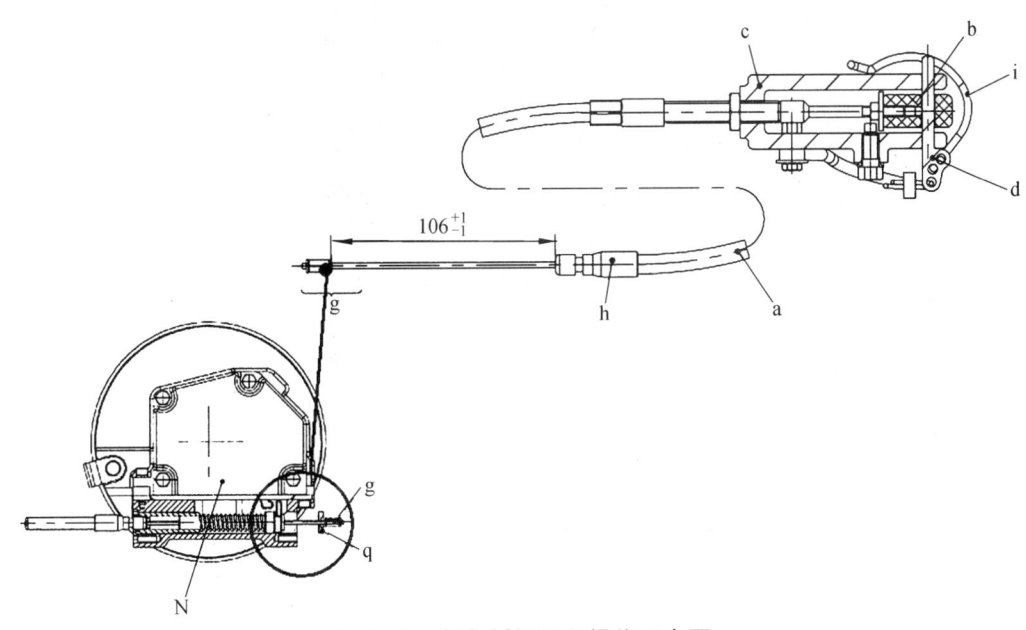

图 4-16　紧急缓解远程操作示意图

a—控制缆；b—手柄；c—叉；d—弹簧螺栓；g—缆端部；
h—终端件；i—夹子；N—盖子；q—槽盘

三、PC7Y 和 PC7YF 单元制动器

不带停放制动的 PC7Y 型踏面单元制动器及带停放制动 PC7YF 型踏面单元制动器是克诺尔制动公司制造的踏面单元制动器。该踏面单元制动器具有以下特点：① 有弹簧停车制动及手动辅助缓解装置（PC7YF 型）；② 有闸瓦间隙调整器；③ 制动传动效率高，均在 95% 左右；④ 占用空间小，安装简单；⑤ 性能稳定，作用可靠，维修方便；⑥ 司机室集中控制弹簧驱动装置，实现停放制动的施加和缓解。

1. 结构

如图 4-17 所示，PC7Y 型踏面单元制动器主要由制动缸 1、活塞 2、活塞杆 3、制动杠杆 4、单元闸瓦间隙调整器 5、闸瓦托 6、闸瓦托吊 7、缓解弹簧 8、闸瓦托复位弹簧 10 及用于更换闸瓦的推杆复位机构等组成。

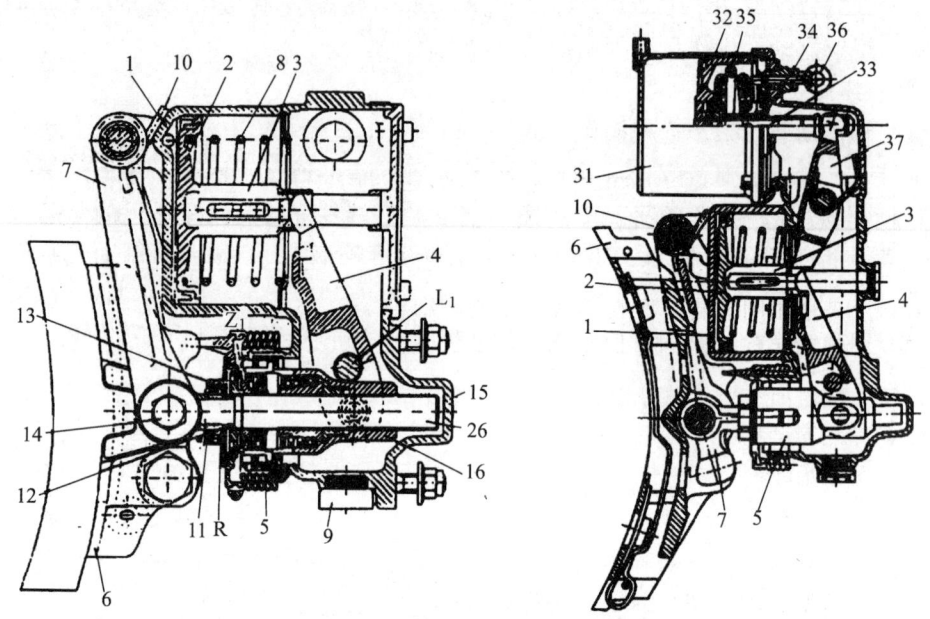

图 4-17 PC7Y 型与 PC7YF 型踏面单元制动器（不带停车制动器）

1—制动缸；2—制动活塞；3—活塞杆；4—制动杠杆；5—单元闸瓦间隙调整器；6—闸瓦托；7—闸瓦托吊；8—缓解弹簧；9—透气滤清器；10—闸瓦托复位弹簧；11—推杆头；12—弹簧垫圈；13—调整螺母；14—螺栓；15—外体；16—闸瓦间隙调整器体；31—缓解风缸；32—活塞；33—活塞杆；34—螺纹套筒；35—弹簧；36—缓解拉簧；37—制动杠杆；L_1—制动杠杆转动中心；R—齿轮啮合面；Z_1—啮合锥面

如图 4-17 所示，PC7YF 型踏面单元制动器是在 PC7Y 型踏面单元制动器的基础上增加了一个用于停车制动的弹簧制动器，它包括停车缓解风缸 31、缓解活塞 32、活塞杆 33、螺纹套筒 34、制动弹簧 35、手动辅助缓解机构等。

2. 工作原理

当列车制动时，如图 4-17 所示，制动缸充气，在压力空气的作用下，制动缸活塞压缩缓解弹簧 5 右移，活塞杆推动制动杠杆 2，而杠杆的另一端则带动闸瓦间隙调整器向车轮方向推动闸瓦托及闸瓦，使闸瓦紧压车轮。缓解时，制动缸排气，这时闸瓦及闸瓦托上所受到的推力被撤除，在制动缸缓解弹簧及闸瓦托吊杆上端头的扭簧的反弹作用下，闸瓦及活塞等机构复位。

PC7YF 型单元制动机用于停放制动。当停放制动缓解风缸 31 排气后（见图 4-17），制动弹簧 35 将活塞杆 33 推向前方，带动停放制动杠杆 37，推动制动杠杆 4，最后将闸瓦推向车轮踏面，实现停车制动。

当向缓解风缸 31 充气时，压缩空气推动活塞 32 克服弹簧 35 的作用，使活塞杆 33、制动杠杆 31 等——复位，停放制动得到缓解。所以停放制动是排气制动，充气缓解。另外，停车制动还可通过拉动辅助缓解装置缓解拉环 36，使缓解活塞 33 和螺纹套筒 34（两者为非自锁螺纹连接）相对移动，释放弹簧作用力，达到缓解的目的。

3. 闸瓦间隙调整器

闸瓦间隙调整器简称闸调器，能自动调整闸瓦与车轮踏面之间的间隙，使之保持在规定的范围之内，一般为 6~10 mm。

第二节　盘型制动

踏面制动是采用闸瓦压紧车轮踏面产生制动力进行制动的，因此在制动中不可避免地对车轮踏面产生影响，这种影响包括机械磨损和热影响两个方面，前者会加速踏面磨损，降低车轮的使用寿命，后者则使车轮承受周期热负荷，导致踏面的热疲劳和剥离，严重时使车轮产生弛缓，造成安全事故。制动功率越大，踏面制动时对踏面的影响也就越大，当功率大到一定值时，制动闸瓦和车轮将不能吸收全部的热容量。因此，踏面制动只能使用在中低速城轨车辆上。

为克服踏面制动固有的缺点，随着城轨交通逐步向高速发展，盘型制动开始在城轨交通车辆上使用。盘型制动是在车轴上或在车轮辐板侧面安装制动盘，用制动夹钳使两个制动闸片紧压制动盘侧面，通过摩擦产生制动力，使列车停止前进。由于作用力不在车轮踏面上，盘型制动可以大大减轻车轮踏面的热负荷和机械磨耗，可提高车轮寿命。另外，盘型制动制动平稳，几乎没有噪声。盘型制动的摩擦面积大，而且可以根据需要安装若干套，制动效果明显高于踏面制动。

一、盘型制动的分类及安装

盘型制动从制动盘的安装上又分为轮盘制动和轴盘制动。轮盘制动的制动盘一般夹装在车轮两侧，在动力转向架中使用，因此最多只能安装 4 个盘 4 个摩擦面。轴盘制动的制动盘安装在车轴或者空心轴套上，可以在车轴内侧或外侧，在空间允许的条件下可以安装 4 个制动盘 8 个摩擦面，能提供更大的制动力。

转向架上安装的制动设备包括每根车轴上的一个带有弹簧执行器的气动夹钳装置（2/C03）和一个不带弹簧执行器的气动夹钳装置（1/C01）以及两个车轮制动盘（3/C04），如图 4-18 所示。车轮制动盘（3/C04）是各转向架上制动装置的一部分。每个转向架装有 8 个车轮制动盘（3/C04）和 4 个气动夹钳装置（1/C01、2/C03）。因此，每个车轮装有两个车轮制动盘（3/C04），各装在车轮榫眼侧。车轮制动盘（3/C04）是车辆制动系统的一部分，该系统可用来减慢元件的运动，通过摩擦将动能转化为热量。

气动夹钳装置（2/C03）的弹簧施加部分被用作停车制动执行器，并配有机械遥控装置（4/C03.02）。

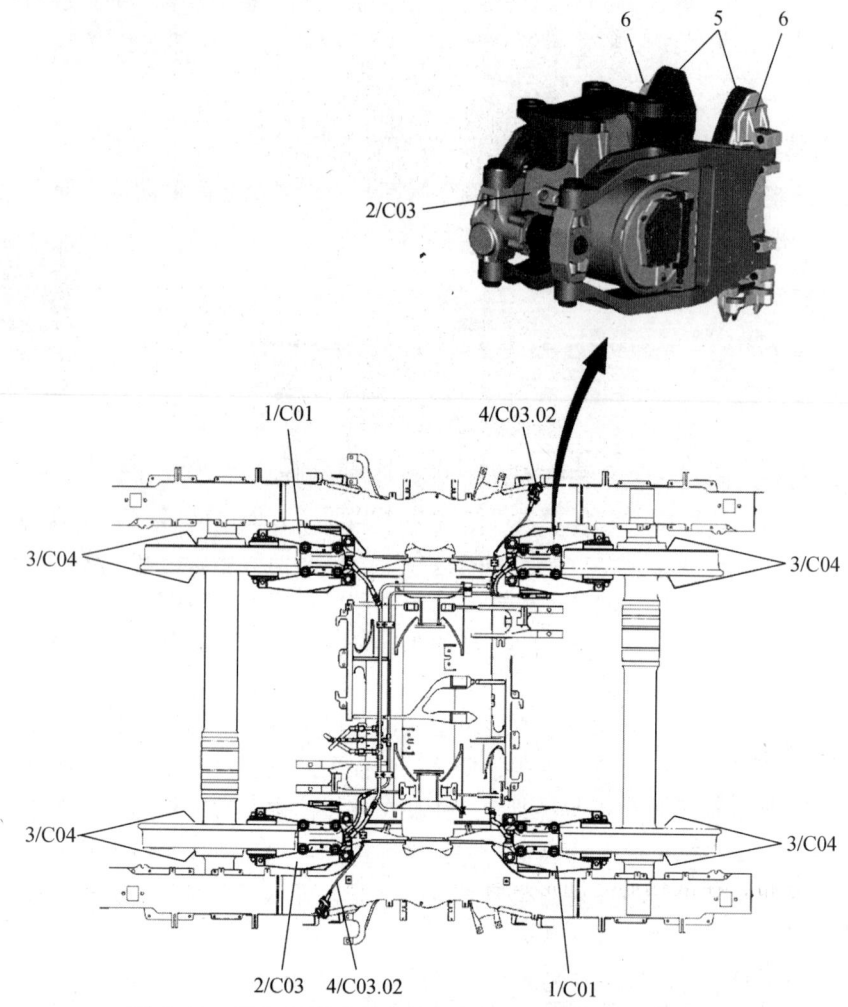

图 4-18 转向架制动设备的部件（以拖车转向架为例）

1/C01—不带弹簧施加执行器的夹钳装置；2/C03—带弹簧施加执行器的夹钳装置；
3/C04—车轮制动盘；4/C03.02—遥控装置；5—制动闸片；6—制动闸片支座

目前，国内已经开通运营的广州地铁 3、4、5 号线和上海地铁 11 号线车辆都采用了盘型制动装置。其中，广州地铁 3 号线车辆最高速度 120 km/h，采用轮盘制动；而广州地铁 4、5 号线直线电机车辆最高速度 90 km/h，采用轴盘制动。

二、盘型制动装置的主要构成

盘型制动装置的结构如图 4-19 所示，主要包括单元制动缸组成、夹钳装置、闸片和制动盘组成。

单元制动缸组成中有闸片间隙调节器。夹钳装置由吊杆 3，闸片托 5，杠杆 6、7 和支点拉板 8 组成，夹钳的悬挂方式为制动缸浮动三点悬挂，即两闸片托的吊杆为两悬挂点，另一悬挂点是支点拉板 8。制动时，制动缸活塞杆推出，制动缸缸体和活塞杆带动 2 根杠杆，通过杠杆和支点拉板组成的夹钳，夹紧制动盘的 2 个摩擦面实现制动。

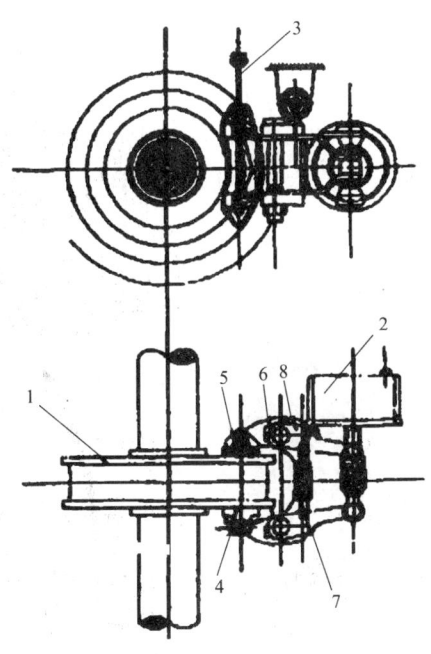

图 4-19 盘型制动装置

1—制动盘；2—制动缸；3—吊杆；4—闸片；5—闸片托；6，7—杠杆；8—支点拉板

1. 制动盘组成

制动盘皆由灰口铸铁制成，是具有径向排布散热筋的环形铸铁件。摩擦盘的外侧为摩擦面，内侧设有多个宽度相等的条形散热筋，同时还设有铸造凸台、螺栓凸台、对中定位台，且沿径向均匀分布，在散热筋之间形成径向的气流通道。摩擦盘的厚度和散热筋的尺寸与制动盘的热容量性能有关。摩擦盘的可磨耗厚度相同，皆为 7 mm，在其圆周方向有一个槽指示磨耗极限需要更换。

广州地铁 3 号线采用轮装制动盘，其外径为 640 mm，内径为 350 mm。其结构安装方式如图 4-20 所示，制动盘安装方式是将两个摩擦盘安装在车轮两侧，通过 6 个定位销对中定位和传递制动力矩。两个摩擦盘用 12 个径向排列的螺栓连接，使用防松螺母锁紧螺栓。车轮制动盘的摩擦表面与轮缘的外表面齐平，可以与其他各种类型的标准制动闸片和制动夹钳配合使用。

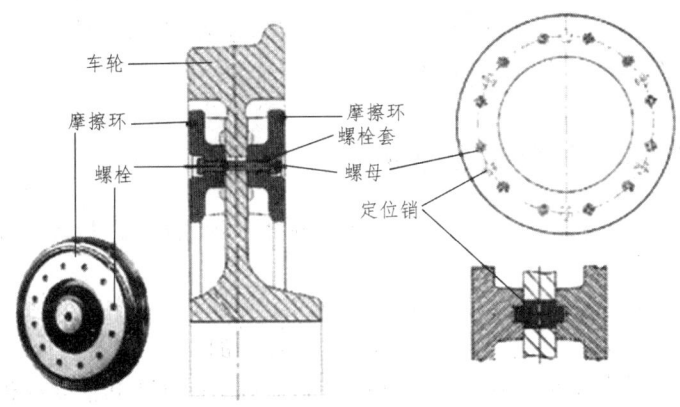

图 4-20 3 号线轮装制动盘结构示意图

广州地铁 4、5 号线车辆制动盘为轴装制动盘，其外径为 530 mm，内径为 270 mm。如图 4-21 所示，轴装制动盘包括带有散热筋的摩擦盘、盘毂和挡圈，安装在车轴外侧。盘毂采用过盈配合安装在轮轴上，摩擦盘通过挡圈压紧在盘毂上，挡圈与盘毂之间通过 12 个径向排列的螺栓连接。挡圈与盘毂通过 1 个定位销定位和传递制动扭矩。摩擦盘安装孔径比螺栓大，只承受紧固力，而不承受剪切力。

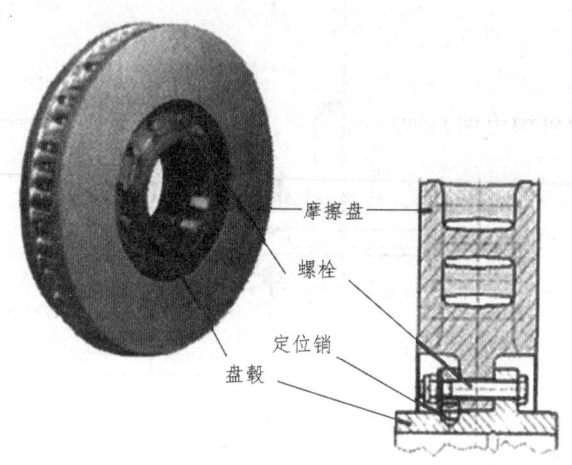

图 4-21　4、5 号线轴装制动盘结构示意图

2. 夹钳装置组成

（1）不带弹簧执行器的制动夹钳装置。

不带弹簧执行器的制动夹钳装置（C01），用作常用制动，主要由机壳、隔膜、钳杆、闸片间隙调整模块及制动闸片支座等部件构成，如图 4-22 所示。

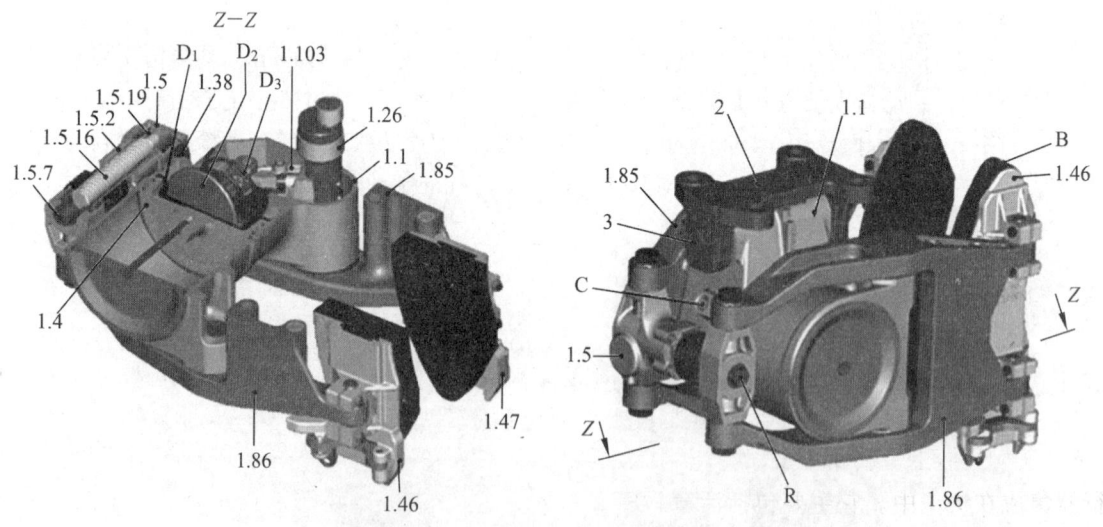

图 4-22　不带弹簧执行器的制动夹钳装置

1.1—机壳；1.26—偏心轴；1.38—推杆；1.4—隔膜；1.46，1.47—制动闸片支座；1.5—闸片间隙调整模块；
1.5.2—扭力弹簧；1.5.7—推力螺母；1.5.16—心轴；1.5.19—套筒飞轮；1.85，1.86—钳杆；1.103—杆；
2—托架；3—销钉；B—制动闸片；C—常用制动供风口；R—六角复位头

机壳由销钉支撑，该销钉适宜安装在托架中。此托架用螺栓连接到转向架构架上。如果在转向架构架上有适当的安装夹具，则销钉也可以被紧固在其中。

隔膜安装在机壳中，而两个形状相同的钳杆和铰链连接。钳杆上装有闸片支座，外加制动闸片。

钳杆的另一端被铰链连接到闸片间隙调整模块。隔膜气缸包括隔膜、活塞和活塞复位弹簧。

其中的一个钳杆在偏心轴的枢轴零件上摆动，该枢轴自身在机壳内的滚动接触轴承上转动。另一个钳杆绕机壳上安装的固定轴转动。

闸片间隙调整传动机构由偏心轴启动。它包括推杆、叉形杆（外加滚子）、拉杆和压缩弹簧。推杆作为闸片间隙调整模块与传动机构之间的连杆。闸片间隙调整模块端部的推杆插口用橡胶盖密封，以防尘土进入。闸片间隙调整模块主要包括心轴、螺纹螺母、套筒飞轮和扭力弹簧。

（2）带有弹簧执行器的制动夹钳装置。

带有弹簧执行器的制动夹钳装置（C03），用作常用制动和停车制动，主要由机壳、隔膜、钳杆、闸片间隙调整模块、制动闸片支座及弹簧执行器等组件组成，如图4-23所示。

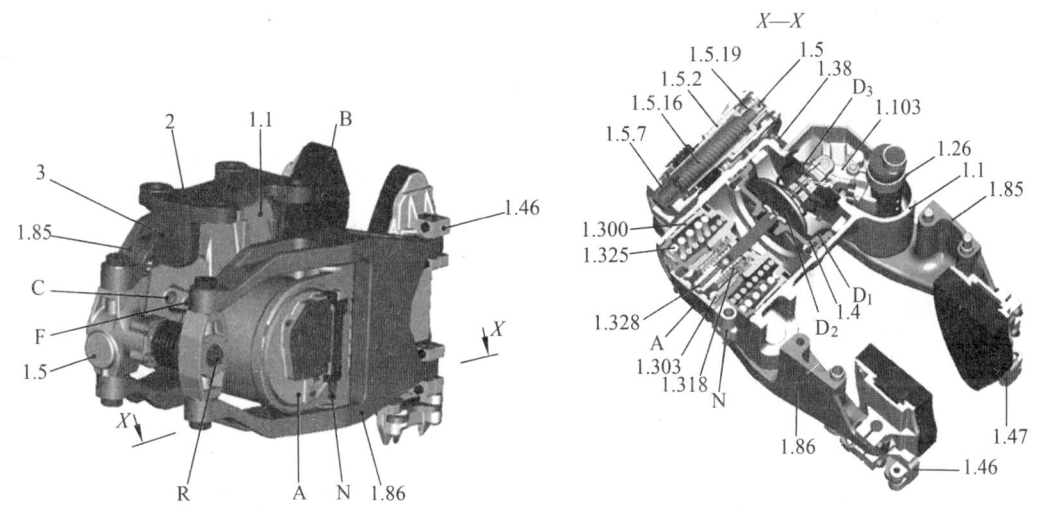

图4-23 带有弹簧执行器的夹钳装置

1.1—机壳；1.26—偏心轴；1.38—推杆；1.4—隔膜；1.46，1.47—制动闸片支座；1.328—螺纹心轴；
1.5—闸片间隙调整模块；1.5.2—扭力弹簧；1.5.7—推力螺母；1.5.16—心轴；1.5.19—套筒飞轮；
1.85，1.86—钳杆；1.103—杆；1.300—活塞；1.303—齿轮；1.318—螺母；
1.325—压缩弹簧；2—托架；3—销钉；A—弹簧执行器；B—制动闸片；
C—常用制动供风口；F—停放制动供风口；
N—紧急释放装置；R—六角复位头

隔膜安装在机壳内，与在无弹簧执行器的制动夹钳单元中使用的隔膜完全相同。弹簧执行器集成在机壳中。它主要包括活塞、压缩弹簧、心轴、推杆、螺母和齿轮，外加紧急缓解装置。

钳杆、闸片间隙调整模块以及闸片间隙调整传动机构的设计和配置与无弹簧执行器的制动夹钳单元的相应组件相同。

在紧急情况下，弹簧执行器可以由遥控装置通过一条连接至紧急缓解装置的线缆进行缓解，也可以由直接插入到执行器中的辅助缓解键进行缓解。

3. 制动闸片

如图4-24所示，制动闸片与制动闸片支架的接口为楔形榫头，由上下两半组成，上下两半对称设计。一对制动闸片的两半的编号相同。编号标记在闸片的背面。左半个闸片标有"L"，右半个闸片标有"R"。

制动闸片上的沟槽除了用于减少摩擦副上水分的影响，还有排污功能，制动过程中摩擦副产生的脱落物可通过沟槽快速排出，使摩擦副的制动特性更加稳定。

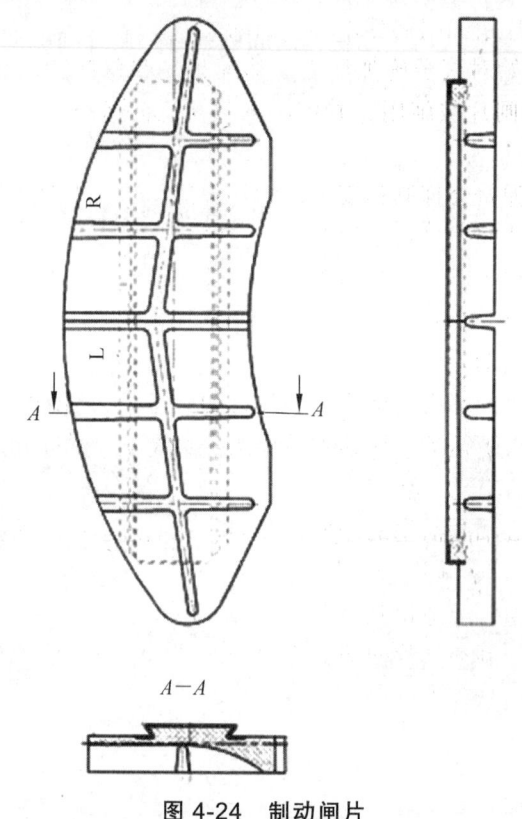

图4-24 制动闸片

三、盘型制动工作原理

1. 施加常用制动

（1）制动闸片间隙大于设定值。

常用制动供风口处的制动压力可以通入隔膜内。活塞进行特定的周期运动，并转动杆上的偏心轴。安装在偏心枢轴上的钳杆转至制动位置。而连接至推杆调节器上与之相对的钳杆也转至制动位置。

当活塞行程超过制动闸片间隙设定值时，用以启动杆的拉杆将立即开始对滚子施加压力。在活塞行程中，推杆由滚子和相连的叉杆推动。

推杆与推杆调节器的套筒飞轮接合，使心轴转动。螺纹螺母会沿心轴轴向运动，使推杆调节器加长。随着推杆调节器的长度增加，制动闸片与制动盘之间的间隙减小。

推杆调节器是一个以作用力函数控制的单动作单元。这意味着只能在一个方向上提供自动间隙调整，因此为单动作（增加调节器长度表示减小闸片间隙）；闸片间隙由活塞作用力调整，即使在变化夹紧力作用下制动夹钳组件发生大小不等的弹性屈服时，也保持恒定，因此为力控制的间隙调节器。

（2）制动闸片间隙等于设定值。

常用制动供风口处的制动压力可以通入隔膜内。活塞进行特定的周期运动，并转动杆上的偏心轴。安装在偏心枢轴上的钳杆转至制动位置。而连接至推杆调节器上与之相对的钳杆也转至制动位置，制动闸片接触制动盘，产生制动力。

在杆上转动的拉杆开始对滚子施加压力。然而推杆和包括叉杆及滚子的装置却不能再进行任何运动，因为制动闸片被施用，并由心轴阻止任何运动。推杆调节器不提供闸片间隙调整。

推杆调节器内的扭力弹簧会抑制相反方向的任何运动，从而阻止推杆调节器缩短。

当制动器从正确的闸片间隙进行施用时，这一特定型号中的推杆调节器的作用类似刚性杆，不需要额外的活塞行程（通常在其他类型的间隙调节器中需要，以便在调整机构中进行联轴节切换），以此方式保存压缩空气。

（3）闸片间隙调整（制动）。

因制动引起的闸片和盘的磨损由活塞的伸长行程来矫正。偏心轴先行转动，由滚子支撑的拉杆在压缩弹簧的作用力下运动。压缩弹簧内的张力增大。推杆调节器不能矫正间隙，因为制动闸片被施用，制动力有效。

当制动被缓解时，偏心轴随活塞的缩回而转回。在此过程中压缩弹簧伸展，经拉杆及包括滚子和叉杆的装置对推杆施以作用力。随着制动力的减小，心轴在推杆调节器内继续转动，直至钳杆通过延长而被调整，间隙得到矫正。

制动过程结束时达到的制动闸片间隙再次等于所选择的设定值，常用制动再次做好施加准备。

2. 停放制动

（1）停放制动正常施加。

当停放制动供风口处的缓解压力被允许通入弹簧执行器时，停放制动被缓解，活塞位于缓解位置。由加载的压缩弹簧（1.325）施加的力受到压缩空气作用下的活塞（1.300）的限制。活塞（D_2）由活塞复位弹簧（D_3）保持在缓解位置。

对弹簧执行器排气可启动压缩弹簧（1.325）。此弹簧的作用力由活塞（1.300）经锥形联轴节（Y）传递到螺母（1.318），再传递到螺纹心轴（1.328）。螺纹心轴（1.328）通过活塞的推杆（1.38）将作用力传递给活塞（D_2），推动活塞到达制动位置。

螺纹心轴（1.328）和螺母（1.318）的螺纹为非自锁型。螺纹心轴（1.328）由一个半圆键约束在齿轮（1.303）中，以使其在力传递过程中不会在螺母（1.318）内转动。

弹簧停放制动器的夹紧力不取决于常用制动力，且不受每次施用中隔膜气缸大小的影响。

以最小缓解压力向弹簧执行器充气，将使活塞（1.300）外加螺纹心轴（1.328）及推杆

（1.38）移动回缓解位置。随着推杆（1.38）回程，活塞（D_2）由活塞复位弹簧（D_3）移动回缓解位置，从而打开钳杆（1.85 和 1.86），缓解停放制动。弹簧执行器回到其起始点，做好再次施加停放制动的准备。

（2）手动缓解。

在没有压缩空气的情况下（车辆已停车并停机），可手动操作紧急缓解装置（N）使停放制动缓解。只要停放制动被施加，压缩弹簧的作用力即通过活塞、螺母和螺纹心轴传递到活塞。螺纹心轴和螺母采用多条大间距螺纹，这使得它们成为非自锁型。因此在制动力作用下，力矩被施加在螺母和螺纹心轴上。螺纹心轴上的力矩由机壳通过被紧急缓解装置的棘爪锁定的端盖和齿轮进行限制。螺母上的力矩也被机壳通过锥形联轴节、活塞和压缩弹簧加以限制。螺母和螺纹心轴不能转动。只要拉动紧急缓解装置即可实现机械缓解。此操作将使棘爪从齿轮上抬起，中断齿轮与机壳之间的力矩流。棘爪由锁定销钉保持在缓解位置，齿轮脱离啮合，这样可防止在弹簧执行器仅部分缓解时棘爪提前啮合。在非自锁型螺纹上力矩的驱动下，心轴开始与齿轮一起转动，使不转动的螺母轴向旋转。压缩弹簧放松，将活塞推靠回机壳底部。螺纹心轴以相反方向轴向行进至缓解位置，并推送推杆。推杆与螺纹心轴的不同之处在于，它在轴向运动中不会转动。螺纹心轴和推杆在一个球轴承上自由转动。当达到缓解位置时，压缩弹簧被约束在机壳中，不能再提供更大的作用力。

随着推杆移回，活塞由活塞复位弹簧和压缩弹簧移动至缓解位置。

第三节 停放制动模块空气管路控制系统

停放制动模块的功能主要通过气路板组成和风缸组件来实现。风缸组件与气路板组成通过管路连接。典型的停放制动模块如图 4-25 所示。

从总风管过来的压缩空气进入总风缸 B3；制动风缸 B9 给制动控制单元提供快速和充足的压缩空气；进入制动风缸 B9 的压缩空气需经过一个过滤器 B03；单向阀 B7.04 用于防止制动风缸内的空气向空气弹簧和总风缸回流。两转向架之间设有带电触点塞门 B7.05，用于隔离停放制动。

一、停放制动模块控制功能

停放制动模块利用停放制动施加或缓解指令来控制车辆的停放制动。当接收到停放制动施加信号时，双脉冲电磁阀排风，使停放制动缸内压缩空气排出，产生停放制动作用；当接收到停放制动缓解信号时，双脉冲电磁阀充风，将压缩空气引入停放制动缸，从而使停放制动缸缓解。另外，增加了梭阀（双向止回阀），引入制动缸空气压力，可防止由于弹簧制动和空气制动同时施加，造成车轮制动力过大的现象发生。

停放模块的功能由节流缩堵 B7.06、双脉冲电磁阀 B7.07、梭阀（双向止回阀）B7.08、压力测点 B7.09 和压力开关 B7.10 等部件来实现。

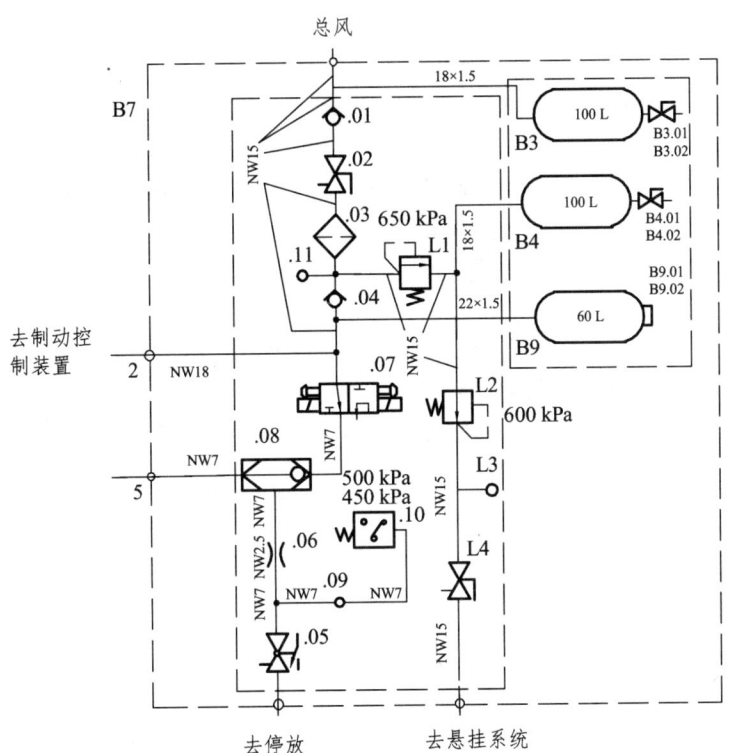

图 4-25 停放制动模块空气管路控制系统气路图

B3—总风缸；B4—悬挂风缸；B9—制动风缸；B7.01，B7.04—单向阀；B7.03—过滤器；B7.02，L4—带排风塞门；
B7.05—带电触点塞门；B7.06—节流缩堵；B7.07—双脉冲电磁阀；B7.08—梭阀；
B7.09，B7.11，L3—测试接口；B7.10—压力开关；
L1—溢流阀；L2—调压阀

二、停放制动模块管路部件

（一）过滤器 B7.03

1. 过滤器组成

过滤器由过滤器支座（a）、滤网（b）、压缩弹簧（c）、O 型圈（d 和 g）、盖子（e）组成，如图 4-26 所示。

2. 工作原理

过滤器 B03 接入制动控制装置的入口处，用于进一步提高后续管路的供风品质。

压缩空气流经供风端口 P 和滤网 b 到达上面的空气排出口 A。滤网单元的金属网将空气中污垢分离出来。滤网 b 通过压缩弹簧 c 压装在过滤器支架 a 的阀座 V 上。

当滤网单元 b 很脏时，压缩弹簧 c 将被 P 和 A 之间的压差压缩，允许压缩空气通过阀座 V，并保证下游有满足条件的压缩空气。

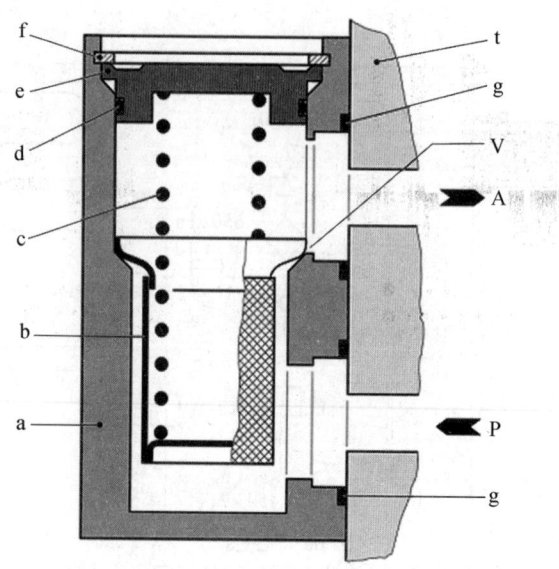

图 4-26 空气过滤器内部结构示意图

a—过滤器支架；b—滤网单元；c—压缩弹簧；d, g—O 型圈；e—盖子；
f—挡圈；t—托架；V—阀座；A—排出口；P—供风口

（二）双脉冲电磁阀

1. 功能描述

双脉冲电磁阀是安装在每辆车上制动控制模块的一个部件，它允许在每辆车上电动和手动施加停放制动。停放制动采用的是充气缓解，排气施加。

2. 结构说明

双脉冲电磁阀内部结构如图 4-27 所示。

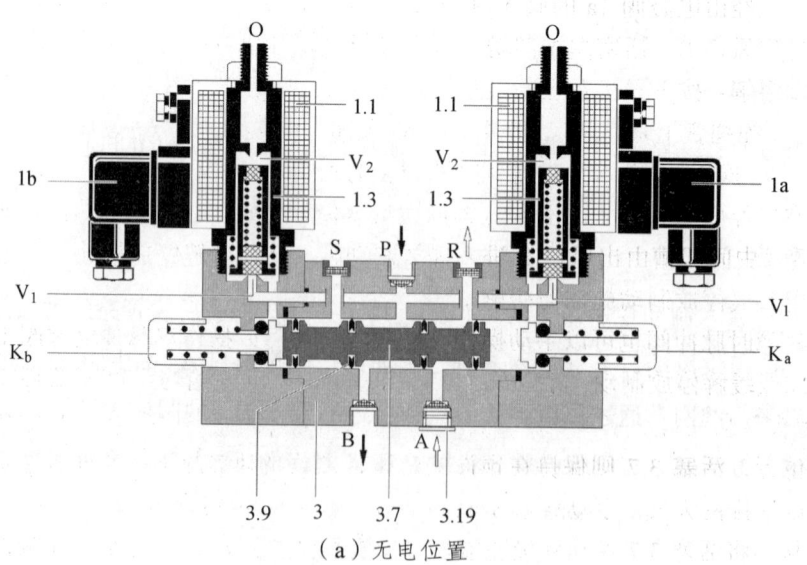

（a）无电位置

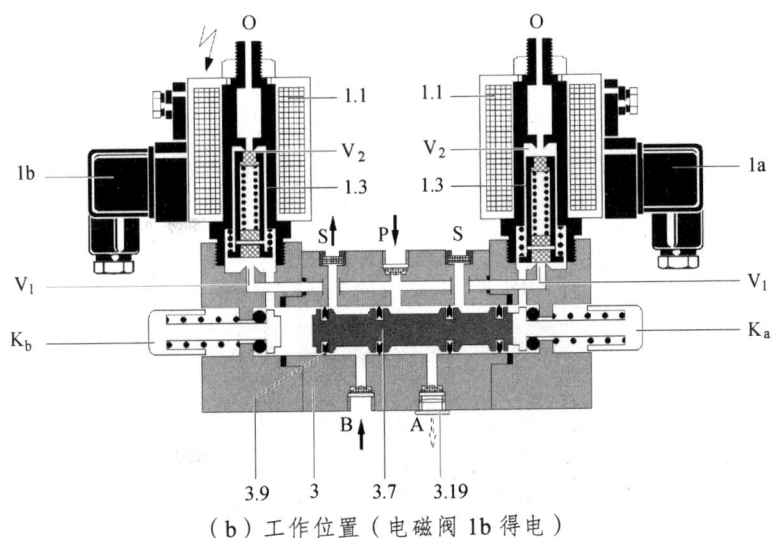

(b)工作位置(电磁阀 1b 得电)

图 4-27 双脉冲电磁阀

1a,1b—电磁阀;1.1—电磁阀线圈;1.3—衔铁;3—主阀;3.7—活塞;3.9—K 环;
3.19—螺旋塞;K_a,K_b—手控按钮;V_1—电磁阀座;V_2—阀门座;
A,B—出风口;P—供风口;R,S—通风口;O—排风口

阀门座 V_2 是与电磁阀 1a、1b 相连的。各进排气口在阀门座 V_2 支架表面连接。用 O 型圈密封安装支架连接缝。

双脉冲电磁阀用作一个二位三通单元,所以两个出风口 A 或 B 之一必须用螺旋塞 3.19 关闭。

3. 工作原理

(1)正常停放制动施加与缓解。

停放制动施加:按下司机台上的"停放制动施加"按钮,电磁阀 1b 得电,在电磁力作用下使衔铁 1.3 压缩弹簧上移,阀 V_1 打开、阀 V_2 关闭;电磁阀 1a 失电,在弹簧作用下衔铁下移,阀 V_1 关闭、阀 V_2 打开。压缩空气经由 P、电磁阀 1b 的阀 V_1 向活塞左端气室充气,活塞右端气室空气经由电磁阀 1a 的阀 V_2 排向大气,使活塞向右移动至极端位,停放制动缸的压缩空气通过出风口 B、活塞左端凹槽,再经过通风口 S 排向大气。此时,停放制动施加。

停放制动缓解:按下司机台上的"停放制动缓解"按钮,电磁阀 1a 得电,在电磁力作用下使衔铁 1.3 压缩弹簧上移,阀 V_1 打开、阀 V_2 关闭;电磁阀 1b 失电,在弹簧作用下衔铁下移,阀 V_1 关闭、阀 V_2 打开。压缩空气经由 P、电磁阀 1a 的阀 V_1 向活塞右端气室充气,活塞左端气室空气经由电磁阀 1b 的阀 V_2 排向大气,使活塞向左移动至极端位,压缩空气通过供风口 P、活塞中间凹槽由出风口 B 进入停放制动缸,从而缓解停放制动。

(2)无电有气停放制动施加与缓解。

在电源故障时脉冲阀也可以手动操作,但有气压。可以操作双脉冲电磁阀 B7.07 手控按钮,手动施加或缓解停放制动。手动施加停放制动时,推动左侧的红色按钮 K_b,必须将手控按钮 K_b 推到头,从而将活塞 3.7 移动到极右端位,释放手控按钮 K_b 后,它会在弹簧作用力下回到初始位置,活塞 3.7 则保持在预设的位置,停放制动缸的压缩空气通过 B、活塞左端凹槽,再经过 S 排向大气。手动缓解停放制动时,推动右侧的红色按钮 K_a,必须将手控按钮 K_a 推到头,从而将活塞 3.7 移动到极左端位,释放手控按钮 K_a 后,它会在弹簧作用力下回到初始位置，活塞3.7则保持在预设的位置，压缩空气通过P、活塞中间凹槽由B进入停放制动缸，从而缓解停放制动。

（3）无电无气停放制动缓解。

如果不能用司机台上的停放制动"缓解"激活按钮缓解停放制动，也不能使用双脉冲电磁阀上的按钮缓解（没有气压），则必须手动缓解停放制动。为此，必须关闭带电触点塞门B7.05，然后拉动配有停放制动执行器的紧急停放制动遥控杆C03.02（每个转向架侧有一个），如图4-28所示。

图4-28 紧急停车制动遥控杆

在乘客较多，且轨道坡度不小于4%时，如果有停放制动设备故障，这时仅用其他车厢的停车制动不能保证列车不溜动。在这种情况下，必须使用其他方法防止列车溜动（如在车轮与轨道之间使用止轮器）。

（三）梭阀（双向止回阀）

梭阀的设置是为了防止带停放功能的单元制动器发生过制动现象。其内部结构如图4-29所示。

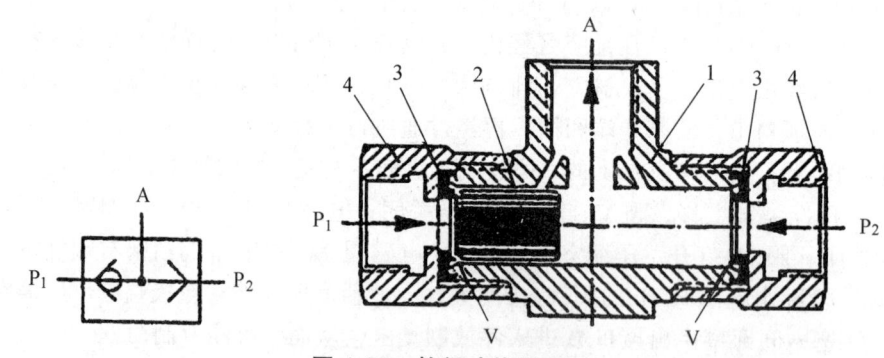

图4-29 梭阀功能原理图

1—阀体；2—活塞；3—密封圈；4—带帽螺母；V—阀座；P_1、P_2—进气口；A—出气口

梭阀有三个气路接口：进气口P_1、P_2和出气口A。两进气口永远不可能互相连通，从进气口P_1和进气口P_2至出气口A的气流通过活塞2进行控制，其中气压较高的一支推开活塞2抢占出口A，并将气压较低的进气口封堵。

进气口P_1、P_2分别通过管路连接到脉冲阀B7.07和空气制动控制装置，出气口A通过管路连接到停车制动缸。一旦通过双脉冲电磁阀施加停放制动以及通过空气制动控制装置施加有效压力，梭阀动作，通过空气制动控制装置使压力空气进入停放制动缸，缓解停放制动弹簧，从而缓解停放制动。

双脉冲电磁阀与梭阀协调配合，在列车正常运用过程中，由于总风大于制动缸的风压，双向阀移动到左边，堵住制动缸去往停放制动缸的风路，使制动缸和停放制动缸相互隔绝，则列车能够进行正常地制动与缓解；另一方面，当列车入库或停放后，司机操作缓解停放开关，释放停放制动缸内的总风压力时，制动缸中的风压便推动双向阀向右移动，堵住停放制动缸进气口，同时连通了制动缸与停放制动缸的通路，使制动缸的压力空气进入停放制动缸，这样便形成了制动缸与停放制动缸的分别作用方式。因此，只有在制动缸的风压小于弹簧的作用力时，停放制动才起作用。这样在保证制动缸和停放制动缸各自作用的同时，避免了由于停放制动的作用对制动缸产生的影响。同时，这也使得在列车进站停靠时即使司机操作停放制动施加开关，也不会出现力的叠加现象，避免了车轮擦伤的可能性。

（四）其他辅助部件

1. 节流缩堵

节流缩堵用于控制气体流速，防止相邻管路中气体压力的过快变化。它通常是一个中间带小节流孔的短螺杆结构，一般装于阀口或接管座中。节流缩堵能确保停放制动因大泄漏等意外原因作用时压力控制器能动作。

2. 单向阀

单向阀只允许气体按规定的方向流动，反向禁止，单向阀 B7.04 阻止制动风缸的压缩空气向主风缸逆流。

3. 压力开关

压力开关通过压力变化改变电路，即电信号的变化可定性地反映所控制管路的压力变化，压力开关 B7.10 的压力整定值根据需要可调，上升 500 kPa（可调），下降 450 kPa（可调）。

1. 简述 TFD 型单元制动机的工作原理。
2. 简述 TFD 型单元制动机闸瓦间隙调整器的工作原理。
3. 简述 PC7Y 型单元制动机的工作原理。
4. 简述 PC7Y 型单元制动机闸瓦间隙调整器的工作原理。
5. 简述 PC7YF 型单元制动机停放制动器的工作原理。
6. 简述 PC7YF 型单元制动机停放制动器的手动缓解过程。
7. 简述 PEC7 型单元制动机的工作原理。
8. 简述 PEC7 型单元制动机闸瓦间隙调整器的工作原理。
9. 简述 PEC7F 型单元制动机停放制动器的工作原理。
10. 简述 PEC7F 型单元制动机停放制动器的手动缓解过程。
11. 简述盘型制动的结构及分类。

第五章 EPAC模拟式电空制动系统

EPAC（Electro Pneumatic Advance Control Unit）制动机是模拟式电空制动系统。该电空制动系统的制动控制单元分两种类型，一是用于架控的 EPAC 制动控制单元，二是用于车控的 EPAC Lite 制动控制单元。因此，从整体上来说，EPAC 制动机包括了基于架控的 EPAC 电空制动系统和基于车控的 EPAC Lite 电空制动系统。EPAC 制动系统用于我国深圳地铁 4 号线、上海地铁 6 号线及 8 号线、南京地铁南延线等线路中。

第一节 EPAC（架控）电空制动系统

EPAC 模拟式电空制动系统主要由风源系统、制动控制系统、防滑系统、司机室制动设备及基础制动设备等组成，其系统如图 5-1 所示。

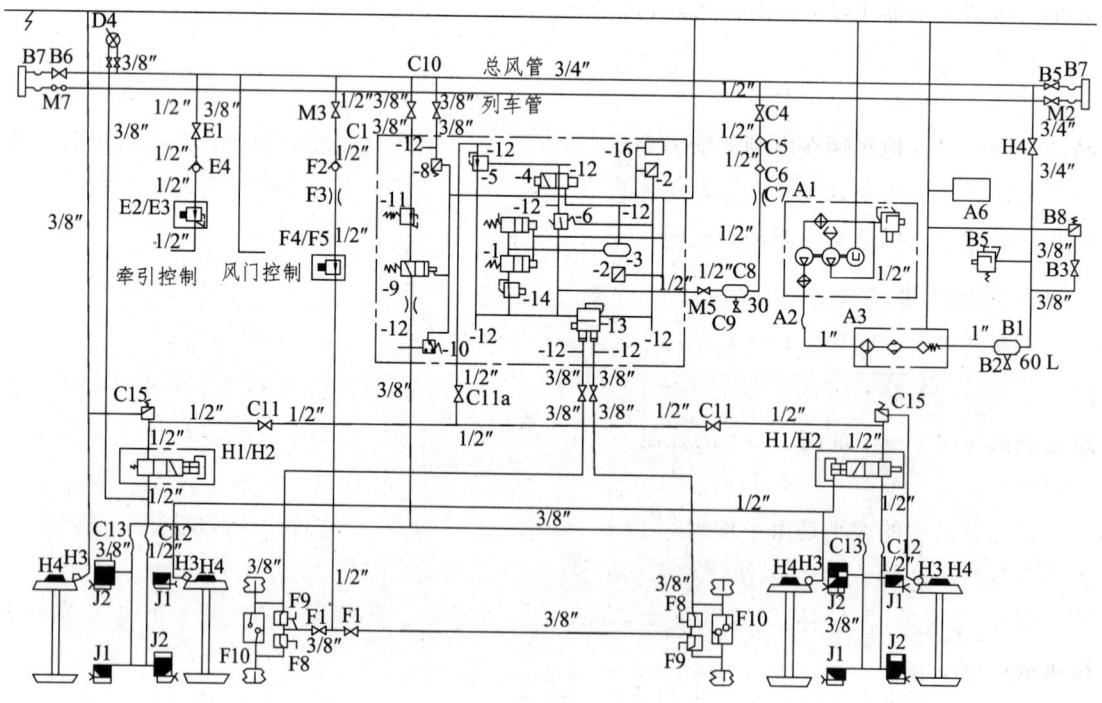

图 5-1 EPAC 模拟式电空制动系统

一、制动控制系统

（一）系统构成

制动控制系统主要由制动机 C1、截断塞门 C4、滤尘器 C5、逆止阀 C6、节流阀 C7 和制动风缸 C8 等零部件组成。

（二）工作原理

当司机操纵司机控制器（或 ATP 等设备动作）实施制动时，总风经截断塞门 C4→滤尘器 C5→逆止阀 C6→节流阀 C7→制动风缸 C8→截断塞门 M5→滤尘器→制动机 C1。在制动机内，根据司机控制器是放在常用制动位，还是紧急制动位，其通路有所不同。

1. 常用制动

当司机实施常用制动时，由编码器发出的 PWM 信号，经列车导线送至各车制动机内的解码器，由解码器计算出本车所需要的制动力，它首先去控制电制动系统，使其产生电制动力，解码器再根据实际产生的电制动力大小，进行减法运算，其不足部分由空气制动进行补充。此时的空气通路：压缩空气由制动风缸 C8→截断塞门 M5→制动机，在制动机内总风经减压阀（-14）→常用制动电磁阀（-1）→缓冲风缸（-3）→紧急电磁阀（-4）→中继阀（-5）的控制室；经中继阀（-5）放大后，压缩空气（到制动机外）经截断塞门（C11a）→截断塞门（C11）→防滑阀及座（H1、H2）→制动缸（J1、J2）产生空气制动作用。空气制动力的大小由压力传感器（-2）检测，送解码器进行比较；当制动空气压力达到所需的压力值时，常用制动电磁阀关闭停止升压。

在常用制动时：全列车是作为一个整体进行电空制动力控制的。当某一、二辆车发生电制动故障时，其他车辆在电制动能力允许的范围内，就会承担这部分制动力，以减少空气制动的闸瓦磨耗，当全列车所产生的电制动力小于司机所要求的指令制动力时，空气制动会自动予以补偿，以保证空气制动力与电制动力之和等于要求的指令制动力。

2. 紧急制动

当司机操纵列车实施紧急制动（或 ATP、总风压力不足及列车分离等原因引起紧急制动）时，压缩空气由制动风缸（C8）→截断塞门（M5）进入制动机后，经载荷切断阀（-6）→紧急电磁阀（-4）→中继阀（-5）的控制室，由中继阀放大后，压缩空气经截断塞门（C11a）→截断塞门（C11）→防滑阀及座（H1、H2）→制动缸（J1、J2）产生紧急制动作用。

紧急制动力的大小是由平均阀（-13）控制的，它将两个空气弹簧的压力进行平均运算后去控制载荷切断阀（-6），以便使载荷切断阀（-6）的控制压力与车辆的载重成比例。另外，平均阀（-13）的压力还提供给压力传感器（-2），使牵引力和常用制动力的大小也与车辆的载重成比例变化。

紧急制动电路如图 5-2 所示。

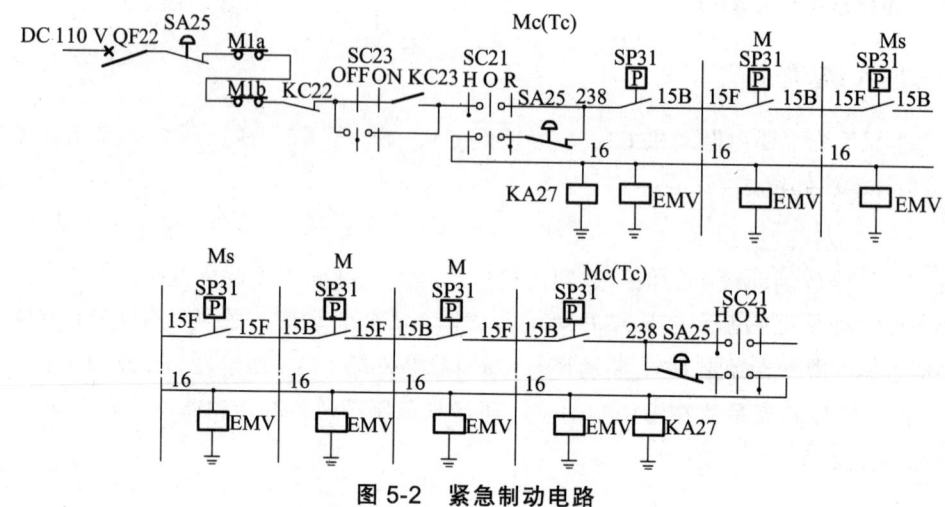

图 5-2 紧急制动电路

紧急电磁阀 EMV 失电时产生紧急制动，得电时缓解。列车正常运行时头尾转换开关 SC21，头车打到"H"，尾车打到"R"，总风压力开关 SP31 是闭合的，这时 EMV 是得电的，即不出现紧急制动。下列状态将使列车出现紧急制动。

（1）头尾转换开关位置不正确。

（2）列车分离等造成列车导线断开，以及紧急电路断线等。

（3）制动手柄 SBC21 打到紧急制动位"E"。

（4）按压紧急按钮 SA25（头尾车均可）。

（5）总风压力不足，使 SP31 断开。

（6）警惕装置动作，接触器 KC22 得电。

（7）ATP 系统接触器 KC23 失电。

（8）DC 110 V 断电。

3. 缓　解

当司机操纵列车缓解时，缓解电磁阀（-1）打开，使中继阀（-5）控制室的压力空气经紧急电磁阀（-4）→缓冲风缸（-3）→缓解电磁阀（-1）→大气。这样制动缸的压力空气经防滑阀及阀座（H1、H2）→截断塞门（C11a）→截断塞门（C11）→中继阀（-5）→大气，使车辆缓解。

二、防滑系统

防滑系统由防滑阀及阀座（H1、H2）、速度传感器（H3）、齿盘（H4）和防滑控制装置（在制动机箱内）组成。

当速度传感器检测到的速度差或减速度信号超过规定值时，防滑阀就会动作，降低制动缸压力，并控制电制动系统，使其降低或切除电制动。

三、停放制动系统

停放制动系统由截断塞门（C10）、减压阀（-11）、停放制动电磁阀（-9）、停放制动监视压力开关（-10）、软管（C13）及带弹簧停放制动的制动缸（J2）组成。

当司机操纵停放制动缓解开关缓解停放制动时，制动机箱内的停放制动电磁阀（-9）就会动作，此时总风就会经截断塞门（C10）→减压阀（-11）→停放制动电磁阀（-9）→软管（C13）→带停放制动的制动缸（J2），使停放制动缓解。此时停放制动监视压力开关（-10）就会动作，将停放制动缓解的信号送到司机室。当司机切断停放制动电磁阀（-9）的电源，带弹簧停放制动系统的制动缸（J2）内的压力空气就会从停放制动电磁阀（-9）排向大气，使制动缸（J2）内的停放制动弹簧发生作用，实施停放制动。

四、基础制动装置

基础制动装置主要由踏面单元制动缸（J1）及带弹簧停放制动的踏面单元制动缸（J2）组成。

基础制动装置的作用是在实施空气制动时使闸瓦压紧车轮，产生空气制动作用。带弹簧停放制动系统的踏面单元制动缸（J2）的另一个作用是在停放车辆时可以产生足够的停放制动力，以防止由坡道或风力等原因造成的溜车。

五、司机制动控制装置

司机制动控制装置有两种，即带司机室的 Mc 车司机制动控制装置和带简易司机台的 Ms 车司机制动控制装置。

带司机室的司机制动控制装置主要由司机制动控制器（D1）、编码器（D2）及双针压力表（D4）等部件组成。司机制动控制器（D1）和编码器（D2）的主要作用是根据司机控制手柄所在的位置不同，由编码器输出不同占空比的 PWM 信号，使列车产生不同级别的制动力。

编码器的另一个作用是可以显示列车中各车的主要制动状态参数，以方便监视及检查。

带简易司机台的 Ms 车司机制动控制设备由制动开关（D6）、编码器（D3）及双针压力表（D4）组成。其主要作用是库内列车分解后调车时，使车辆产生简单制动作用。

在每辆车上均设有双针压力表（D4），以方便司机及检修人员监视总风及制动缸压力。

在每辆 Mc 车及 Ms 车上均设有紧急制动开关（D5），在车下设有电控电动喇叭（G5）和控制电磁阀及座（G3、G4）等部件。

六、其他辅助用风装置

空气弹簧供风装置主要由截断塞门（M3）、滤尘器（F2）、节流阀（F3）、减压阀及阀座（F4、F5）和截断塞门（F1）组成。它们的主要作用是将总风压力降到 600 kPa，以稳定的风压向高度调整阀（F8）供风。

牵引控制供风装置主要由截断塞门（E1）、减压阀及座（E2、E3）、滤尘器（E4）组成。它们的主要作用是将总风压力降到 500 kPa，以稳定的风压供牵引控制装置使用。

另外，此系统还向风动门系统供风。

第二节　EPAC Lite 电空制动系统

一、系统构成

EPAC Lite 制动控制单元衍生于基于架控的 EPAC 制动控制单元，采用模块化结构，它包括了轨道车辆摩擦制动的所有标准模块，各种模块（如常用制动控制模块、停放制动控制模块等）经有机组合后形成基于项目的不同配置。EPAC Lite 是一个高度集成的电空制动单元，由多个标准化的小型气动元件、安装板和微机电控装置等组成，并集成在一个封闭的箱体内。制动风缸、空簧压力和停放风缸等为 EPAC Lite 的输入气路，其输出气路与制动缸和停放制动缸等相连，如图 5-3 所示。

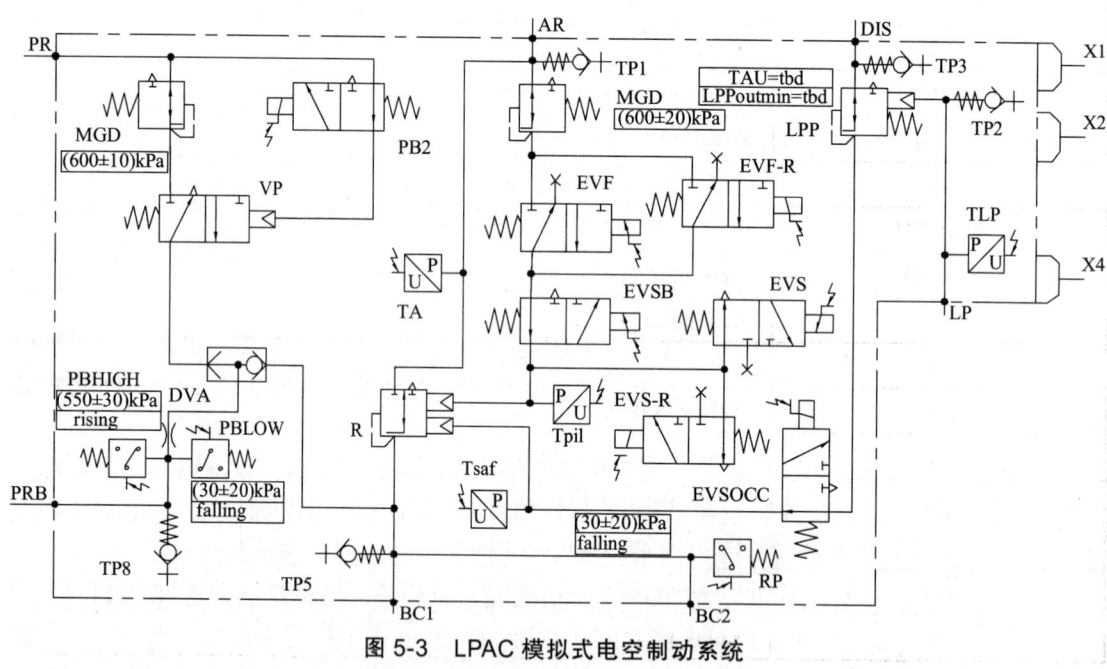

图 5-3　LPAC 模拟式电空制动系统

AR—制动风缸；LP—空气弹簧；PR—停放风缸；DIS—安全制动控制；BP—列车管；
BC1—制动缸 1；BC2—制动缸 2；PBA—停放制动缸

EPAC Lite 的微机电控装置集成在内部，不需要另加制动电子控制装置。该微机电控装置使制动系统能响应及处理制动指令和大量的系统外界参数。

从维护来说，EPAC Lite 是一个在线可替代单元，即方便现车维护，实现了列车下线时间最小化。

与该系统有关的英文缩写与解释见表 5-1 所示。

表 5-1　缩略语与含义

缩略语	含义
EPAC	Electro Pneumatic Advance Control Unit
AR	Auxiliary reservoir
LP	Suspensions
PR	Parking brake supply
DIS	Emergency brake supply
BC	Brake cylinders
PRB	Parking brake cylinders
TA	Auxiliary reservoir pressure transducer
MGD	Pressure limiting valve
EVF	Pressure apply magnet valve
EVF-R	Pressure apply magnet valve redundant
EVS	Pressure release magnet valve
EVS-R	Pressure release magnet valve redundant
EVSB	Remote release magnet valve
PB2	Parking brake pilot pressure signal
MGD	Pressure limiting valve
VP	Parking brake pneumatic valve
PBHIGH	Parking brake released pressure switch
PBLOW	Parking brake applied pressure switch
TPx	Test point
Tpil	Pilot chamber pressure transducer
Tsaf	Safety brake pressure transducer
RP	Relay valve output pressure switch
LPP	Pilot pressure limiting valve proportional to weight
EVSOCC	Safety brake magnet valve
TPL	Pressure transducer of the load signal from pneumatic suspensions
R	Relay valve（double chamber）

二、系统功能

1. 常用制动

常用制动时，EPAC Lite 通过列车线接收制动指令，根据空簧压力进行载荷调整，另外根据来自牵引系统的电制动信号进行空电混合，然后 EPAC Lite 由电空转换模块产生常用制动预控压力，继而控制中继阀输出制动缸压力，如图 5-4 所示。

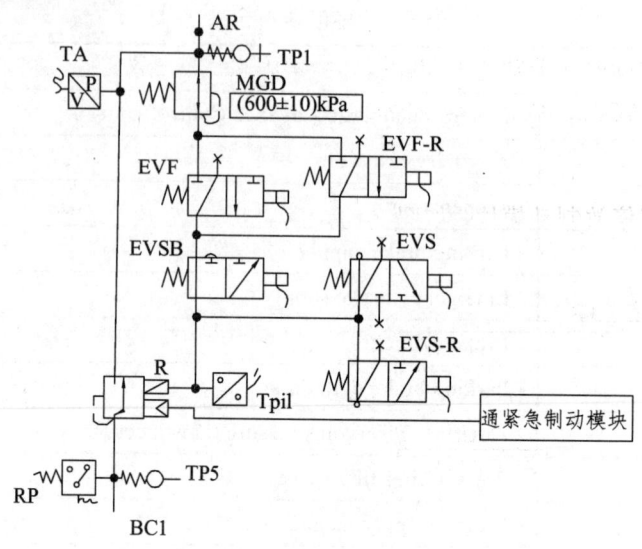

图 5-4　常用制动模块

AR—制动风缸；TA—制动风缸传感器；MGD—减压阀；EVF—充风电磁阀；EVSB—缓解电磁阀；EVS—排风电磁阀；Tpil—常用制动传感器；R—中继阀；BC1—制动缸；RP—制动缸压力开关

2. 紧急制动

EPAC Lite 设有紧急制动模块，如图 5-5 所示，紧急制动由列车的安全回路控制。当安全回路断开时，即施加紧急制动时，紧急制动阀失电，制动缸产生紧急制动压力。

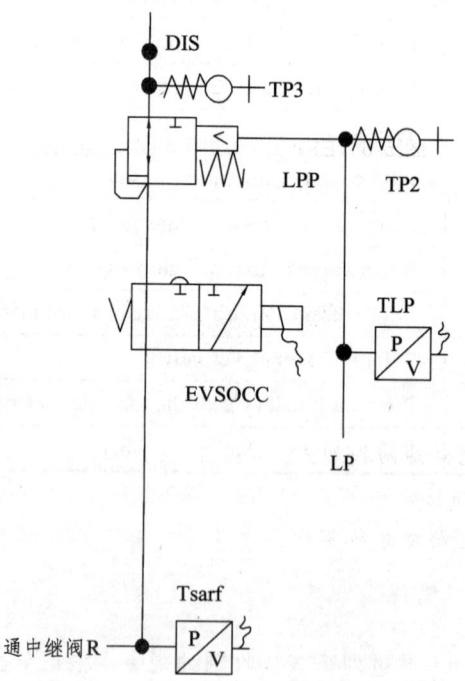

图 5-5　EPAC Lite 的紧急制动模块

DIS—安全制动控制；LPP—载荷限压阀；TLP—载荷传感器；EVSOCC—紧急电磁阀；Tsarf—紧急制动传感器；R—中继阀

3. 防滑控制

EPAC Lite 通过读取 4 个轴速度和控制转向架附近的防滑阀来实现 WSP 的单轴控制。由于防滑阀不设在 EPAC Lite 内，所以 EPAC Lite 可安装在车辆中央。

4. 停放制动

EPAC Lite 设有停放制动模块，如图 5-6 所示。停放制动由列车线来控制，是基于车辆的停放制动控制。

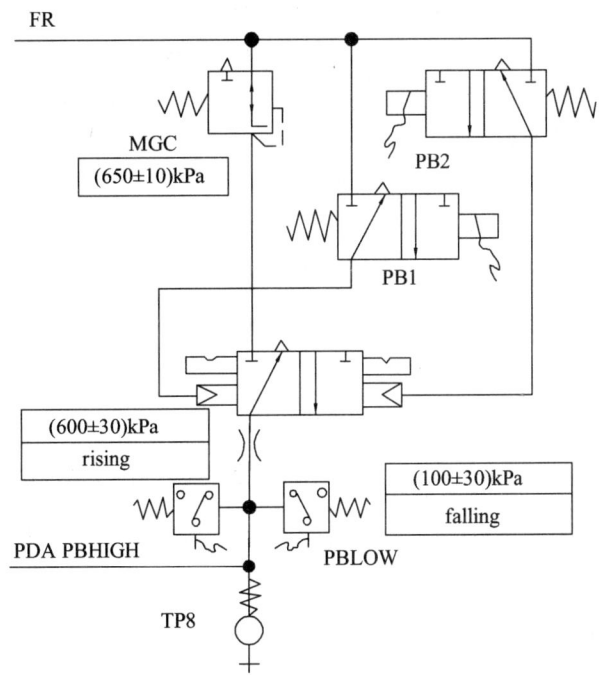

图 5-6　EPAC Lite 的停放制动模块

MGC—减压阀；PB1，PB2—停放制动电磁阀；PBHIGH，PBLOW—停放制动压力开关

1. EPAC 电空制动系统有哪两种形式？
2. 简述 EPAC 电空制动系统（架控）的控制原理。
3. 简述 EPAC Lite 电空制动系统常用制动及紧急制动的控制原理。

第六章　HRDA数字式电气指令制动系统

HRDA型数字指令微机控制直通电空制动系统是由日本原NABCO公司（后更名为NABTESCO）生产的电空制动系统。HRDA型电空制动系统采用数字指令信号，以多线组合开关量代表司机制动手柄的位置信息，具有反应速度快、性能良好、可与ATC（ATP、ATO）及牵引电制动等系统协调配合等特点。HRDA制动系统制动力的分配原则是：拖车空气制动优先补足控制。HRDA制动系统由动力制动系统、空气制动系统及指令和通信网络系统组成。

第一节　概　述

一、系统构成

HRDA型电空制动系统主要由风源系统、制动控制系统、防滑控制系统、基础制动装置及辅助系统供风设备组成。HRDA制动系统的其他设备可通过其空气管路图来了解，如图6-1和图6-2所示。

HRDA制动系统空气管路图中各代号及名称见表6-1。

1. 风源系统

风源系统由电动空气压缩机组F1、二次冷却器F3、空气干燥器F3、总风缸F4、空压机启动装置F6及安全阀F7等组成。

2. 制动控制系统

制动控制系统由空气过滤器C3、制动风缸C1、制动控制装置B2及停放制动控制箱等组成。

3. 防滑控制系统

防滑控制系统由测速齿盘、HIS速度传感器J1、防滑电磁阀J5及装在制动控制B2箱内的防滑控制单元等组成。

4. 基础制动装置

基础制动装置由不带停放的单元制动缸E1及带停放的单元制动缸E2等组成。

5. 辅助系统供风设备

辅助系统供风设备由减压阀G2、辅助风缸、高度阀（H2、H3）及压差阀H4等组成。

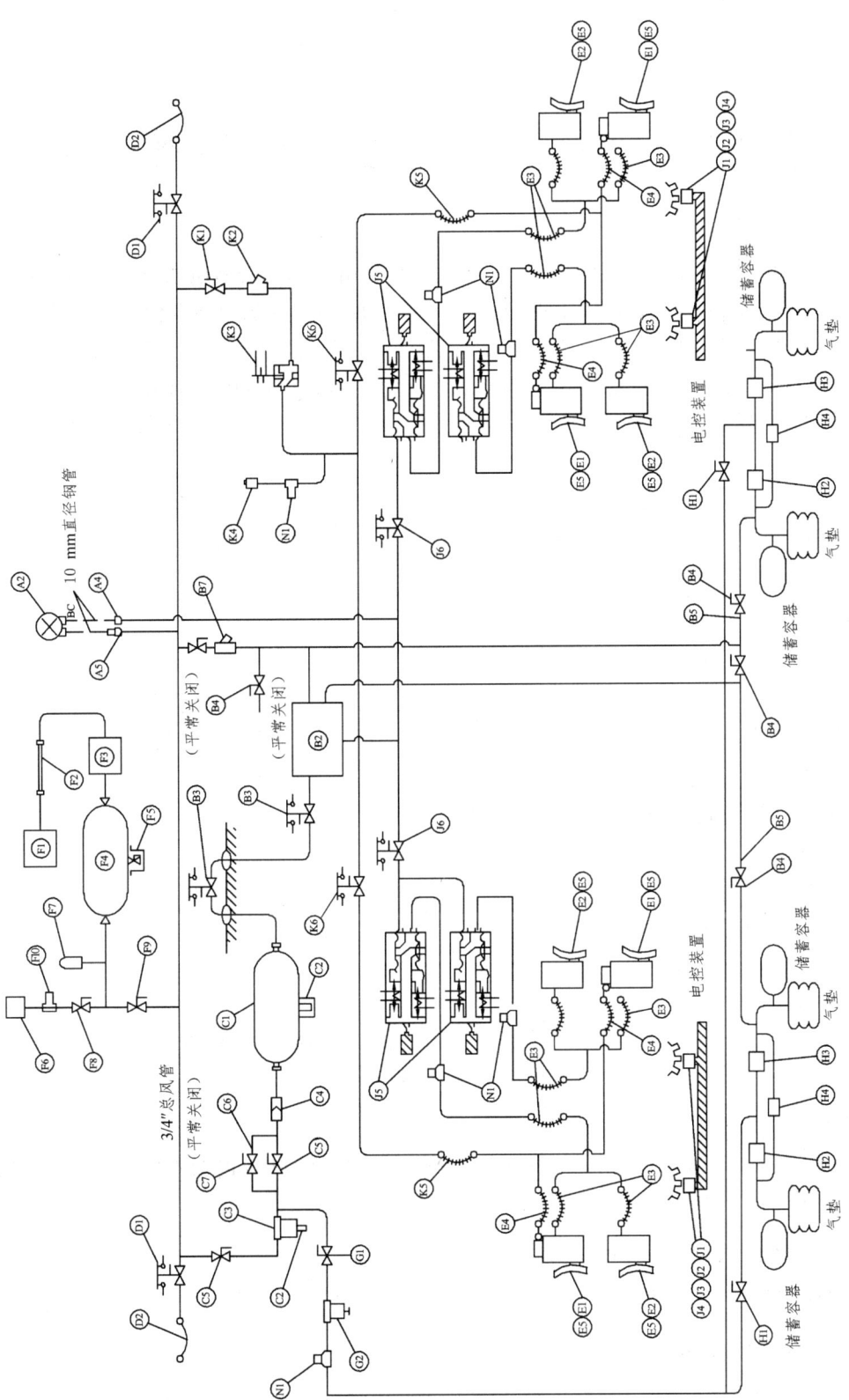

图 6-1 M车空气管路图

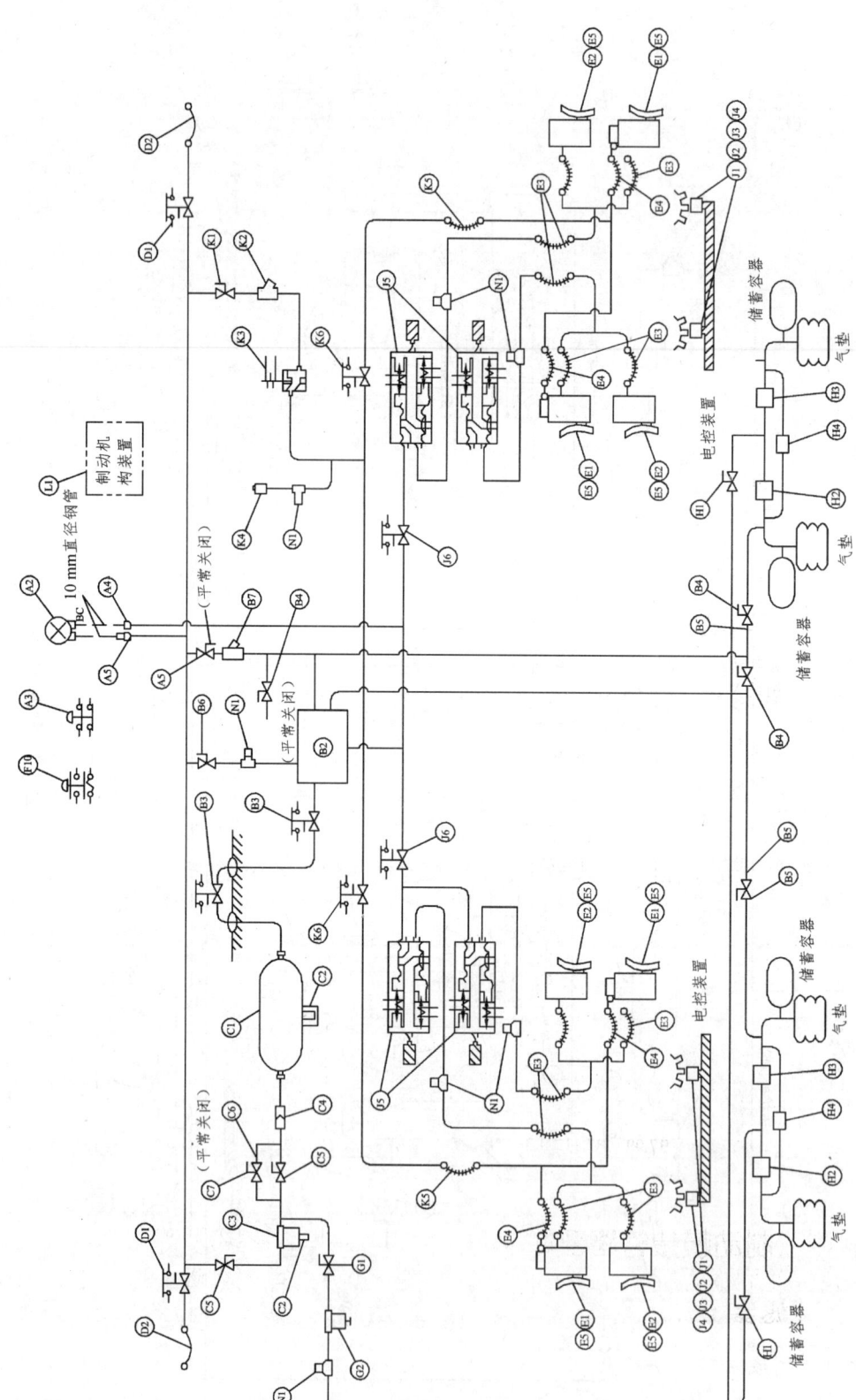

图 6-2 T车空气管路图

表 6-1　HRDA 制动系统空气管路图中各代号及名称

代号	名　　称	代号	名　　称
A	司机台组成	F2	特氟隆制动软管
A1	夜光双针压力表	F3	PD-10DF 干燥器（附带 A-20 二次冷却器）
A2	双针压力表	F4	主风缸
A3	紧急制动开关（2b 接点）	F5	排水塞门
A4	连接管螺柱（BC）	F6	空压机启动装置
A5	连接管螺柱附带阻气门（BC）	F7	E-1-L 安全阀
B	制动控制单元组成	F8	截断塞门（附有侧排气）
B1	CF 型制动控制单元（Tc 车）	F9	截断塞门
B2	CF 型制动控制单元（M 车）	F10	ABN220-R 按钮开关（2a 接点）
B3	截断塞门（附有侧排气及电触点）	G	空气控制组成
B4	截断塞门	G1	截断塞门
B5	带过滤器的缩孔	G2	NF-3B 调压阀
B6	截断塞门（附有侧排气）	H	空气弹簧组成
B7	过滤器	H1	截断塞门
C	供给用储风缸组成	H2	LV-3 高度调整阀
C1	供给用储风缸	H3	LV-3 高度调整阀
C2	储风缸用排水塞门	H4	DP-5 压差阀
C3	过滤器	J	防滑控制装置组成
C4	止回阀	J1	HIS 速度传感器
C5	截断塞门	J2	速度传感器用调整垫（0.1 mm）
C6	缩孔	J3	速度传感器用调整垫（0.3 mm）
C7	截断塞门	J4	速度传感器用调整垫（0.5 mm）
D	主风缸管路组成	J5	PC12 防滑阀（附带管座）
D1	截断塞门（附有侧排气及电触点）	J6	截断塞门（附有侧排气及电触点）
D2	供气软管（附带接头）	K	停放制动系统组成
E	制动缸系统组成	K1	截断塞门（附有侧排气）
E1	TG180-3-P 踏面制动单元（带停放制动）	K2	过滤器
E2	TG180-3 踏面制动单元	K3	C14-9HC 电磁阀（附带硅变阻器）
E3	软管（附带接头）	K4	SPS-8WP 压力开关
E4	软管（附带接头）	K5	软管（附带接头）
E5	闸瓦	K6	截断塞门（附有侧排气及电触点）
F	气源设备组成	N1	试验用接头
F1	A6538-HS10-3 电动空气压缩机		

二、作用原理及功能

制动系统由常用制动、紧急制动两个系统构成，根据司机或 ATP、ATC 制动指令产生相应动作。制动控制装置控制制动缸的充风、排风使其产生常用制动、紧急制动或缓解作用。从接收指令到电空制动力协调计算为止，所有功能都由这个装置内制动电子控制单元完成。

第二节 电空制动控制系统各组成的结构及工作原理

HRDA 制动系统的空气制动控制系统的主要设备有制动电子控制单元（BECU）、电空转换中继阀和空重车调整阀。

一、制动电子控制单元（BECU）

制动电子控制单元安装在制动控制装置内，是采用微机进行数字运算的系统，装有控制系统和监视系统两种 CPU。每车均设有一套制动电子控制单元，本装置由常用制动指令线接收常用制动指令，检测两个空气弹簧的压力，从而决定本车的制动模式。对于 M 车，制动电子控制单元从 T 车的制动电子控制单元得到 T 车的车载信号，产生 M-T 单元的制动模式信号，然后向 VVVF 输出动力制动模式信号，再从 VVVF 接收动力制动的反馈指令进行电空协调配合控制。这时，进行 M-T 单元的制动力不足计算，对 T 车优先补足空气制动模式，将这个 T 车补足模式作为减算指令传送给 T 车的制动电子控制单元。对于 T 车，制动电子控制单元接收从 M 车电子控制单元传送来的空气制动减算指令，进行本车的空气制动补足模式计算。除此之外，制动电子控制单元还有下列功能：

（1）本装置有预控压力反馈控制，控制制动电磁阀电流，从而控制制动力（控制系统微机）。

（2）本装置接收 4 个轴的速度信号，控制各转向架的防滑电磁阀，进行滑行检测和再黏着控制（控制系统微机）。

（3）本装置监视制动缸压力，检测不缓解和制动力不足，不足时自动产生紧急制动。另外，不能自动缓解时，此车辆的制动可以强制地被缓解（监视系统微机）。

（4）本装置由串行传输，在向监控装置传送各种信息的同时，还可以用 7 段 LED 灯表示各种状态信息（控制系统微机）。

二、空重车调整阀

1. 概 要

空重车自动调整阀可按车辆的载荷调整其制动率，其调整是根据车辆的相应载荷控制的，具有确保在由于空气弹簧故障造成空气弹簧内气压丧失的情形下，还有一定的制动缸压力（可调整）的安全功能。另外，空车状况下，空气弹簧压力也可以从外部调整。

2. 构 造

空重车自动调整阀大致由作用压力给排阀、气垫压力检测部及支点调整部、AS 调整弹簧部、VL 调整弹簧部组成，如图 6-3 所示。作用压力给排阀、气垫压力检测部在阀体的下侧，AS、VL 调整弹簧部设在阀体的上侧。另外，支点调整部设在阀体正面中央位置。

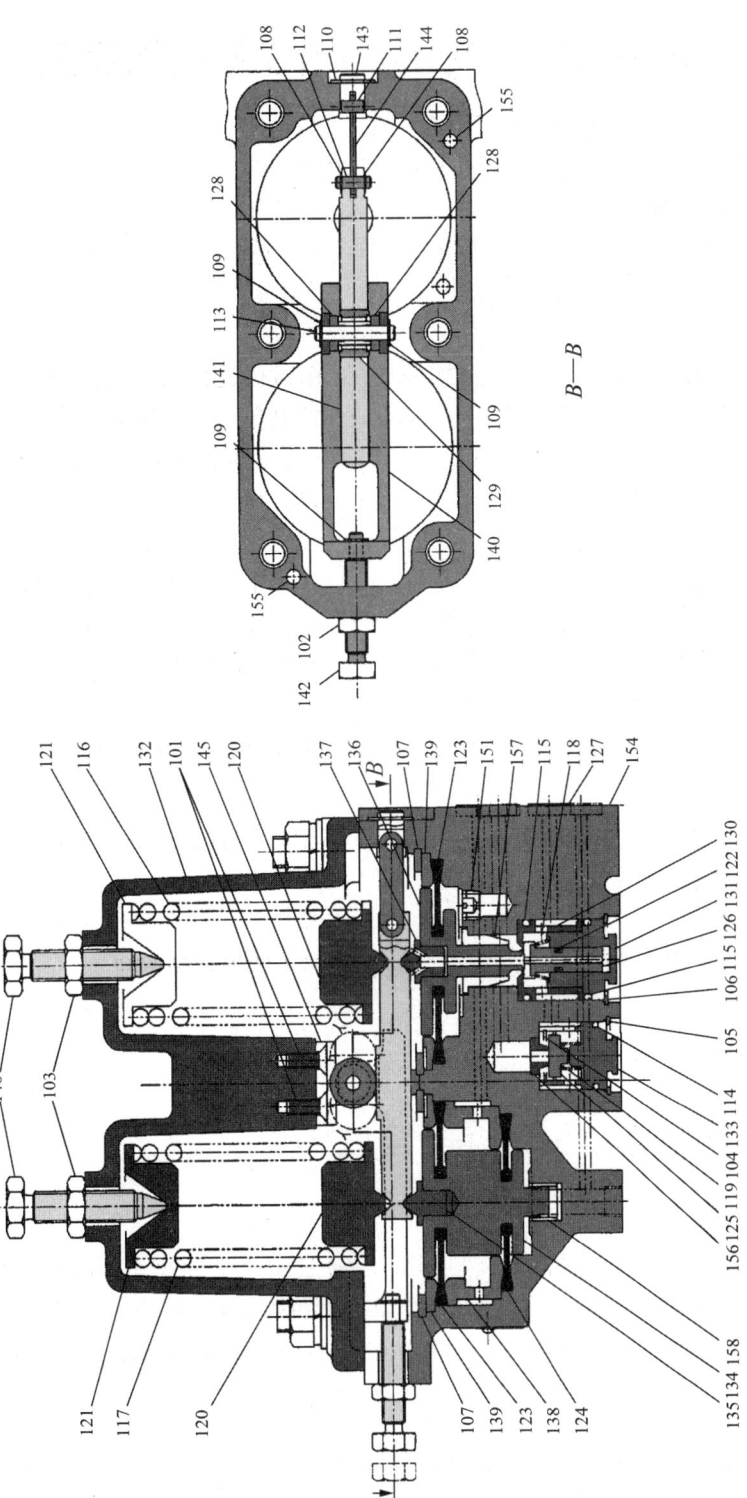

图 6-3 AS-2 空重车自动调整阀构成图

（1）作用压力给排阀部。

供给阀部由供给阀（126）、供给阀簧（118）、给排阀衬套（130）及阀导引（131）组成；插入主体（154），由定位环（106）封入；给排阀衬套（130）嵌入O形环（114）；供给阀（126）嵌入MY衬垫密封；膜板（123）把内环装在VL活塞（136）上，外环夹在阀体（154）与膜板压板之间，用定位环（107）压紧；尖部B压入VL活塞（136），再压上平衡杆（141）。

（2）空气弹簧压力检测部。

检测部膜板室有上下两室，分别把来自空气弹簧的高压空气输入AS1（前转向架）、AS2（后转向架）两室中。膜板（123、124）上下相同，内环装在AS活塞（134）上，外环夹在阀体（154）及膜板托板、夹板之间，用定位环（107）压紧，在AS活塞端部压入尖A（135），再压上平衡杆。另一方面，AS活塞下端插入衬套（158）。

（3）支点调整部。

支点调整部由平衡杆（141）、从动辊（129）、滚筒（128）、旋转移动棒（140）、旋转位置调整螺丝（142）等构成。为了防止平衡杠杆（141）脱落而借助杠杆连接板（144），杠杆连接板座（143）与阀体（154）相连接，平衡杆可驱动，杠杆连接板用连接销（112）、定位环（108）及平行销（111）连接。另外，平衡杠杆连接板座（143）插入主体（154），用定位环（110）固定。杠杆支点部与平衡杠杆（141）接触的从动辊（129）和安装在主体（154）上的旋转台板（145）接触的2个滚筒（128），共3个滚筒，由连接销（113）和定位环（109）安装在旋转移动棒（140）上。旋转移动棒（140）安装在主体（154）上的旋转位置的调整螺丝（142）上，旋转此螺丝可调整增压比。

（4）AS、VL调整弹簧部。

弹簧部的弹簧箱（132）、压力调整螺丝（146）安装在主体（154）上，用平衡杠杆（141）压住弹簧座（120、121）和弹簧（116、117）。对空车空气弹簧压力的调整及空车工作压力的调整，只需旋转各自的调整螺丝（146）即可。

（5）止回阀部。

止回阀部由阀导引（133）、定位环（105）、O形环（114）、阀（125）、弹簧（119）、定位环（104）及阀座（156）组成。阀座（156）被压装到阀体（154）上。

阀组装：阀体（125）和弹簧（119）由定位环（104）合并在一起，再用定位环（105）将它们固定到阀体（154）上面。

3. 作用原理

（1）供给作用。

当空气弹簧压力低于空车压力时，由AS（117）力用平衡杠杆（141）把AS活塞（134）压下，弹簧VL（116）的力通过平衡杠杆（141）把VL活塞（136）压下，供给相当于空车的压力。空气弹簧压力增加到空车压力以上时，压上膜板（123、124），AS活塞（134）压上平衡杠杆（141）以抵抗弹簧AS（117）的力；平衡杠杆（141）的作用力，通过从动辊（129）和滚筒（128）位置的杠杆率（增压比）的变换，传递给VL活塞（136）。

由于输入压力空气，在关闭排风阀的状态下，VL活塞（136）压开供给阀（126），主风缸压力通过供给阀（126）使工作侧压力上升。

当工作压力下降到低于超载压力时，空气压力使空气弹簧的平衡阀（141）失去平衡，平衡阀推下 VL 活塞（136），空气得以供给。

（2）保压作用。

供给操作时，主风缸空气压力流向工作侧，工作侧压力上升。此压力作用于膜板（123），并作为向上的力作用于平衡杠杆（141），该压力比反作用于滚筒活塞、推动空气弹簧侧平衡杠杆（141）的力稍微大一点，因此，可以推动膜板上升，供给阀压在供排风阀座套上。相应地，主风缸的供给压力被切断，阀处于保压位。

（3）排风作用。

因工作压力从保压状态逐渐升高到调整压力值以上或者空气弹簧压力减小或其他任何原因，压力推动空气弹簧压力侧的平衡杠杆（141），使其失去平衡时，膜板（123）将活塞（136）向上推，排风阀打开，工作压力缓解。排风的结果是：工作侧的空气弹簧压力与工作压力相平衡，VL 活塞落下，排风阀关闭，排风作用终止，阀又处于保压位。

（4）逆流排风作用。

保压状态下的 SR 初始压力处于缓解状态时，在止回阀部没有压力（该压力由 SR 供给），VL 压力向初始侧逆行排放，VL 阀（136）降低，供给阀（126）被止回阀的逆流排风压下，离开供排风阀衬套（130），VL 阀也可以通过工作压力供排风阀单元逆向排风。

三、电空转换中继阀

1. 概　要

电空转换中继阀是利用薄片膜板驱动的自动遮断式阀门，这个阀的功能是向制动缸成比例地供、排压缩空气，压缩空气的压力大小由一个电磁流量阀和一个电磁阀控制。该双膜板式中继阀对于两个输入信号，采用大者优先输出的方式。在该中继阀前面采用插入法安装着控制常用制动的 MFC1A 电磁控制阀（该三位置电磁阀通过制动接收器对输出压力进行反馈控制和调整）和控制紧急制动的 VM28A 电磁阀。这个电空转换中继阀具有流量放大作用。它是一种多功能集成式，具有防水结构的小型、轻量阀门。

2. 结　构

电空转换中继阀包括一个有放大流量功能的中继阀和两个电磁阀，如图 6-4 所示。

如图 6-4 所示，在阀座体（135）的供气阀部装有供气阀（113）、供气阀弹簧（110）和上盖（124），供气阀（113）在供气阀弹簧（110）的作用下被紧压在阀座体（135）的供气阀座（136）上，供、排气阀杆（126）由和阀座体（135）、中间支撑（121）、底盖（122）以及活塞（127）相接触的三个 O 型圈所支承，上膜板（112）的两面上分别作用着动作压力（AC2）和由供气阀（113）供给的二次压力（BC），下膜板（112）的两面作用着动作压力（AC1、AC2）。由于两张膜板具有同样大小的有效面积，故使之具有两输入压力之中高压优先的机能。在这两个压力[动作压力（高值优先压力）和二次压力]之差的作用下，供、排气阀杆（126）滑动，促使供气阀（113）开、关，实现二次压力的供气或排气。电磁流量控制阀（120）和电磁阀（119）安装在阀座体（135）的前面，在此处包括一个中继阀，配线由各电磁阀引线引出，接到中继端子台（118）上。

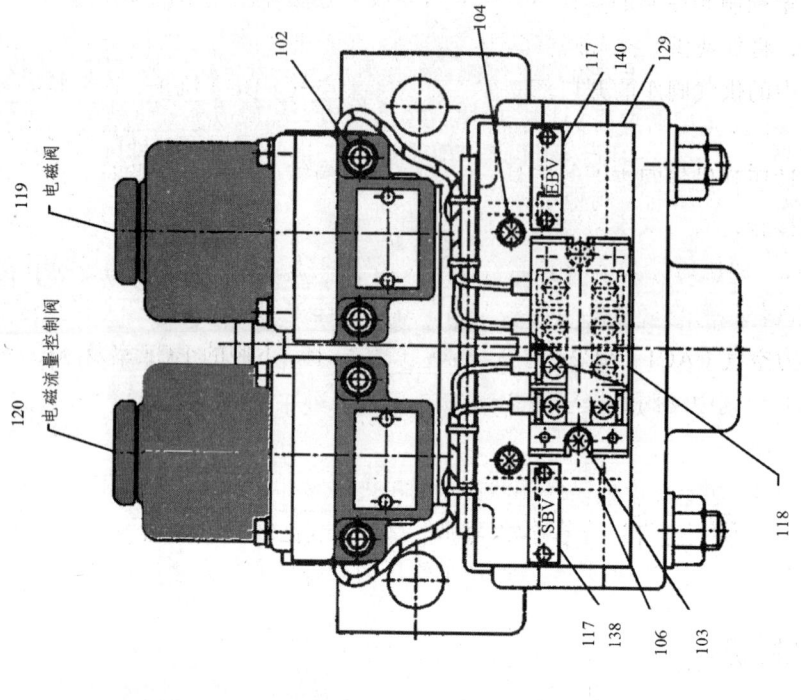
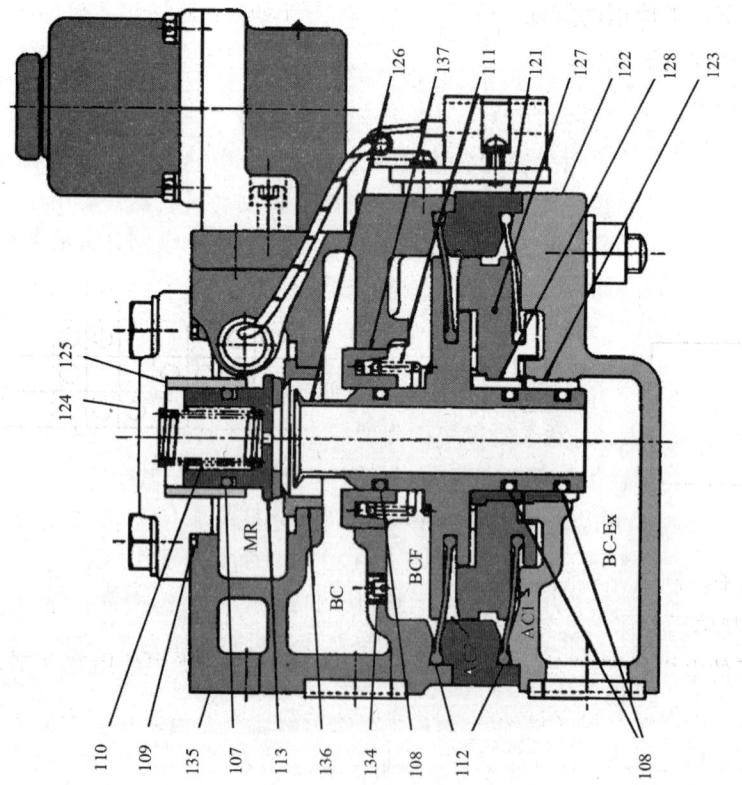

图 6-4 EPR2D 电空转换中继阀结构图

3. 作用原理

当由电磁流量控制阀控制的动作压力（AC1）或电磁阀控制输出的动作压力（AC2）空气进入膜板部时，将促使供、排气阀杆向上方移动，打开供气阀，一次压力空气（SR）通过供气阀和阀座体中的供气阀座的开口部变成了二次压力空气（BC）流出，这个状态被称作供气位置；当 AC1 和 AC2 室的压力等于 BCF 室压力时，供、排气阀杆在弹簧弹力作用下被推向下方，供气阀被压到供气阀座上，于是一次压力空气的输出被制止，此时，由于供、排气阀杆和供气阀相接触，故二次压力空气不能被排出，这个状态被称作重叠位置；当动作压力空气（AC1、CA2）的压力逐渐下降时，供、排气阀杆在 BCF 室压力空气的作用下，开始向下方移动，二次动作压力空气经供、排气阀杆内部通道被排到大气中，这个状态被称作排气位置。当动作压力空气（AC1、AC2）停止降压，且膜板上、下腔的 BCF 室及 AC1 室或 AC2 室内的压力相等时，则中继阀处于重叠位置。

第三节 列车制动系统工作原理

一、常用制动

常用制动是列车正常使用的制动。本制动指令是由制动控制器通过 3 根列车贯通线（二进制码）传送给制动控制装置的。常用制动指令传送系统由司机控制器和 ATO（列车自动驾驶系统）装置等构成。手动常用制动分为 7 级。常用制动指令对应要求的减速度输出 7 个级别的编码。使用坡道起动开关时，本系统发出相当于常用制动 3 级的制动指令，如图 6-5 所示。

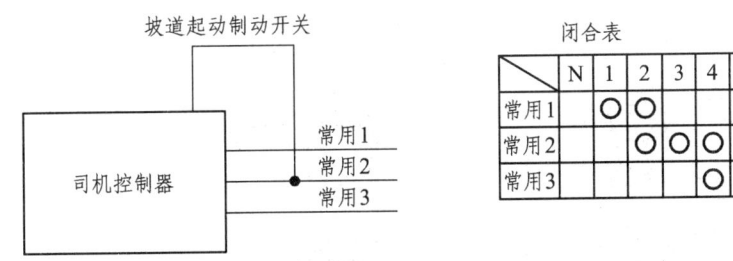

图 6-5 常用制动指令传送系统方框图

M 车的制动电子控制单元检测本车及 T 车的空气弹簧压力（T 车的空气弹簧压力是通过 T 车的制动电子控制单元检测的，然后把信号传给 M 车），控制 M-T 单元的制动力。这个控制是采用 M-T 单元的电空协调配合，动力制动优先方式，对 T 车优先使用空气制动补足，再将这个 T 车补足模式作为减算指令传送给制动电子控制单元，T 车的制动电子控制单元接收从 M 车电子控制单元传送来的空气制动减算指令，进行本车的空气制动补足模式计算并发出控制指令给电磁流量控制阀。由电磁流量控制阀控制的动作压力（AC1）空气进入膜板部，促使供、排气阀杆向上方移动，打开供气阀；制动风缸压力空气（SR）通过供气阀向制动缸充气，当 AC1 室的压力等于 BCF 室压力时，则供、排气阀杆在弹簧弹力作用下被推向下方，供气阀关闭，空气制动施加。另外，为改善常用制动时的舒适性，制动电子控制单元通过减少制动力的变化率而减少冲动。

二、紧急制动

紧急制动为考虑安全性及可靠性，采用列车贯通线（紧急线）断电而产生制动作用的常时带电系统。紧急线断电时，全列车自动产生紧急制动作用。

如图 6-6、6-7 所示，紧急制动由紧急制动电磁阀控制，由空重车调整阀根据每节车辆的不同载荷而产生不同的空气压力，传送给 E-P 转换中继阀。紧急电磁阀传送压力给中继阀后，该阀以与常用制动相同的制动方式，将来自紧急制动电磁阀的紧急制动信号进行流量放大，放大后的压力空气进入制动缸。在发生紧急制动时，所有车辆的牵引电源立即中断并被锁住，此时，车辆只有空气制动，没有动力制动。

不仅是紧急制动按钮和 ATP 指令可以施加紧急制动，在列车分离（脱钩）、总风缸压力过低、司机警惕装置起作用、紧急回路中断或失电、制动系统 DC 110 V 控制电源失电等情况下，都可以产生紧急制动作用。

紧急制动有如下要求：
① 紧急制动发生后，在列车完全停止前不允许缓解制动；
② 不管是什么原因引起的紧急制动，所有车辆必须按紧急制动率制动；
③ 在发生紧急制动时，所有车辆的牵引电源立即中断并关联锁住，直到列车完全停下来为止。

三、快速制动

快速制动是在列车需要迅速停车时，由司机操纵司机控制器，通过列车线将制动信号送给制动控制装置而产生。

如图 6-6、6-7 所示，当司机控制器调速手柄移到"快速制动位"时，将施加与紧急制动相同减速度（1.2 m/s^2）的电空混合制动，并优先使用电制动（动力制动），不足时补足空气制动。

将司机控制器调速手柄移回"缓解"位时，快速制动将得到缓解。在整个作用时间内，列车进行冲动控制，最大限度地保证乘客的舒适性。

四、停放制动

列车中的每一个轮对上均设有一个带停放制动的单元制动缸。如图 6-1 所示的停放制动为弹簧储能式，充风缓解、无风制动。通过操纵司机室内的停放制动施加或缓解开关，可控制停放制动施加电磁阀或缓解电磁阀，达到控制停放制动的施加与缓解的目的。在停放制动缸上，还设有手动的停放缓解装置，可通过人工操作缓解停放制动。

第六章 HRDA 数字式电气指令制动系统

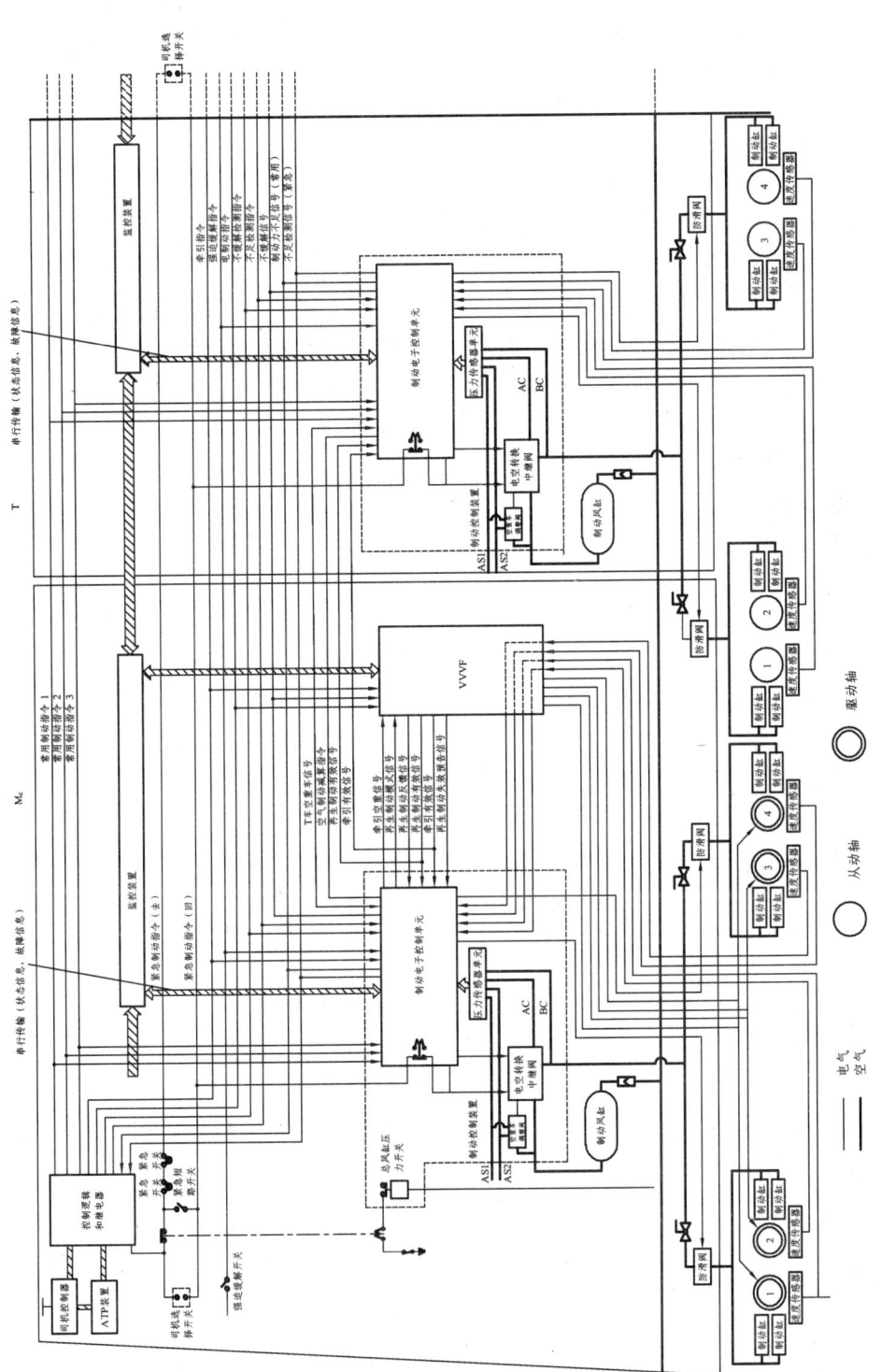

图 6-6 HRDA 制动系统原理方框图

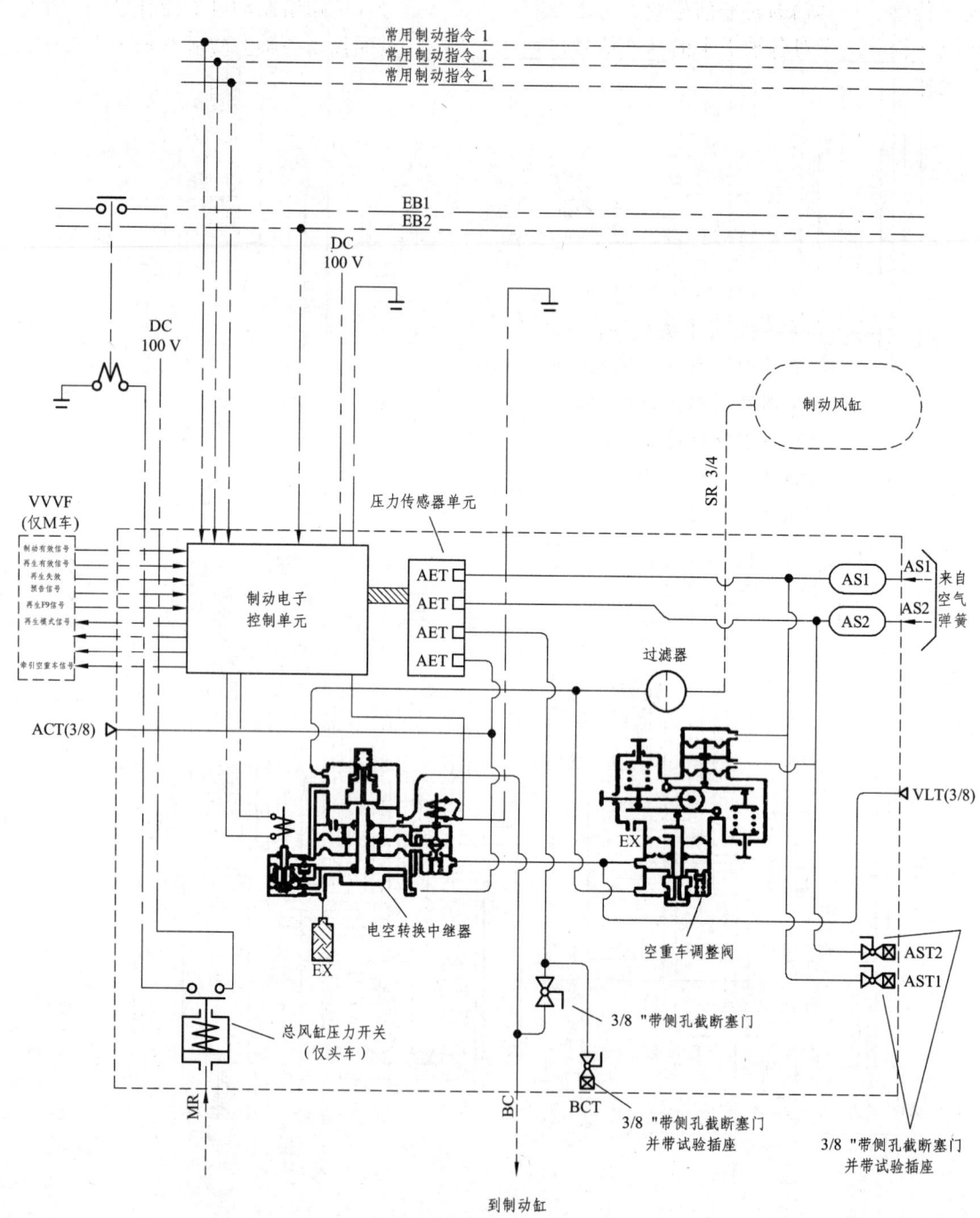

图 6-7 制动控制装置原理图

五、防滑控制

在每辆车的制动电子控制单元内均设有防滑控制设备，其工作原理是：首先，由各轴的速度传感器将其轴的转速信号变为与之相对应的脉冲信号，传送给制动电子控制单元，然后由电子控制单元对各轴送来的脉冲信号进行分析判断，进而控制各轴的防滑电磁阀产生相应的动作。

1. HRDA 制动系统常用制动时，制动力是怎样分配的？
2. 简述制动电子控制单元（BECU）的作用。
3. 简述空重车调整阀的工作原理。
4. 简述电空转换中继阀的工作原理。
5. 简述 HRDA 制动系统常用制动时的工作原理。
6. 简述 HRDA 制动系统紧急制动时的工作原理。

第七章 KBGM模拟式电气指令制动系统

第一节 概 述

KBGM制动系统是由德国克诺尔（Knorr）制动机公司生产的模拟式电气指令制动系统。它通过列车总线贯通整个列车，形成连续回路。该模拟制动系统的操作是采用电控制空气、空气再控制空气的控制方式，制动的电指令是利用脉冲宽度调制，能进行无级控制。它广泛用在各地铁公司的车辆上。

KBGM制动系统制动力的分配原则是：拖车空气制动优先补足控制。这里以广州地铁2号线为例来说明。

某列车为6辆车编组，连接方式为 − A + B + C = C + B + A −。由于车辆编组每单元为三节，假设每单元自己提供制动力，则总共需要300%的制动力。而电制动时只有动车能提供制动力，每单元的三节车中只有两节动车，因此每节动车承担150%的制动力。如果电制动不够，则先补拖车（A车）的空气制动；若制动力还不够，则再补两个动车（B车、C车）的空气制动。

KBGM制动系统由动力制动系统、空气制动系统及指令和通信网络系统组成。空气制动系统主要由风源系统、控制部分和执行部分三个主要部分组成。

一般，城轨车辆采用电动车组，以单元进行编组，所以，其风源系统也是以单元来供气的，每一单元设置一套风源系统，相邻车辆的主风管通过截断塞门和软管相连，由两个单元组成的列车具有两套风源系统。为了减少压缩机的磨损，列车前部单元的空气压缩机组总是给整列车供风，而不同时使用两套压缩机单元；反方向运行时，则使用另一套空气压缩机组。风源系统主要包括空气压缩机组、空气干燥器、主风缸、压力控制器等部件。[广州某地铁线车辆的空气压缩机组安装在A车（拖车）下部，而上海某地铁线车辆的空气压缩机组均安装在C车（动车）下部] 该系统中每辆车上设有4个风缸，其中包括一个主风缸，一个空气悬挂系统（空气弹簧）风缸，一个制动储风缸和一个客室风动门风缸（气动门有此风缸）。

压缩空气是由VV120型空气压缩机产生的，它是用380 V 50 Hz三相交流电机驱动的低噪声的活塞式压缩机，具有结构紧凑、所需维护量小的优点。压缩机单元通过螺旋钢丝以4点悬挂方式弹性安装在构架上，空气压缩机与车体安装设备之间采用软管连接，这样可以使传递给车体的振动降到最低点。为了满足空气系统的含油量和湿度要求，增加气动元件的寿命和可靠性，供风模块装备有一个双塔空气干燥器和一个滤油器。KBGM制动系统的其他设备可通过其空气管路图来了解，如图7-1~7-3所示。

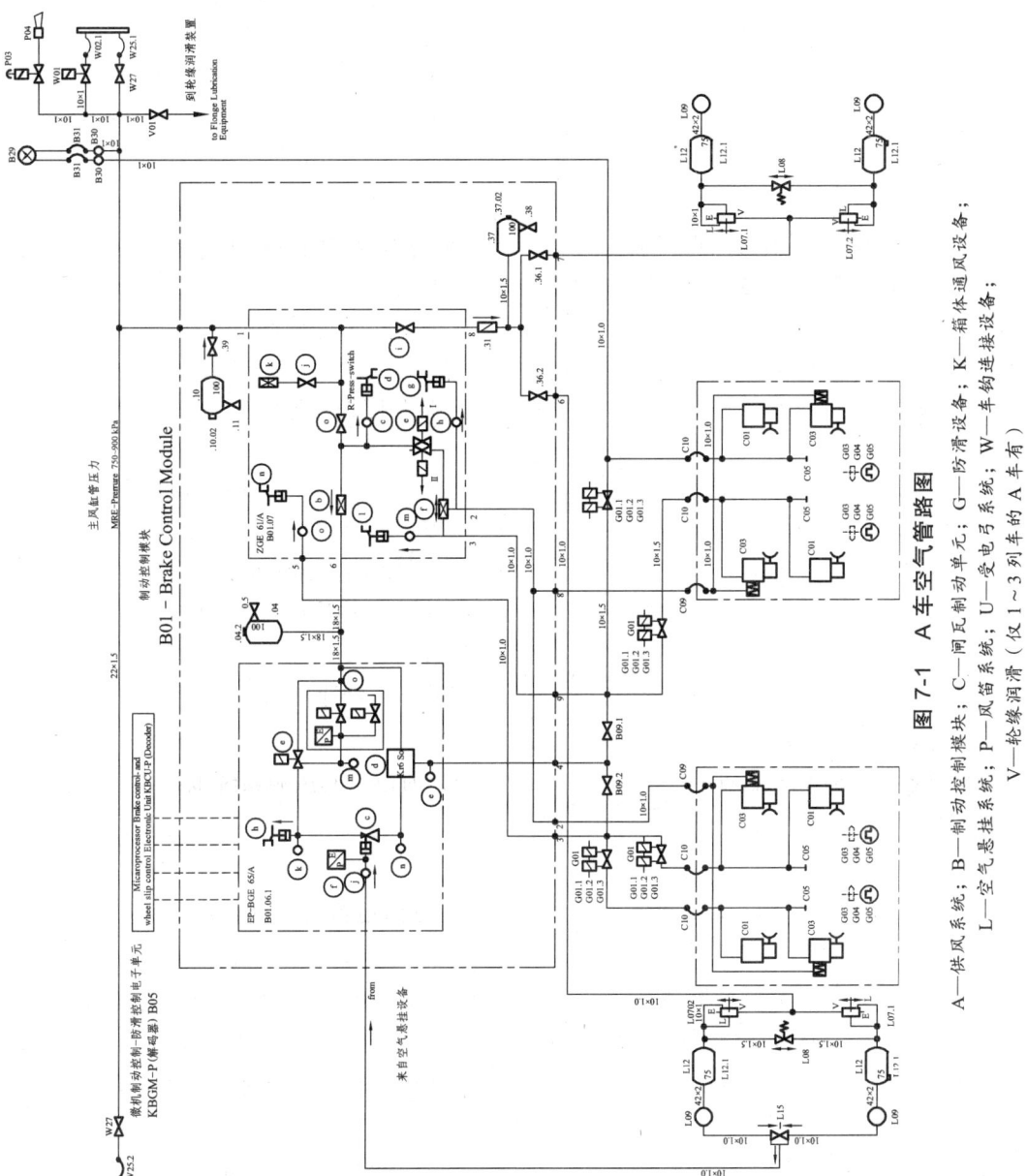

图 7-1 A 车空气管路图

A—供风系统；B—制动控制模块；C—闸瓦制动单元；G—防滑设备；K—箱体通风设备；
L—空气悬挂系统；P—风笛系统；U—受电弓系统；W—车钩连接设备；
V—轮缘润滑（仅 1~3 列车的 A 车有）

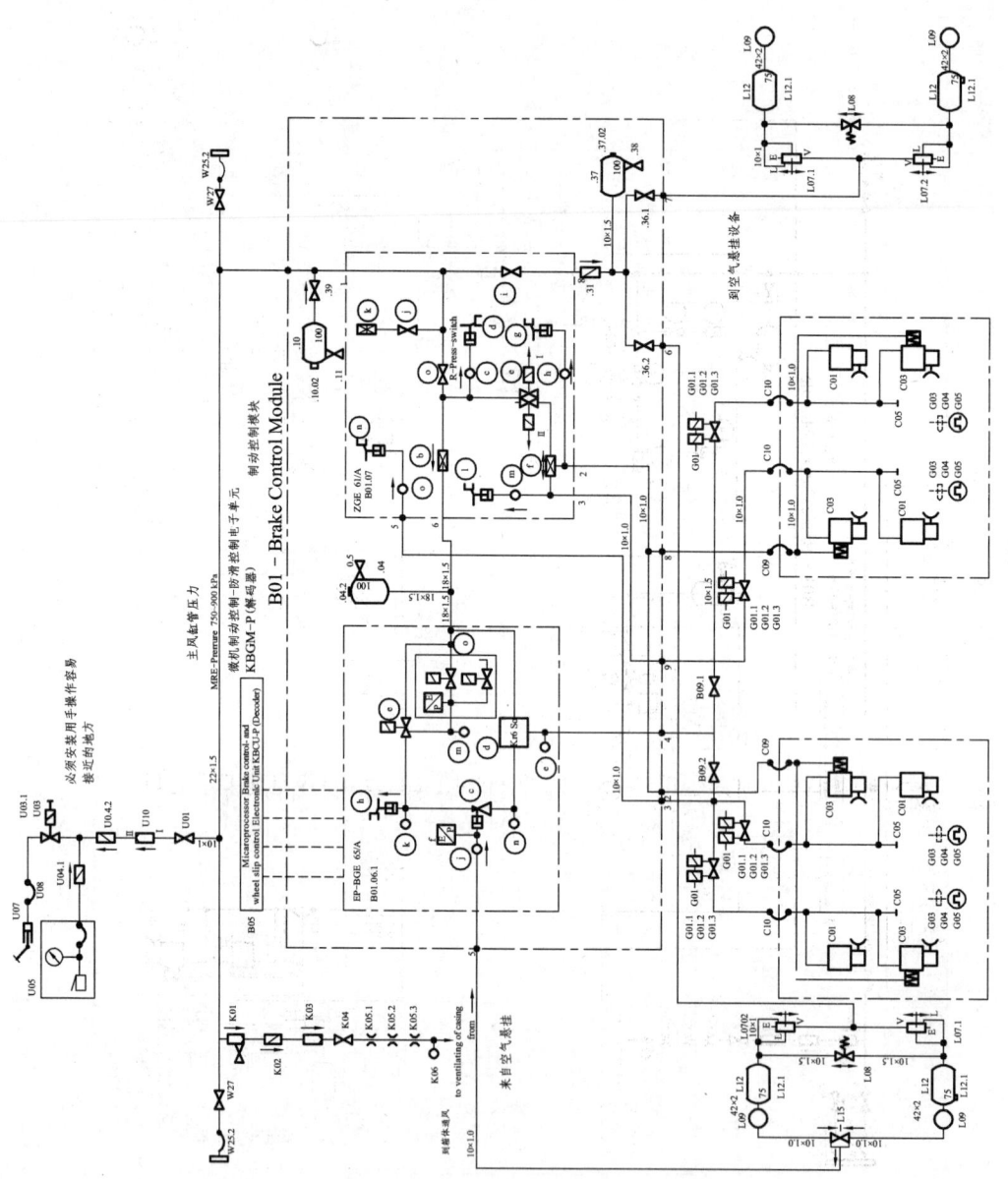

图 7-2 B车空气管路图

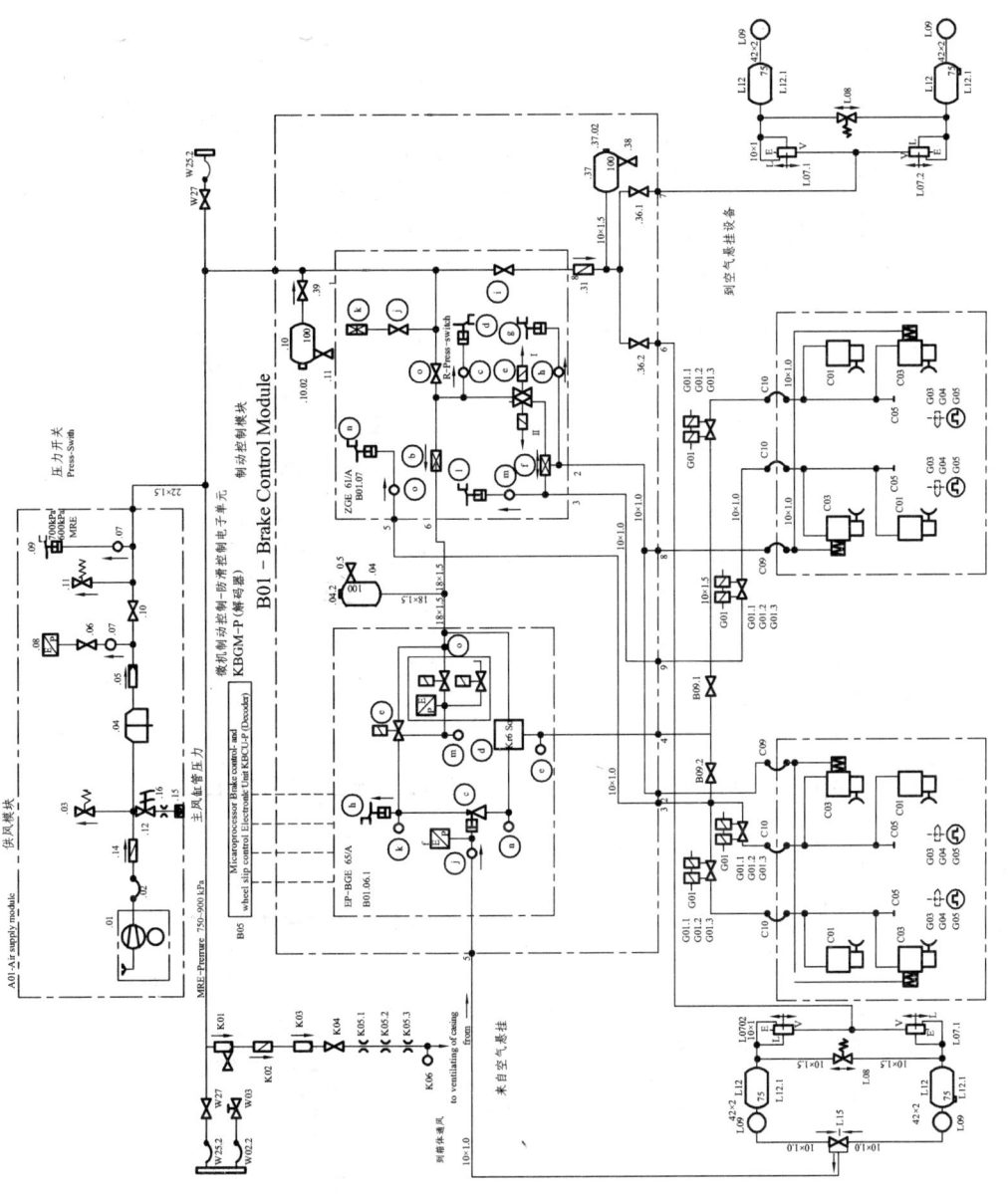

图 7-3 C车空气管路图

第二节 空气制动控制系统各组成的结构及工作原理

控制部分是空气制动系统的核心,由带有防滑控制的电子制动控制单元 EBCU(B05/G02)、空气制动控制单元 BCU(B01.06)、辅助控制单元(B01.07)、部分阀类的集中安装屏等组成。

一、电子制动控制单元 EBCU

制动控制系统有一个用于控制电空制动和防止车轮滑行的微处理机,常称为电子制动控制单元 EBCU,它是空气制动管理控制的核心。制动实施时,它通过 MVB(多功能列车总线)接收各种与制动有关的信号(如制动指令值 PWM 信号、电制动实际值信号、载荷信号等),计算出一个当时所需空气制动力的制动指令,并将其输出给 BCU,BCU 进行空气制动的补充;同时 EBCU 还实时监控每根轴的转速,一旦任一轮对发生滑行,能迅速向该轮轴的防滑阀(G01)发出指令,沟通制动缸与大气的通路,使制动缸迅速排气,从而解除该轮对的滑行现象,实现 EBCU 对各轮对滑行的单独保护控制。此外,制动微处理机控制系统还具有本车的控制系统故障自诊断功能和故障存储功能。

(一)EBCU 的结构

EBCU 的结构如图 7-4 所示。

(二)EBCU 各组成板的结构与功能

1. 主电路板的结构及功能

主电路板安装有应用软件,可以独立工作,起到控制器的作用。主电路板有多个输入/输出接口,以实现其基本功能。

MB03B 的接口说明:FSI1、FSI2、FSI3、FSI4 接口接收并处理相应的速度传感器信号,POP1/2、POP3/4、POP5/6、POP7/8 接收并处理相应防滑阀的释放/保压信号,其余接口闲置。

MB04B 的接口说明:ASI1 接收并处理 C_v 压力传感器的信号,ASI2 接收并处理载荷压力信号,ASI3、ASI4 用于识别该 EBCU 所安装的车型,POP1/2 用于控制模拟转换器的充气/排风,其余接口闲置。

MB04B 板上带有人机界面 MMI,如图 7-5 所示,它有 3 种通信方式:一个 RS232 接口、一个 4 个字符的数字显示器、4 个功能按键。

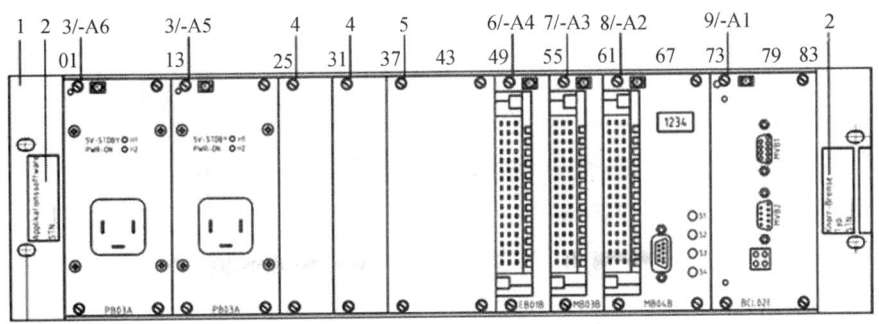

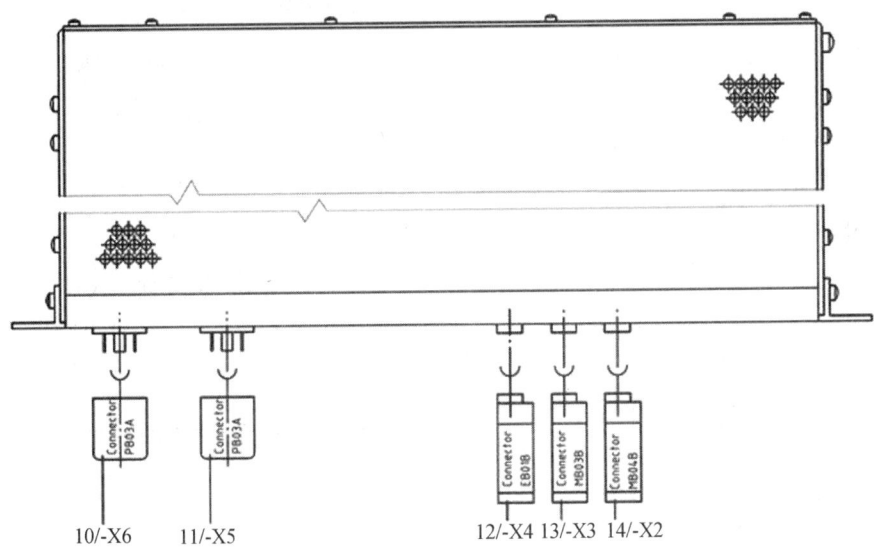

图 7-4 EBCU 结构图

1—机箱体；2—铭牌；3—PB03A 板，即电源板；4，5—备用板插槽，即用于插入备用板进行功能扩展和维护；
6—EB01B 板，即扩展板，包括二进制输入、频率输入和输出、继电器输出；7—MB03B 板，即主电路板；
8—MB04B 板，即带有人机界面（MMI）的主电路板；9—BCL02E 板，即通信板；
10~14—各对应板的连接器

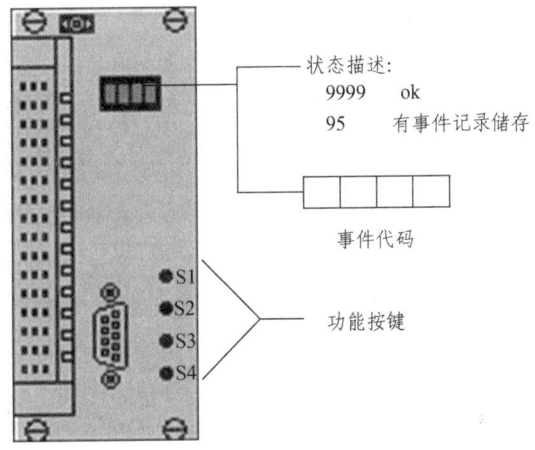

图 7-5 MB04B 板上的人机界面 MMI

2. 扩展板的结构及功能

扩展板（EB01B）安装有基本软件，无应用软件，用于扩充主电路板的输入和输出。

EB01B（Node No. = 3，Mode = 0）的接口说明：BI1/2 接收牵引手柄牵引/制动的信号，BI3/4 接收牵引手柄制动力信号，BI5/6 接收紧急制动环路信号/TRB 信号，FI1 接收 C_v 压力传感器信号，FI2 接收 R 压力开关信号，RO1、RO2、RO3 输出相应故障事件组，RO4 监控超速信号，FO2 输出走行千米信号，其余接口闲置。

3. 电源板的功能

电源板（PB03A）是 EBCU 的基本电源板，可以产生操作 EBCU 系统所需的全部电压，通过电源板前部板连接器把列车蓄电池连接于系统上，通过底板向 EBCU 供电。

4. 通信板的功能

通信板（BCL02E）通常用于连接几个不同的 EBCU 子系统或者外部板，如远程 MMI。它们具有过滤的功能，以减少 EBCU 子系统之间的总线负载。

5. EBCU 控制流程

图 7-6 中部分信号的含义如下：

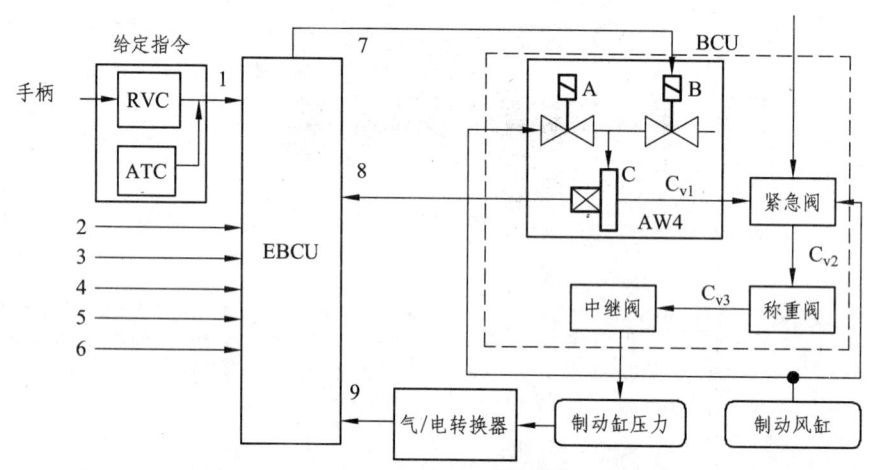

图 7-6 控制流程图

1—制动指令；2—制动信号；3—车辆载荷信号；4—电制动关闭信号；5—紧急制动信号；6—保持信号；
7—需补充的空气制动电指令；8—相应的 C_{v1} 电信号校正；9—制动力反馈信号；
A—充气电磁阀；B—排气电磁阀；C—气电转换器

① 制动指令：微处理机根据减速制动的要求[司机（或 ATC）所给定的]，表示制动减速度大小的指令。

② 制动信号：制动指令中的一个辅助信号，它表示列车将要制动的信息。

③ 车辆载荷信号：来自于空气弹簧，是由空气弹簧传来的表示载荷大小的空气压力，经载荷压力传感器转换而成的电信号，以客室车门关闭时的存储信号为准。

④ 电制动关闭信号：此信号为信息信号，它一旦出现就说明需用空气制动立即替补即将消失的电制动。

⑤ 紧急制动信号：一个安全保护信号，可以跳过 EBCU 的控制直接驱动 BCU 中的紧急阀动作。

⑥ 保持信号：能触发保压制动，防止车辆在停止前的冲动，使车辆平稳地停车。

二、制动控制单元 BCU（B01.06）

制动控制单元 BCU（B01.06）是空气制动的核心，为模块式设计，如图 7-7、7-8 所示。它包括模拟转换阀 a、紧急电磁阀 e、称重阀 c、中继阀 d、载荷压力传感器 f（将载荷压力 T 转换成相应的电信号传输给 EBCU）、压力开关 h 等元件，所有零部件均安装在铝合金集气板上。另外，在集气板上还装置了一些测试口（图中 j、k、l、m、n），因此，要测量各个控制压力和制动缸压力，只要在这块集气板上测试即可。采用这种设计的主要目的是便于集气板的拆卸及更换，这样，在不影响车辆使用性能的情况下即可完成维护检查及大修。

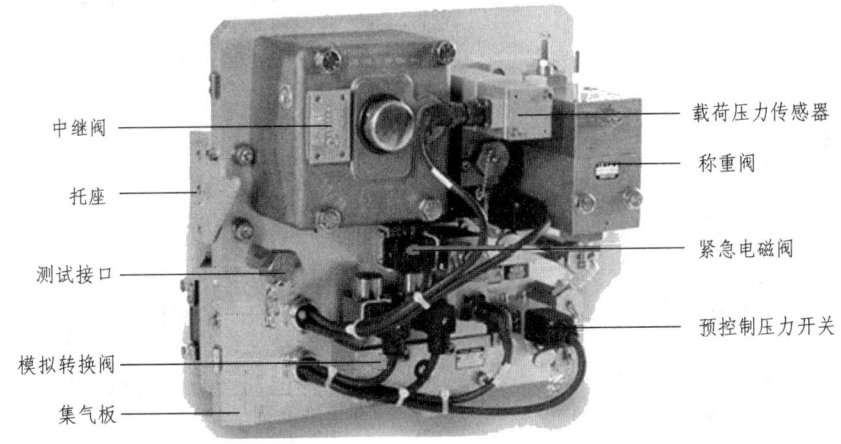

图 7-7　制动控制单元 BCU（B01.06）

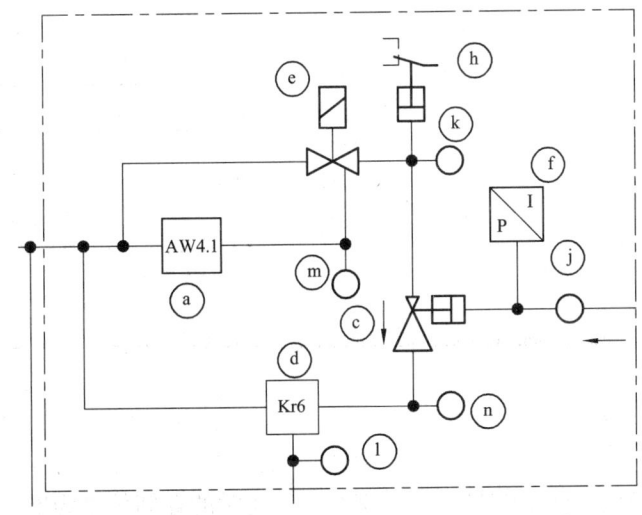

图 7-8　制动控制单元 BCU（B01.06）气路示意图

a—模拟转换阀；c—称重阀；d—中继阀；e—紧急电磁阀；f—载荷压力传感器；
h—C_v 压力开关；j，k，l，m，n—测试接头

BCU 的主要作用是将 EBCU 发出的制动指令电信号通过模拟转换阀 a 转换成与之成比例的预控制压力 C_v。预控制压力是呈线性变化的，同时，它也受到称重阀 c 和防冲动检测装置的检测和限制，再通过中继阀 d 沟通制动主风缸 B04 与制动缸的通路，并控制进入制动缸的压力，最后使制动缸 C1 和 C3 获得符合制动指令的空气制动压力。

（一）模拟转换阀

1. 结　构

模拟转换阀是由一个充气电磁阀、一个排气电磁阀及一个压力传感器组成，如图 7-9 所示。

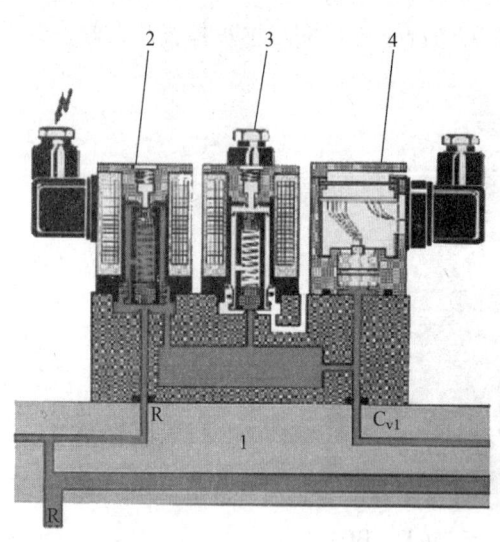

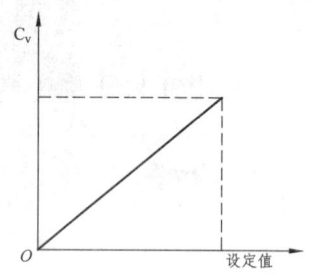

图 7-9　模拟转换阀结构和外观图

1—阀体；R—充气压力；2—充气电磁阀；C_{v1}—预控制压力；
3—排气电磁阀；4—压力传感器

2. 作用原理

当微处理机发出制动指令时，充气电磁阀的励磁线圈得电励磁，克服弹簧反力，打开充气阀，使 R 口输入制动风缸的压力空气，通过充气电磁阀转变成与制动指令相符的压力进入输出端，作为预控制压力 C_{v1} 输出。C_{v1} 一路送向紧急阀 e，同时，另一路送向压力传感器和排气阀。压力传感器将该压力信号转换成相对应的电信号，并反馈回 EBCU，让 EBCU 将此信号与制动指令比较，当它小于制动指令时，则继续开放充气电磁阀；当它大于制动指令信号时，则关闭充气电磁阀并打开排气电磁阀，直到预控制压力 C_{v1} 增高或降低到制动指令的要求为止。此时，充气电磁阀和排气电磁阀同时处于关闭状态。

当微处理机发出缓解指令时，充气电磁阀失电，排气电磁阀得电，R 通路被切断，预控制压力 C_{v1} 通过排气电磁阀排向大气。

（二）紧急电磁阀

1. 结构

如图 7-10 所示，紧急电磁阀是一个电磁阀控制的二位三通阀，它的三个阀口分别通制动风缸（A1）、模拟转换阀输出口（A2）及称重阀输入口（A3）。它主要由空心阀、阀座、弹簧、活塞、活塞杆和电磁阀组成，其中空心阀还起到阀口的作用，而活塞杆顶部做成阀口结构。

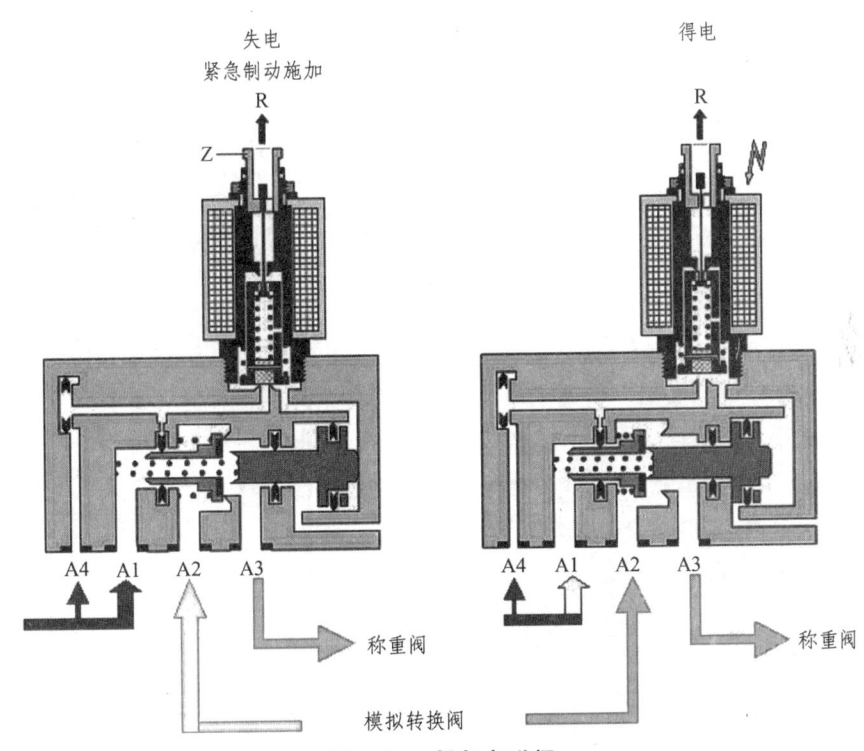

图 7-10 紧急电磁阀

2. 作用原理

在常用制动时，紧急电磁阀得电励磁，阀芯吸起，打开下阀口，由 A4 输入的控制压力空气送入活塞右侧，推动活塞、活塞杆和空心阀左移，一方面关闭制动储风缸 A1，另一方面连通模拟转换阀通路 A2 与称重阀通路 A3 的气路。这时，由模拟转换阀输出的预控制压力 C_{v1} 便可通过紧急电磁阀输出到称重阀 C。当预控制压力 C_{v1} 经过紧急电磁阀时，阀的通道阻力使预控制压力略有下降，这个从紧急阀输出的预控制压力称为 C_{v2}。

在紧急制动时，紧急阀失电，其电磁阀不励磁，电磁阀阀芯在反力弹簧的作用下，关闭下阀口，切断控制用压力空气的通路（A4），活塞右方气室压力空气经电磁阀上阀口排入大气。于是，空心阀在阀弹簧作用下右移，关闭模拟转换阀 A2，而活塞杆在活塞杆弹簧作用下同时右移，顶部离开空心阀，打开制动风缸通路 A1 与称重阀 A3 的通路，制动风缸压力空气越过模拟转换阀而直接进入称重阀。

（三）称重阀

称重阀（B01.06.c）有下列功能：
① 不断监控与车辆实际质量有关的预控压力；
② 施加紧急制动时限制预控压力。

1. 结　构

称重阀的结构如图 7-11 所示，其部分组成含义如下：

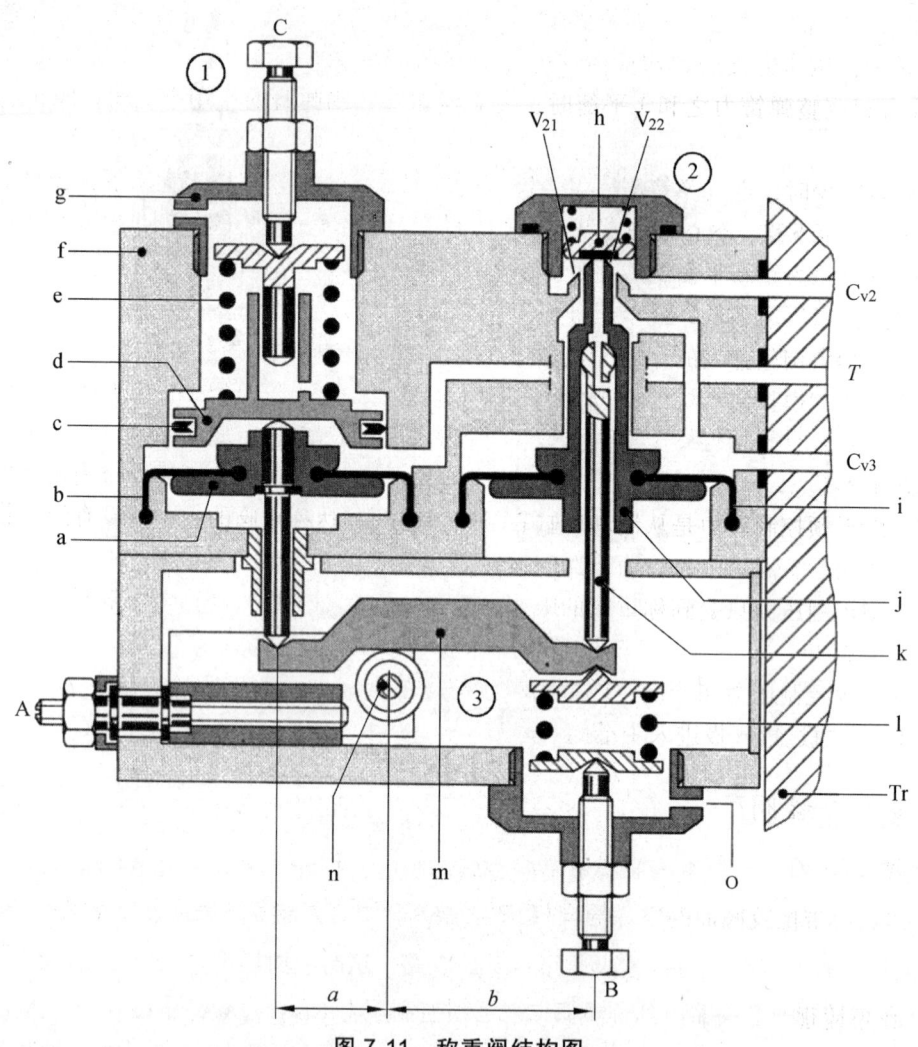

图 7-11　称重阀结构图

①—负载指令部；②—压力调整部；③—杠杆部；a—主动活塞；b—主动活塞膜板；c—克诺尔 K 形环；
d—从动活塞；e，l—调整弹簧；f—阀体；g—螺塞；h—橡胶夹心阀；i—均衡活塞膜板；j—均衡活塞；
k—空心阀杆；m—杠杆；n—支点滚轮；A，B，C—调整螺钉；Tr—气路板；O—排气口；
V_{21}—充气阀座；V_{22}—排气阀座；C_v—预控制压力；T—载荷压力

① 负载指令部：由主动活塞（活塞）、主动活塞膜板、从动活塞、克诺尔 K 形环及调整弹簧、调整螺钉等部分组成；

② 压力调整部：由橡胶夹心阀、均衡活塞、空心阀杆、阀座、调整弹簧和调整螺钉等组成；

③ 杠杆部：由杠杆、支点滚轮和调整螺钉组成。

2. 作用原理

与负载质量成比例的空气压力信号（空气弹簧压力）T 输入到主动活塞的上部，将主动活塞向下推；活塞杆顶在杠杆上，使杠杆左端下降而右端上升，绕支点转动；同时，右侧压力调整弹簧向上的作用力，也推动杠杆右端上升，从而使空心阀杆向上运动，推开夹心阀，开放充气阀口；由紧急阀传来的预控制压力 C_{v2} 经充气阀座成为预控制压力 C_{v3} 并输出到中继阀；同时，该压力被送到均衡活塞上方。当均衡活塞上方空气压力和下方空心顶杆压力（即杠杆力和调整弹簧力之和）平衡时，夹心阀在夹心阀弹簧的作用下关闭，停止向中继阀供风。

当乘客减少时，空气弹簧压力 T 下降，均衡活塞上方的空气压力大于下方顶杆的推力，于是，均衡活塞下移，空心阀杆离开夹心阀，C_{v3} 压力空气经空心阀杆阀口排向大气，直到均衡活塞上下方压力重新平衡，均衡活塞重新上移，关闭排气阀口为止。

当空气弹簧压力很低，甚至因破损而无压力时，从动活塞向上的作用力不足以平衡调整弹簧的力，则由调整弹簧的作用力使称重阀输出压力保持一定的值。

由于克诺尔模拟制动机的模拟转换阀输出的预控制压力是受微处理机控制的，而微处理机的制动指令本身就是根据车辆的负载、车速和制动要求而决定的，因此，在常用制动中，称重阀几乎不起作用，仅起预防作用，以防模拟转换阀控制失灵；其主要作用是在发生紧急制动时，由于预控制压力是从制动风缸直接经紧急阀到达称重阀的，中间没有经过模拟转换阀的控制，而紧急阀也仅仅作为通路的选择，不起控制空气压力大小的作用，所以，在紧急制动时，预控制压力只受到称重阀的限制，即制动风缸空气压力经称重阀限制后作为最大的预控制压力输出。

同样，预控制压力 C_{v2} 流经称重阀时，也受到阀的通道阻力，压力有所下降，成为预控制压力 C_{v3} 并通过集气板进入中继阀。

（四）中继阀

1. 结构

中继阀由带橡胶阀面的空心导向杆、均衡活塞、进排气阀座、弹簧等部分组成，如图 7-12 所示。

2. 作用原理

进入中继阀的预控制压力 C_{v3}，推动具有膜板的活塞（均衡活塞）上移，首先关闭了通向制动缸的排气阀 V_a，然后进一步打开进气阀 V_e，使制动风缸来的压力空气经接口 R 进入中继阀，再经打开的进气阀 V_e、接口 C 充入制动缸，使制动缸压力上升，闸瓦压向车轮，车辆产生制动作用；同时，该压力经节流孔充入均衡活塞上方，平衡下侧压力。当上下两侧压力平衡时，均衡活塞回到平衡位置，导向杆在弹簧压力的作用下重新关闭充气口 V_e，制动缸压力停止上升。

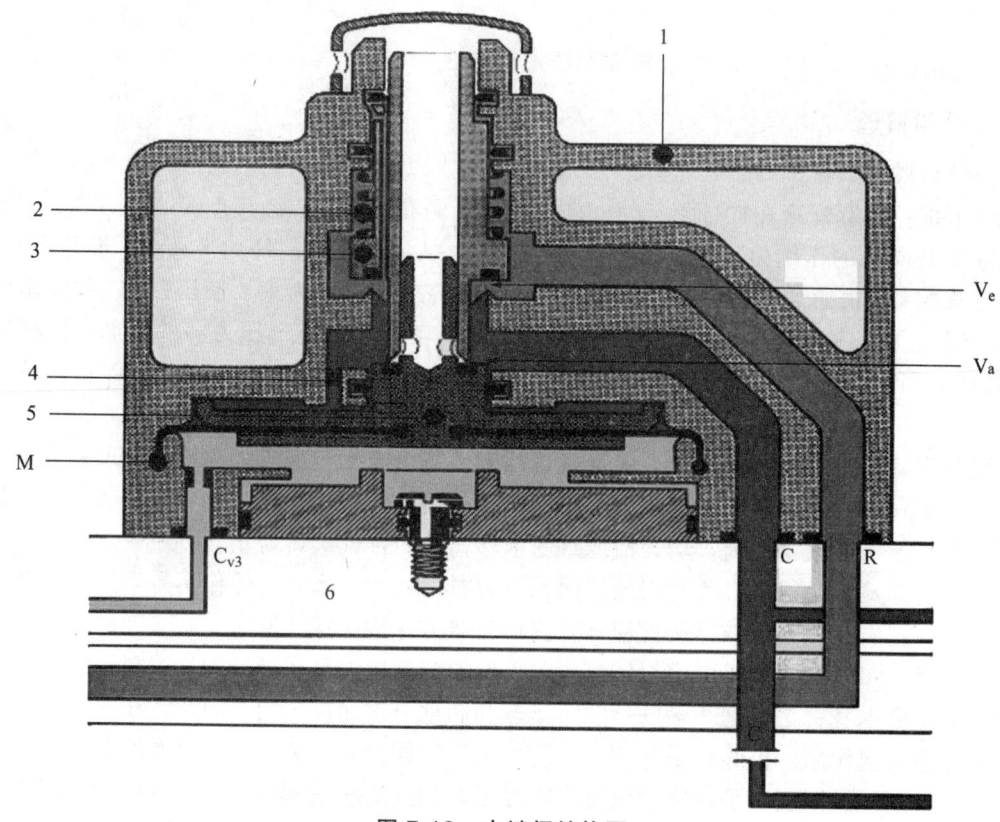

图 7-12 中继阀结构图

1—外壳；2—弹簧；3—空心导向杆；4—节流孔；5—均衡活塞；6—气路板；
M—均衡活塞膜板；V_e—进气阀座；V_a—排气阀座

从上述内容可知，中继阀能迅速进行大流量的充、排气，大流量压力空气的压力是随预控制压力 C_{v3} 的变化而变化的，并且相互间的压力传递比为 1∶1，即制动缸压力与 C_{v3} 相等，从而实现了以小流量压力空气控制大流量压力空气的作用。

同样，模拟转换阀接到微处理机发出的缓解指令后，将排气阀打开，使预控制压力 C_{v1}、C_{v2}、C_{v3} 均通过此阀向大气排出。由于 C_{v3} 压力空气排出，中继阀活塞在其上方制动缸压力空气作用下下移，于是，中继阀中的进气阀关闭，而排气阀打开，使各制动缸的压力空气经开启的排气阀排出，列车得到缓解。

（五）制动控制单元 BCU 的工作原理

制动控制单元 BCU 的工作原理如图 7-13 所示。

1. 常用制动

电-空模拟转换阀（A）将电子制动控制单元（EBCU）的载荷制动力指令信号转换成预控制压力 C_v，并流向紧急阀（E），然后经紧急阀（E）流向称重阀（C），再经称重阀流向中继阀（D），使中继阀（D）进气阀打开，制动风缸的压力空气经由中继阀（D）进气阀向制动缸充气，从而形成制动。

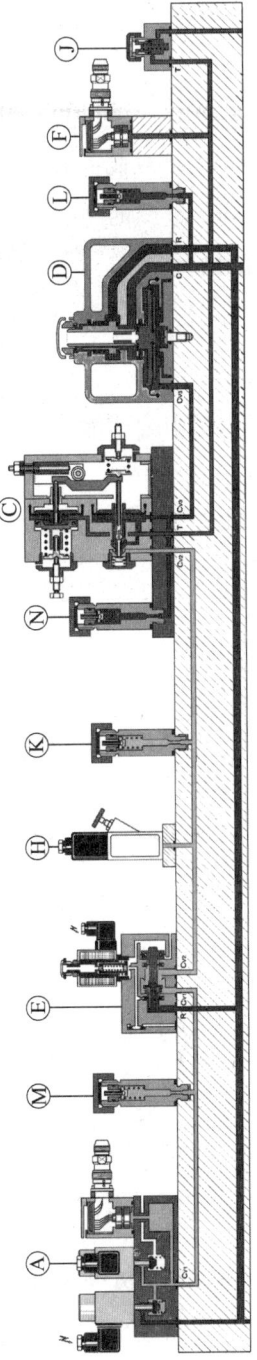

图 7-13 制动控制单元 BCU 的气路图

A—模拟转换阀；C—称重阀；D—中继阀；E—紧急电磁阀；F—压力传感器；
H—C_v 压力开关；J、K、L、M、N—测试接头

在由于载荷压力传感器（F）不工作而引起的空气悬挂信号失效的情况下，制动指令将由 BECU 产生一个 AW3 的载荷条件。在没有空气弹簧压力 T 的情况下，常用制动根据 AW3 载荷值执行。

2. 紧急制动

在紧急制动工况下，通过列车线传输的紧急制动控制回路断开，紧急电磁阀（B01.06e）失电，并打开 R 压力端口，从制动风缸传来的压力空气直接流向称重阀（C）和中继阀（D），使中继阀（D）进气阀打开，经由中继阀（D）进气阀向制动缸充气，从而形成紧急制动。与载荷有关的称重阀根据载荷的大小限制送到中继阀的预控制压力的大小，在没有空气载荷压力 T 的情况下，紧急制动根据 AW3 载荷值执行。

三、辅助控制单元

辅助控制单元 ACU 是一些阀类元件的集中安装屏，这些元件都安装在一块铝合金的气路板上，如同电子分立元件安装在印刷线路板上一样，便于安装、调试与维修。

辅助控制单元的主要组成元件及其功能如图 7-14 所示。

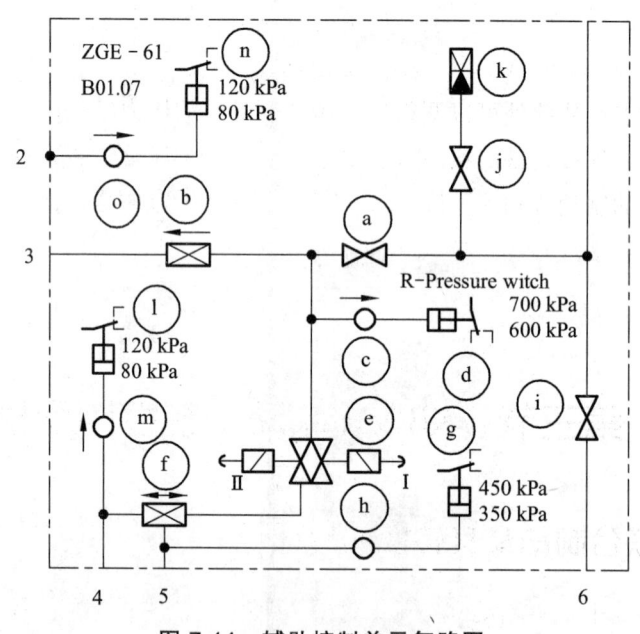

图 7-14 辅助控制单元气路图

（a）截断塞门：可用来切除制动系统管路与主风管的通路，便于测试与检修。

（b）止回阀：来自主风缸管路的压缩空气经过止回阀进入制动储风缸，防止主风缸压力下降时压缩空气倒流回主风缸。

（c）压力测试点：从此处可以测得主风管压力。

（d）压力开关：通过检测列车 MRE 压力来确保列车在 MRE 的压力低于 600 kPa 时能自动安全运行。如果 MRE 压力低于 600 kPa 而车辆正在运行，那么车辆将在下一站停车，启动连锁作用阻止车辆的运行；如果车辆静止时 MRE 的压力低于 600 kPa，则启动连锁作用立即阻止车辆运行；当 MRE 的压力高于 700 kPa 时，启动连锁自动撤销。

（e）脉冲电磁阀：一个二位三通阀，用于控制停放制动的施加与缓解。

（f）双向阀：防止常用制动与停放制动同时施加时造成制动力过大。

（g）压力开关：用于监控停放制动的状态。当压力低于 350 kPa 时，停放制动指示灯（蓝灯）亮，表示停放制动已施加；当压力高于 450 kPa 时，停放制动指示灯（蓝灯）灭，表示停放制动已缓解。

（h）压力测试点：从此处可以测得停放制动的压力。

（i）截断塞门：可用来切除空气弹簧控制系统管路与主风管的通路，便于测试与检修。

（j）截断塞门：可用来切除车间外接供气管路与主风管的通路。

（k）车间外接供气快速接头：用于车间供气。

（l）压力开关：用于监控转向架 2 常用制动的状态，当压力低于 80 kPa 时，表示常用制动已缓解；当压力高于 120 kPa 时，表示常用制动已施加。

（m）压力测试点：从此处可以测得转向架 2 制动缸的压力。

（n）压力开关：用于监控转向架 1 常用制动的状态，当压力低于 80 kPa 时，表示常用制动已缓解；当压力高于 120 kPa 时，表示常用制动已施加。

（o）压力测试点：从此处可以测得转向架 1 制动缸的压力。

辅助控制单元与外接设备的接口方式是：接口 1 与主风管相连，接口 2 与一位端转向架的踏面单元制动器的制动缸相连，接口 3 与制动储风缸 B04 相连，接口 4 与二位端转向架的踏面单元制动器的制动缸相连，接口 5 与踏面单元制动器的弹簧制动缸相连，接口 6 通往空气弹簧。

第三节　KBGM 制动系统控制原理

一、电空联合制动及其转换的原理

在常用制动模式下，电制动和空气（摩擦）制动一般都处于激活状态。主控制器产生的制动指令参考值信号 SD，通过脉宽调制转换器，转换成 PWM 信号传送给各车的 DCU 和 EBCU，DCU 首先产生电制动，同时向本车及 A 车的 EBCU 发出三个信号，如图 7-15 所示，各车 EBCU 根据此信号及 PWM 信号，判断电制动能否满足车辆制动要求。如电制动力不足（包括产生滑行、故障等），则同时计算需要补充的空气制动力，并向 BCU 中的模拟转换阀发出空气制动指令值信号，模拟转换阀据此产生相应的制动缸压力。一般情况下［车辆载荷 AW2 以下，速度 8 km/h（可调）以上］，电制动能完全满足车辆制动要求。

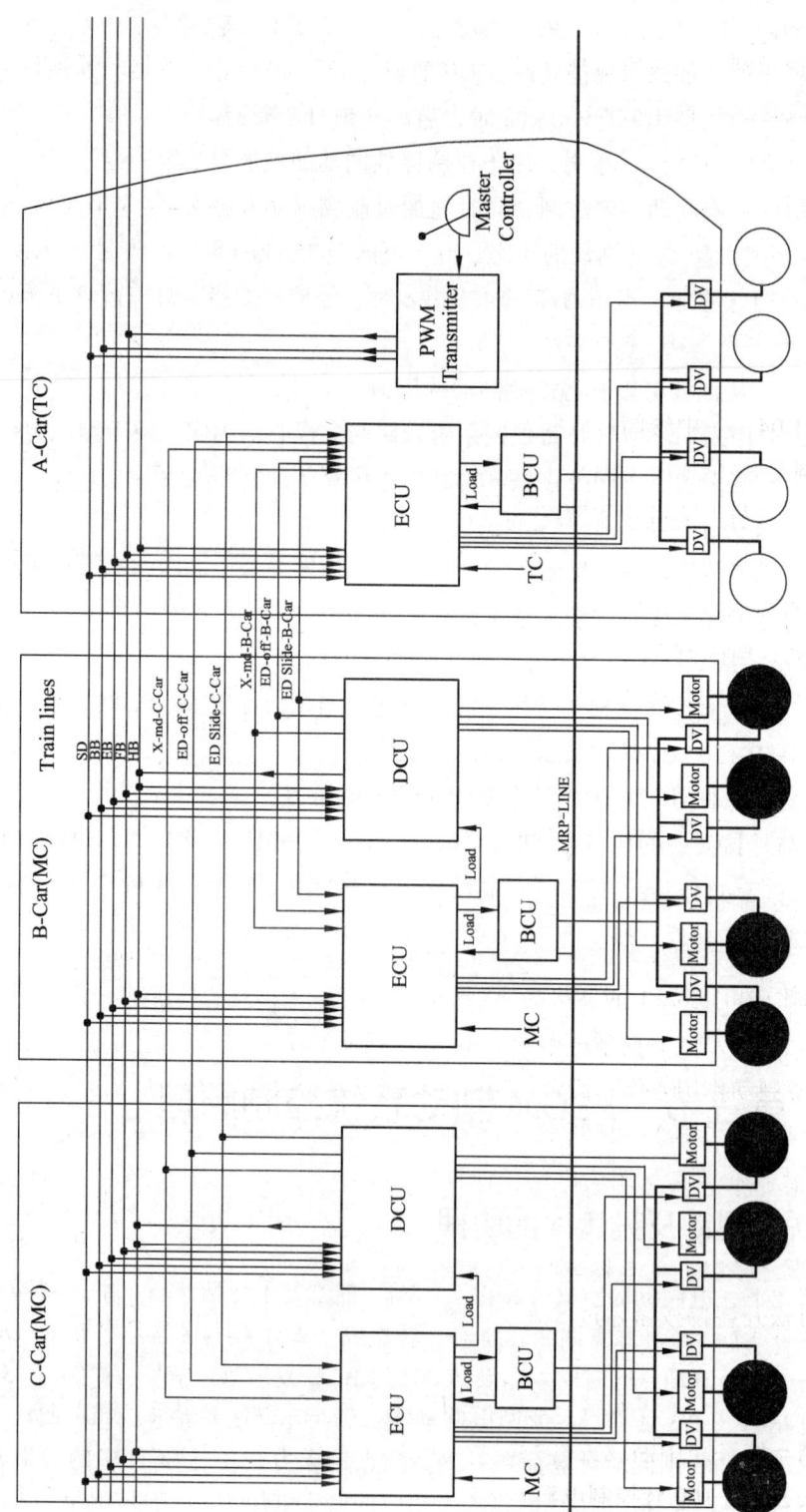

图 7-15 半列车制动控制原理图

TC—拖车；MC—动车；SD—制动指令参考值；BB—常用制动；EB—紧急制动；FB—快速制动；HB—保压制动；X-md—电制动实际值；ED-off—电制动关闭；ED Slide—电制动滑行

二、常用制动作用原理

当司机操纵主控制器手柄实施常用制动，或由 ATC 系统实施常用制动时，常用制动的指令信号通过列车总线送给每辆车的 ECU（EBCU）单元，ECU 单元对列车总线送来的常用制动指令信号、牵引系统的电制动力大小信号及通过检查空气弹簧压力所得到的代表载荷大小的信号等，进行综合计算后，得到一个需要补充空气制动电指令信号。此电指令信号送入 BCU 单元的模拟转换阀 AW4，并由 AW4 将电指令信号转变成相应的空气指令信号（它是通过闭环进行控制的）C_{v1}，C_{v1} 空气指令信号又通过紧急制动电磁阀（B01.06.e）变成 C_{v2}，通过称重阀（B01.06.c）后变成 C_{v3}，最后去控制中继阀（B01.06.d）动作，并经中继阀控制开通，其过程如下：

制动风缸（B01.04）→中继阀→截断塞门（B09.1 或 B09.2）→防滑电磁阀（G01）→制动软管（C10）→制动缸（C01、C03），再由制动缸产生常用空气制动作用。

注意：快速制动时与上述过程相同。

在常用制动时，对于动车，在电制动力能满足列车制动的要求时，整列车优先采用电制动，而此时动车不但要承担本车的制动力，还要以电制动力的形式承担拖车所需的制动力；当电制动（再生制动、电阻制动）力不能满足列车制动的要求时，则由拖车和动车补充空气制动力，但电制动力与空气制动力之和（列车要求的总制动力）应等于 EBCU 电指令信号所要求的制动力。

三、紧急制动作用原理

当司机操纵 2S08 或 ATC 实施紧急制动时，紧急电磁阀失电，产生以下一系列紧急制动过程：如图 7-1～7-3 所示，直接开通制动风缸（B01.04）→紧急电磁阀（B01.06.e）→称重阀（B01.06.c）→中继阀（B01.06.d）的气路，并由中继阀动作，直接开通制动储风缸（B01.04）→截断塞门（B09.1 和 B09.2）→防滑电磁阀（G01）→软管（B10）→制动缸（C01、C03）的气路，从而实施紧急制动作用。停车后紧急制动的缓解通路为制动缸（C01、C03）→制动软管（B10）→防滑电磁阀（G01）→截断塞门（B09.1 或 B09.2）→中继阀（B01.06.d）→大气。

为了安全，紧急制动回路采用失电制动的形式，即一旦失电，立即产生一个紧急制动过程。

当出现下列情况之一时，列车将实施紧急制动：

① 人工驾驶时松开警惕按钮超过 5 s；
② 按下紧急制动按钮 2S08；
③ 列车脱钩；
④ 紧急电气列车线环路中断或失电；
⑤ 制动系统失去 DC 100 V 控制电源；
⑥ ATC 系统发出紧急制动指令（如超速）。

四、停放制动作用原理

如图 7-1～7-3 所示,当司机按压停放制动施加按钮 2S06 时,停放制动电磁阀(B01.07e)K1 动作,产生以下一系列停放制动过程:开通 C03 的停放制动缸→软管(C09)→双向阀(B01.07f)→停放制动电磁阀(B01.07e)→大气的通路,从而停放制动得以施加。当司机按压停放制动缓解按钮 2S05 时,停放制动电磁阀 K2 动作,产生以下一系列缓解过程:开通主风缸(B01.10)→停放制动电磁阀(B01.07e)→双向阀(B01.07f)→软管(C09)→C03 的停放制动缸充气通路,从而停放制动得以缓解。

习题

1. KBGM 制动系统制动力的分配原则是怎样的?
2. 简述 KBGM 制动系统的电子制动控制单元 EBCU 的作用。
3. 制动控制单元 BCU 上都有哪些设备?
4. 简述模拟转换阀的工作原理。
5. 简述紧急电磁阀的工作原理。
6. 简述称重阀的工作原理。
7. 简述中继阀的工作原理。
8. 简述制动控制单元 BCU 的工作原理。
9. 叙述 KBGM 模拟式电气指令制动系统常用制动的作用原理。
10. 叙述 KBGM 模拟式电气指令制动系统紧急制动的作用原理。

第八章　KBWB 模拟式电气指令制动系统

第一节　概　述

KBWB 制动系统是由英国 Westinghouse 公司生产的模拟式电气指令制动系统，它通过列车总线贯通整个列车，形成连续回路。该模拟制动系统的操作是采用电控制空气、空气再控制空气的控制方式。制动的电指令是利用脉冲宽度调制，能进行无级控制。

KBWB 制动系统制动力的分配原则是：拖车空气制动滞后补足控制。优先采用电制动，如果电制动不够，则先补动车（B 车、C 车）的空气制动（在黏着允许的条件下），若制动力还不够，则再补拖车（A 车）的空气制动。

KBWB 制动系统也是由动力制动系统、空气制动系统及指令和通信网络系统组成。

空气制动系统的制动控制模块、风源系统和空气悬挂供给设备安装在钢结构底架上，底架安装在车辆的底部，如图 8-1 所示。A 车配有风源系统和制动控制模块（A1），B 车和 C 车配有制动控制模块（B2 和 B1）。

A 车空气压缩机（A2.1）产生的压缩空气经过双塔式空气干燥器（A2.3）过滤，再经主风管储存到主风缸中（A6.7）。压缩机（A2.1）的控制是通过制动控制电子单元 BCE（A6.9）来实现的。一个压缩机作为主压缩机，另一个压缩机作为辅助压缩机。A 车上的 BCE 接收来自 FIP 的当天那个主压缩机的信号，信号以每天为基础进行更换。如果一个压缩机能够满足整列车压缩空气的需求，另一个压缩机就不工作；如果一个压缩机不能满足列车的需求，并且空气压力下降到 700 kPa 以下，则另一台压缩机启动。每个组合模块配有一个压力传感器（A2.8），它连接在主风管上，用于检测主风管的压力并且传送信号给 BCE；BCE 根据压力传感器（A2.8）在不同压力下的信号来启动和关闭压缩机，使总风缸的压力维持在 840 kPa 到 950 kPa 之间。主风缸是通过安全阀来保护的，安全阀防止在控制失败的情况下主风缸压力过高。

主要的制动控制设备都组合在制动控制面板上（A6.6），这个面板是模块的重要组成部分。在制动控制面板（A6.6）上还安装有压力测试接点（A6.6.3），便于检查、维修。

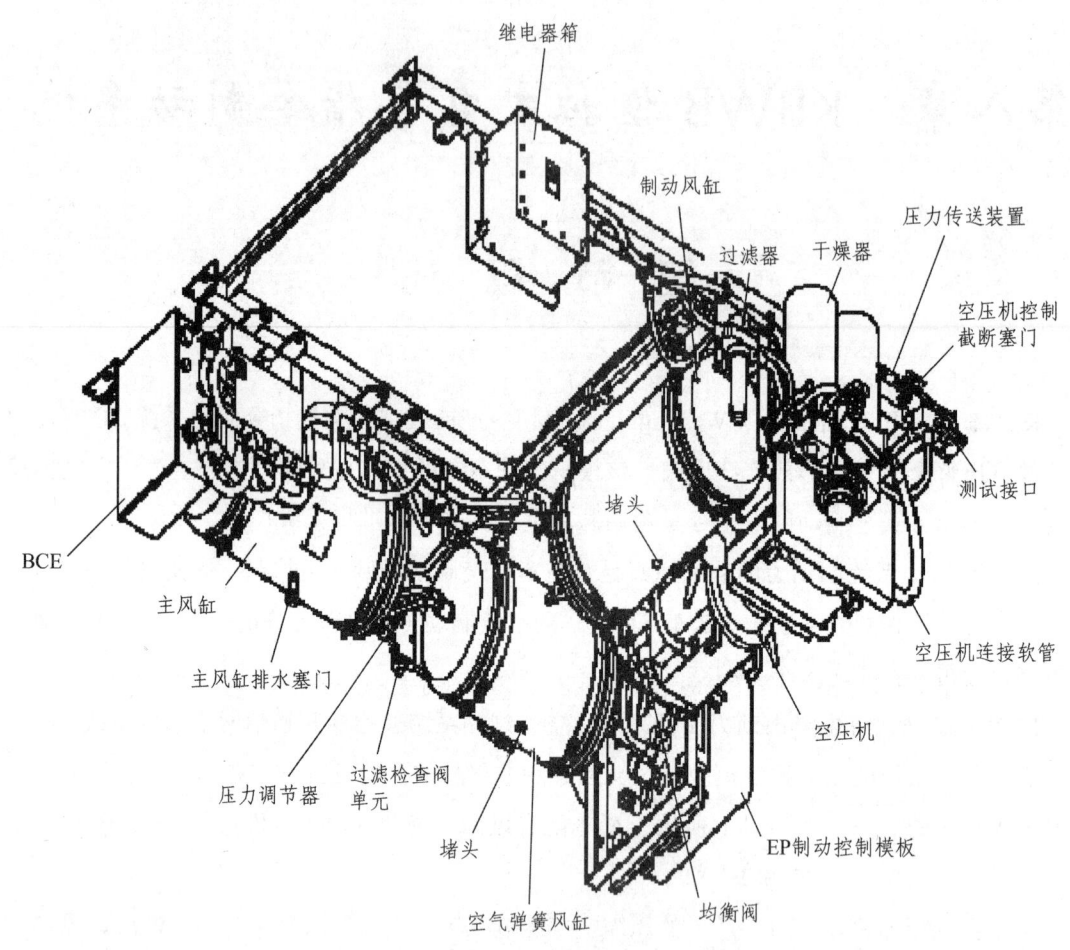

图 8-1 风源系统和制动控制模块

所有模块都包括制动控制面板（A6.6）、主风缸（A6.7）、制动风缸（A6.3）和空气弹簧风缸（A6.12）。模块还装有继电器箱（A6.15），A车的继电器箱内有压缩机接触器、电机继电器（A6.15.4）、低压风缸继电器（A6.15.3）、牵引互锁和制动保护继电器（A6.15.2）及停放制动保护继电器（A6.15.1）。B车和C车的继电器箱内仅安装了牵引互锁和制动保护继电器以及停放制动保护继电器。

KBWB制动系统的其他设备通过其空气管路图来了解，如图 8-2～8-6 所示。

KBWB制动系统气路图各代号见表 8-1。

第八章 KBWB 模拟式电气指令制动系统

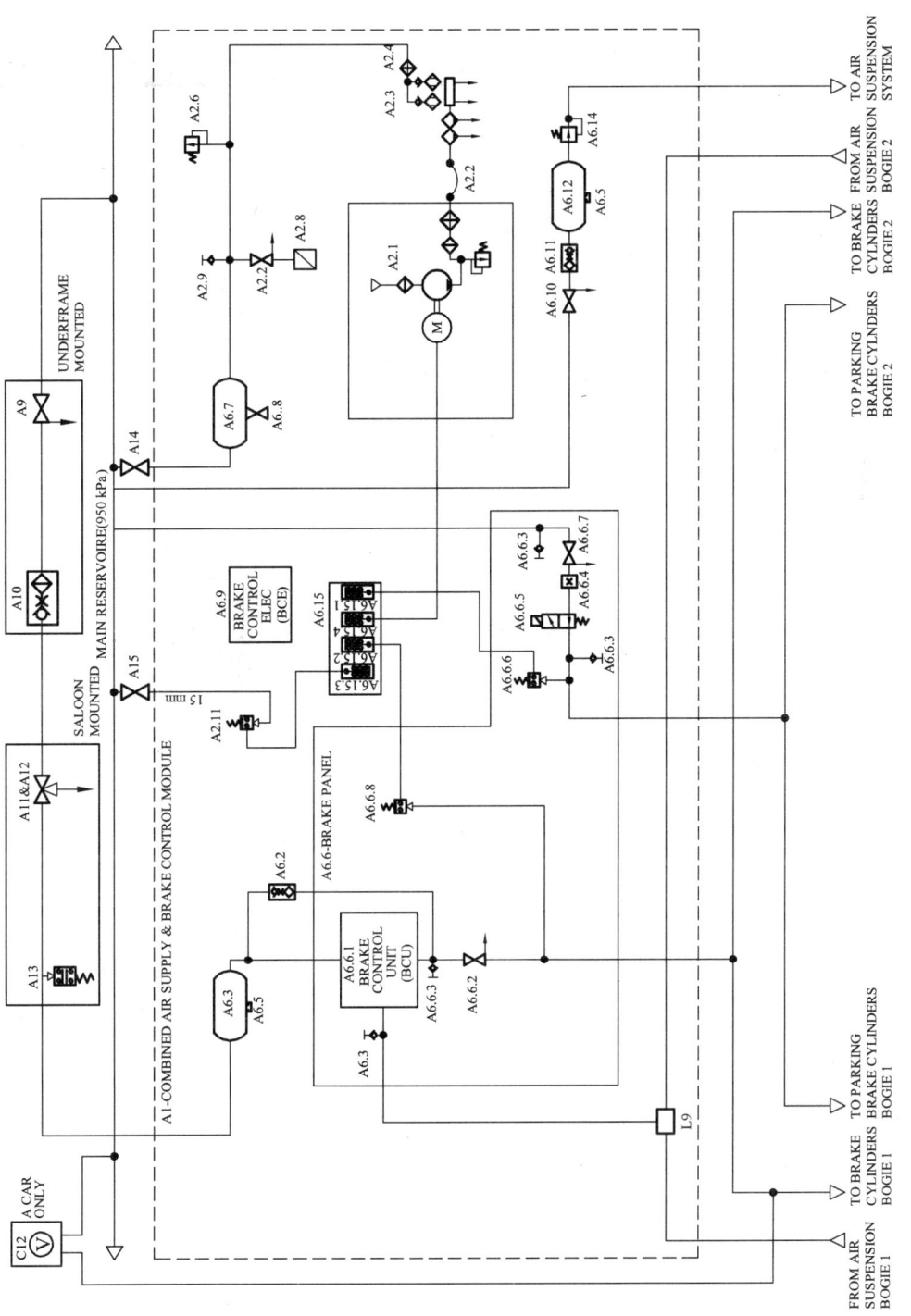

图 8-2 A 车气路图

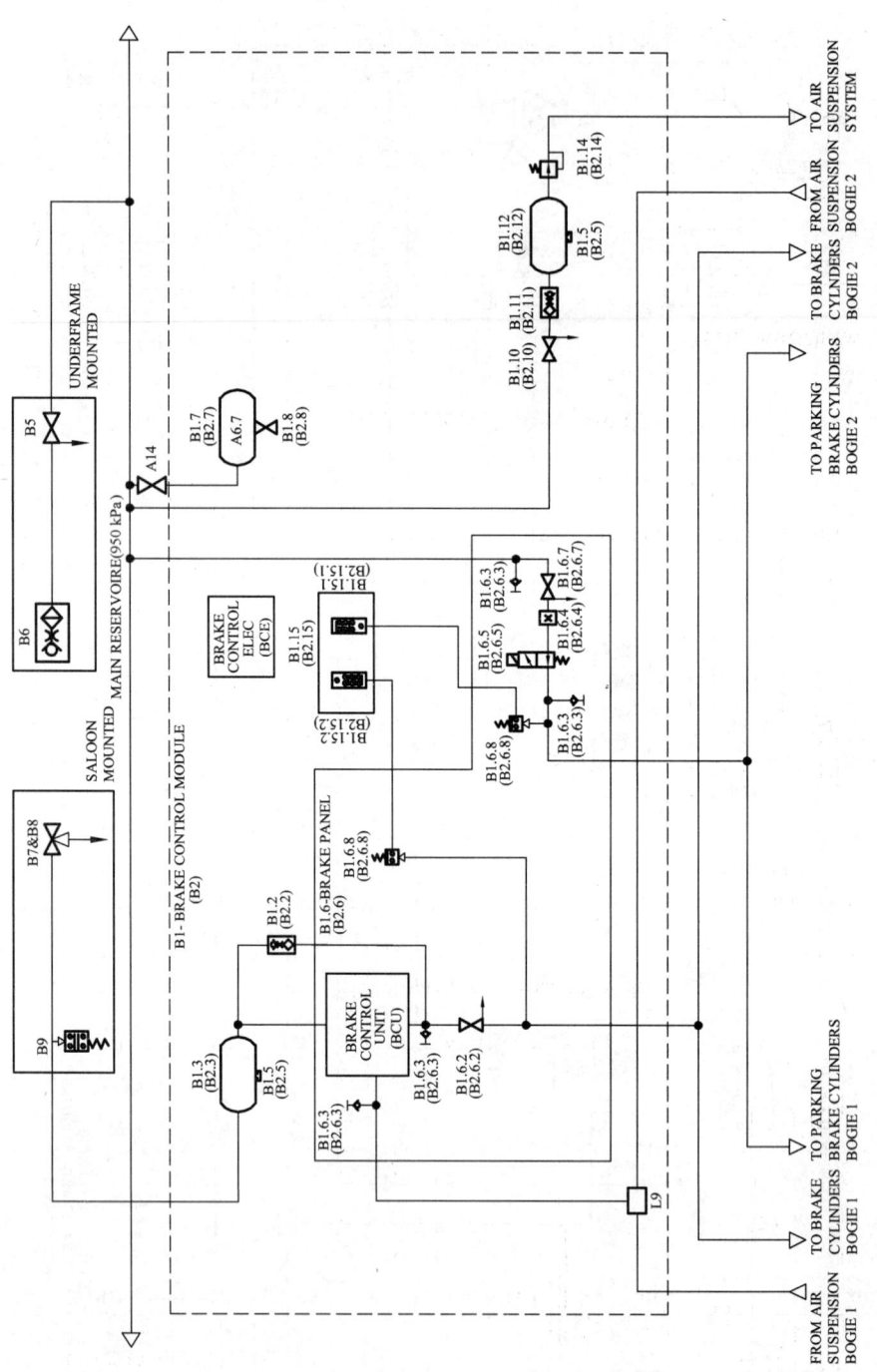

图 8-3 B 车气路图

第八章 KBWB模拟式电气指令制动系统

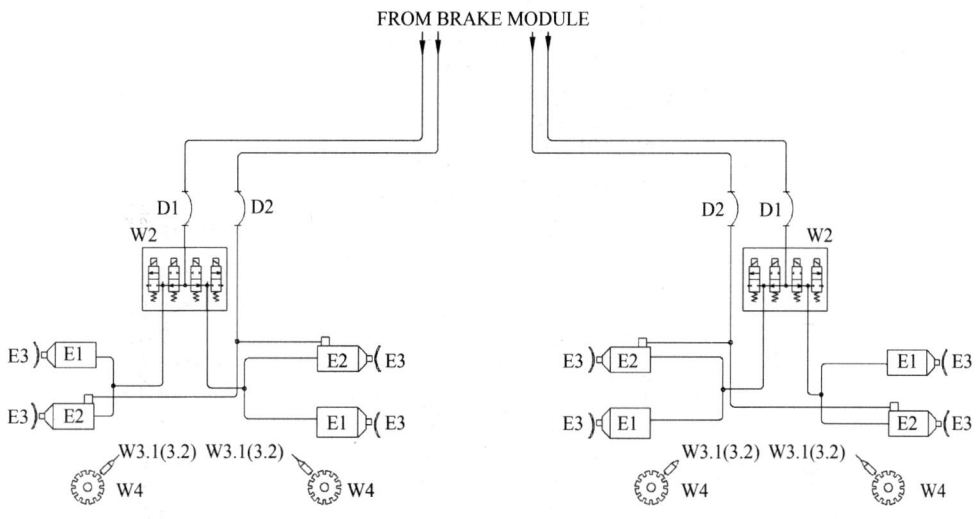

图 8-4 基础制动装置气路图

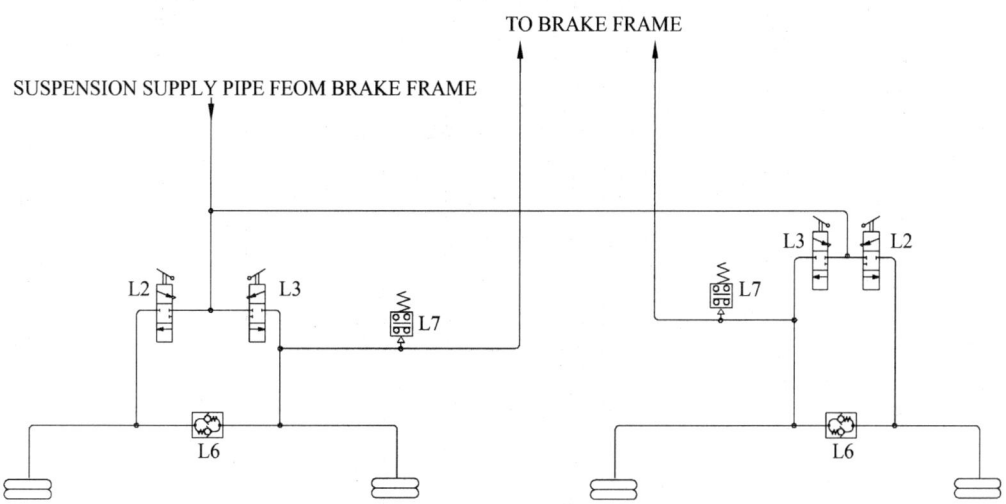

图 8-5 空气弹簧系统气路图

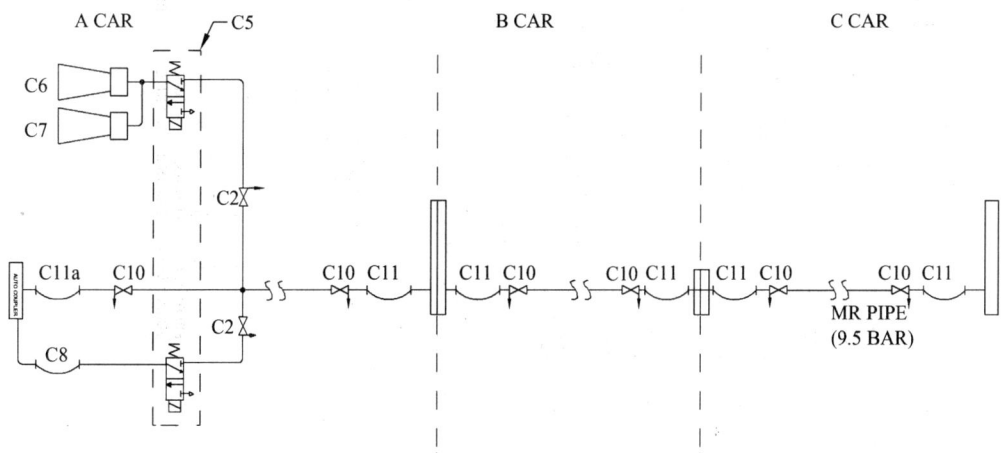

图 8-6 风笛及车钩连接装置气路图

表 8-1 A车气路图各代号的含义

代号	名称	代号	名称
A1	空气供给和制动控制组合模块	A6.7	总风缸
A2.1	压缩机	A6.8	总风缸排水塞门
A2.2	压缩机传输软管	A6.9	制动控制电子单元（BCE）
A2.3	空气干燥器	A6.10	空气弹簧风缸截断塞门
A2.4	过滤器	A6.11	滤尘止回阀单元
A2.6	总风缸安全阀	A6.12	空气弹簧风缸
A2.7	截断塞门	A6.14	压力调节器，700 kPa
A2.8	压缩机压力传感器	A6.15	继电器箱
A2.9	测试接头	A6.15.1	停放制动保护继电器
A2.11	低压总风缸压力开关	A6.15.2	牵引/制动互锁保护继电器
A6.2	滤尘止回阀单元	A6.15.3	低压总风缸继电器
A6.3	制动风缸	A6.15.4	压缩机接触器和监控继电器
A6.5	排水堵头	A9	制动风缸截断塞门
A6.6	制动控制面板	A10	滤尘止回阀单元
A6.6.1	制动控制单元	A11	三通阀
A6.6.2	制动缸截断塞门	A12	组合管接头
A6.6.3	测试接口	A13	制动缓解压力开关
A6.6.4	停放制动保护阻气门	A14	截断塞门-总风缸
A6.6.5	停放制动电磁阀	A15	截断塞门-低压总风缸控制器
A6.6.6	停放制动保护压力开关	C12	双针压力表，MR/BC
A6.6.7	停放制动截断塞门	L9	均压阀
A6.6.8	制动保护压力开关		

第二节 空气制动控制系统

一、制动控制电子单元BCE（A6.9）

BCE是装在各车辆制动控制模块中的微处理器，为制动命令信号、BCU和牵引控制单元提供接口。其功能如下：

（1）BCE接收车辆的空气弹簧平均压力信号，并根据该信号计算出该车辆制动所需的制动力，同时将反映车辆质量的载荷信号传送给FIP系统，拖车质量的信号通过FIP传送到动车的BCE和牵引控制单元，动车的载荷信号也通过PWM线传送到相应的牵引控制单元。

（2）BCE控制本车常用制动的空气制动部分，根据不同的载荷压力提供不同的制动缸压力，如果采用动力制动，BCE将提供动力制动和空气制动混合制动所需的接口，使它形成一个完整的制动系统。

（3）BCE通过接收到的速度传感器信号进行逻辑判断，从而对轮对的滑行进行控制。

（4）BCE 具有健康检测和故障诊断功能，并且该信息将通过 FIP 数据总线传递给 TIMS 系统（一条数据线也可连接到便携式 PC 机，进行诊断和简易维护）。

（5）BCE 也提供空气压缩机的控制和监测及空气干燥器的控制和健康监测。

二、EP 制动控制面板

在空气制动系统中，压力空气的供给组合模块上（A1）及制动模块（B1、B2）上各有一个 EP 制动控制面板，三者之间的唯一不同点在于 BCU，而 BCU 的不同主要是因为车辆质量的不同。

EP 制动控制面板包含一个铝合金气路板，所有的组成部件都安装在它的上面。一个涂了灰色油漆的罩子安装在铝合金气路板的前面，用以保护一些设备，其结构如图 8-7 所示。

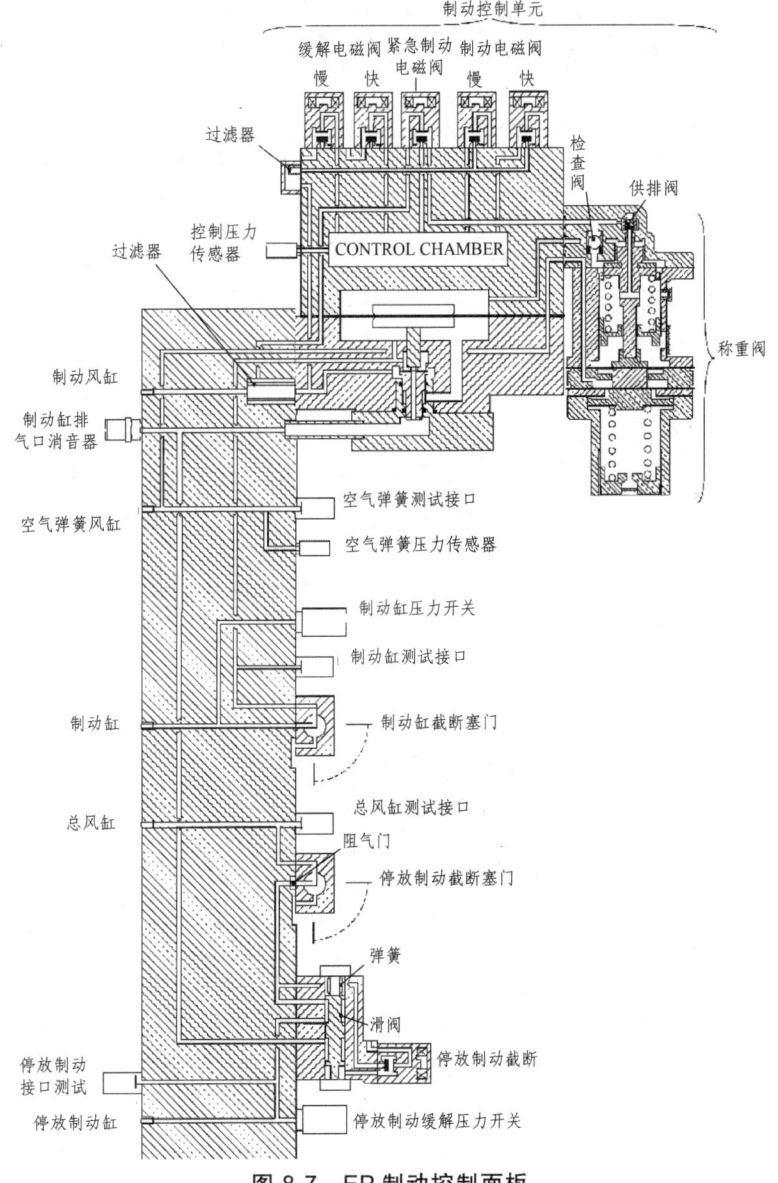

图 8-7　EP 制动控制面板

三、制动控制单元（BCU）

如图 8-8 所示，制动控制单元（A6.6.1）安装在 EP 制动控制面板（A6.6）上，它的 3 个不同的变量反映了 3 辆不同质量的车的设计要求。唯一的差异在称重阀上，而其他部件的结构和工作原理都是相同的。

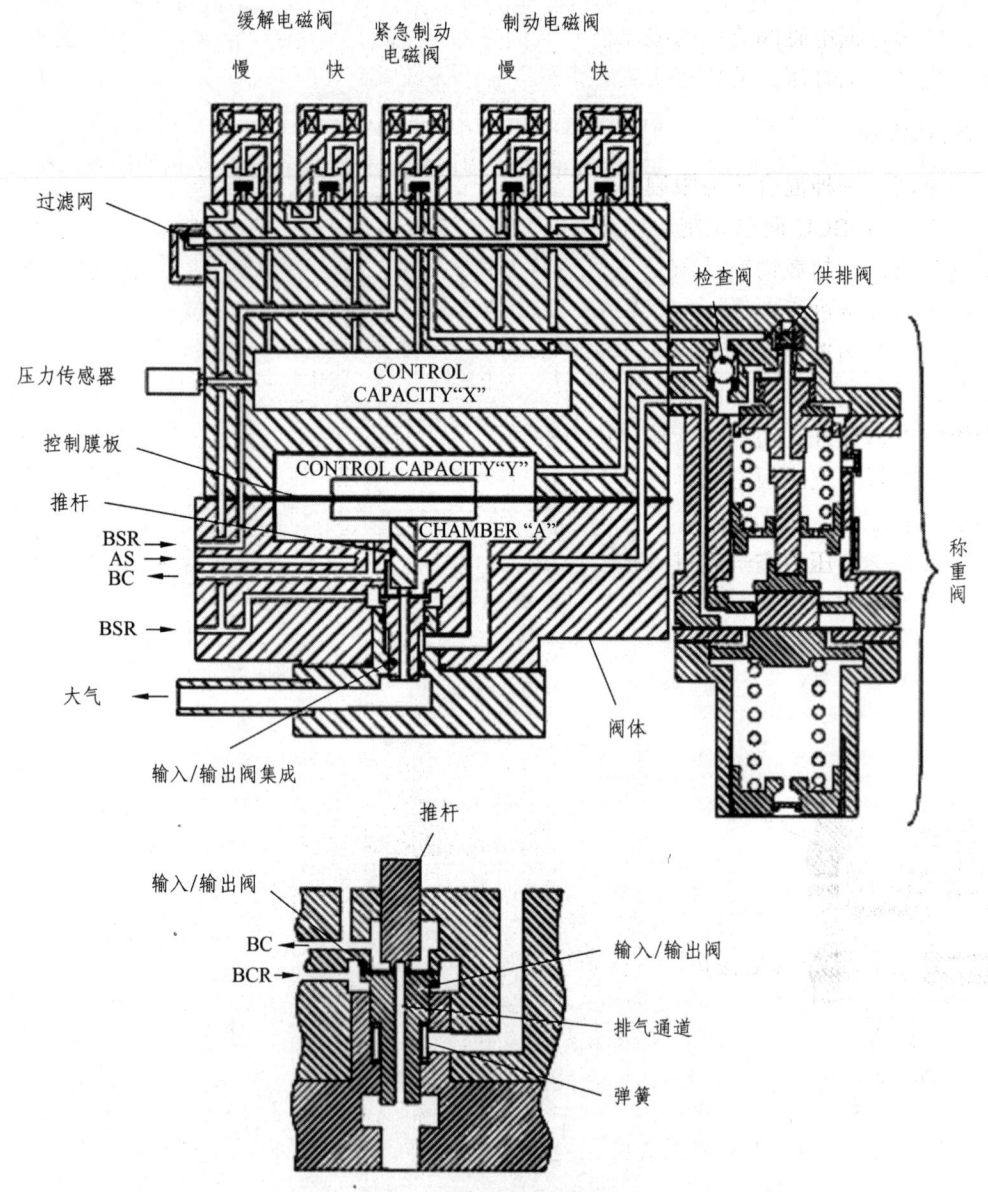

图 8-8 制动控制单元

在常用制动时，制动控制单元主要根据 BCE（A6.9）追加的空气制动信号来控制制动缸的压力。紧急回路失电时，产生与本车辆载荷相应的紧急制动。下面简单介绍制动控制单元（A6.6.1）各部件的功能。

1. 制动和缓解电磁阀

制动控制单元（A6.6.1）通过制动和缓解电磁阀来改变控制压力。控制压力经由控制室 X 和称重阀到中继阀的控制室 Y，来自控制室 X 的压力信号经压力传感器反馈到 BCE 实现闭环控制。

2. 中继阀

中继阀根据电磁阀响应的输出压力（控制压力）来改变制动缸的压力。这是一个大的容积阀，提供制动缸压力的快速实施和缓解。

3. 称重阀

称重阀是一种混合压力限制装置，它根据来自空气弹簧系统的控制压力信号（车辆的载重信号），限制 BCU 向单元制动机输出的空气压力。如果空气弹簧压力信号因各种原因消失，称重阀就假定为超载情况，BCU 就给出最大超载信号使列车紧急制动。称重阀有三种规格，可根据车辆载重进行选择。

称重阀的构造如图 8-9 所示，其上部有一个进排气阀，与紧急电磁阀连通。来自制动储风缸的压力空气通过紧急电磁阀进入进排气阀的进气阀座。进排气阀下是一个输出口，通往控制腔室 Y，此外，还有一个输出压力室和一个检测阀与输出口相通。阀体中间是两个膜板腔室，主膜板与上膜板之间是排气腔室，里面有一个可上下移动的排气杆。排气杆中间有排气通道，并有一个主弹簧使其具有恒定向上的作用力。上膜板与下膜板之间是一个控制腔室，来自空气弹簧的压力空气就进入这个控制室；下膜板下也有一个活动阀片，有个偏置弹簧使它具有向上的作用力。

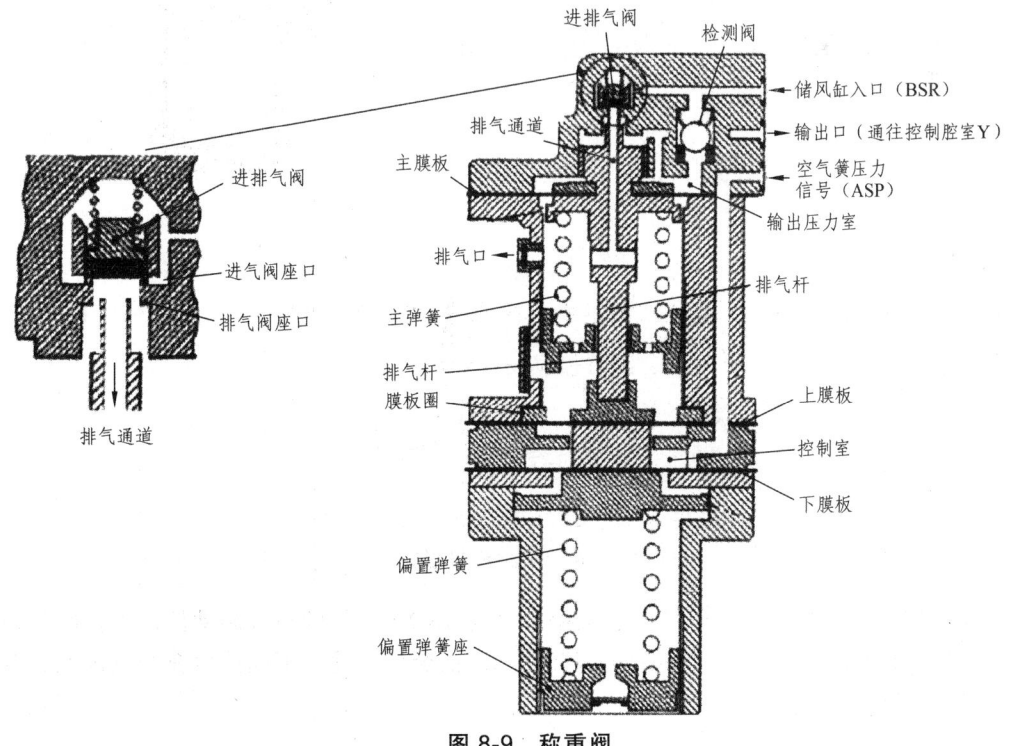

图 8-9 称重阀

当称重阀无来自空气弹簧压力信号时,上膜板和下膜板都与中间一个滑动块密贴无间隙,因此,偏置弹簧、活动阀片、滑动块、上膜板、主弹簧、主膜板和排气杆叠加在一起,形成一个向上的力,使排气杆的排气阀座口顶开进气阀,从紧急电磁阀来的压力空气就通过进气阀座口进入输出压力室,并通过输出口进入控制腔室 Y。这时,进入控制腔室 Y 的空气压力最大,可产生最大紧急制动力。

当称重阀有来自空气弹簧的压力信号时,上膜板和下膜板都与中间滑动块分离,它们之间充满压力空气。压力空气对下膜板和偏置弹簧有向下的反作用力,对上膜板和排气杆仍有向上的作用力,但作用力减小,并与空气弹簧压力信号成正比。这时,进入控制腔室 Y 的空气压力随空气弹簧压力变化而变化,可以产生与车辆负载成正比的制动力。

4. 紧急制动电磁阀

紧急制动电磁阀接收来自紧急制动指令线的命令信号。当电磁阀得电时,来自控制室 X 的控制压力被允许通过称重阀进入中继阀;当紧急控制线路失电时,紧急电磁阀失电,允许制动风缸的压力空气通过称重阀直接进入中继阀,称重阀给紧急制动控制提供一个和载重成比例的控制压力。

5. 压力传感器

两个压力传感器安装在制动控制单元(A6.6.1)上。它们提供空气弹簧压力信号(用于载荷校正)和"X"容积室压力(制动缸控制压力)信号,并反馈到 BCE。

四、制动控制单元(BCU)的工作原理

1. 常用制动

如图 8-10 所示,常用制动时,来自制动控制电子单元的控制信号激发两个常用制动电磁阀,并且打开它们,同时,缓解电磁阀得电来关闭"X"控制室到大气的气路,于是,制动风缸的压力空气进入"X"容积室。这个压力通过压力传感器反馈给制动控制电子单元。如果反馈压力和需求的制动压力相等,则制动电磁阀失电,截断制动风缸与"X"容积室的气路,"X"容积室的制动控制压力通过紧急制动电磁阀进入称重阀,再通过称重阀进入制动控制单元的"Y"控制室,"Y"控制室内的空气压力使膜板下移,压下推杆使进气阀打开,导致制动风缸向制动缸充气。输出压力是通过控制膜板下方的"A"控制室来控制的,当输出压力使膜板处于平衡状态时,进气口和排气口都关闭,制动缸保压。

如果要减小制动力,则制动控制电子单元使两个缓解电磁阀失电,并通过它们降低"X"容积室的空气压力。来自"Y"室的压力空气通过称重阀减压,导致控制膜板被迫上移并且带动中继阀推杆,这样就打开了排气阀,制动缸向外排气,直到制动缸的压力下降到与"Y"室压力相等时为止。

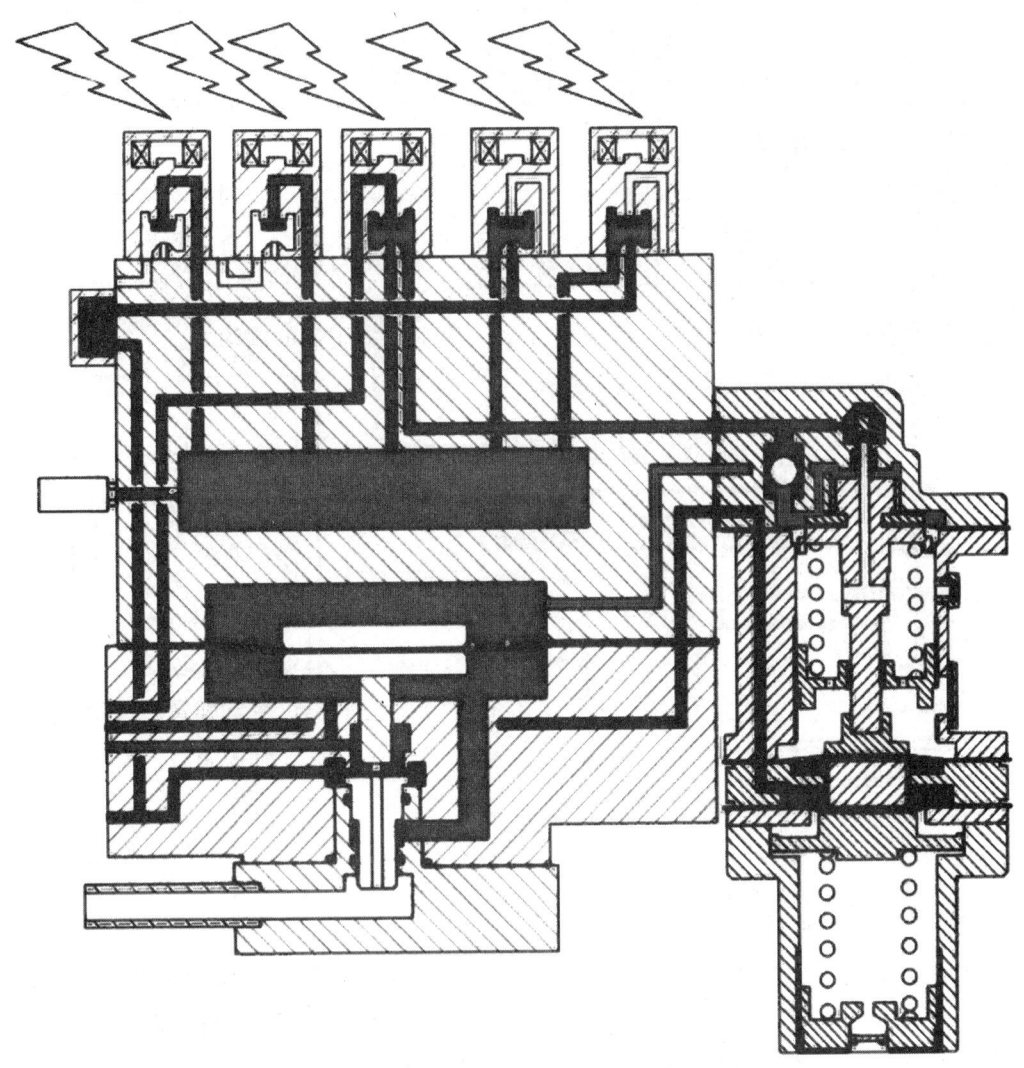

图 8-10 常用制动原理图

2. 紧急制动

如图 8-11 所示，紧急制动时，紧急电磁阀失电，关闭"X"容积室与称重阀的气路，接通制动风缸与称重阀的气路。称重阀输出与本车辆载荷相应的控制压力到"Y"控制室，使膜板下移。膜板的移动压下推杆，迫使进气阀打开，使制动风缸向制动缸充气，输出压力也传递到"A"室。当输出压力使膜板处于平衡状态时，进气口和排气口都关闭，制动缸保压。

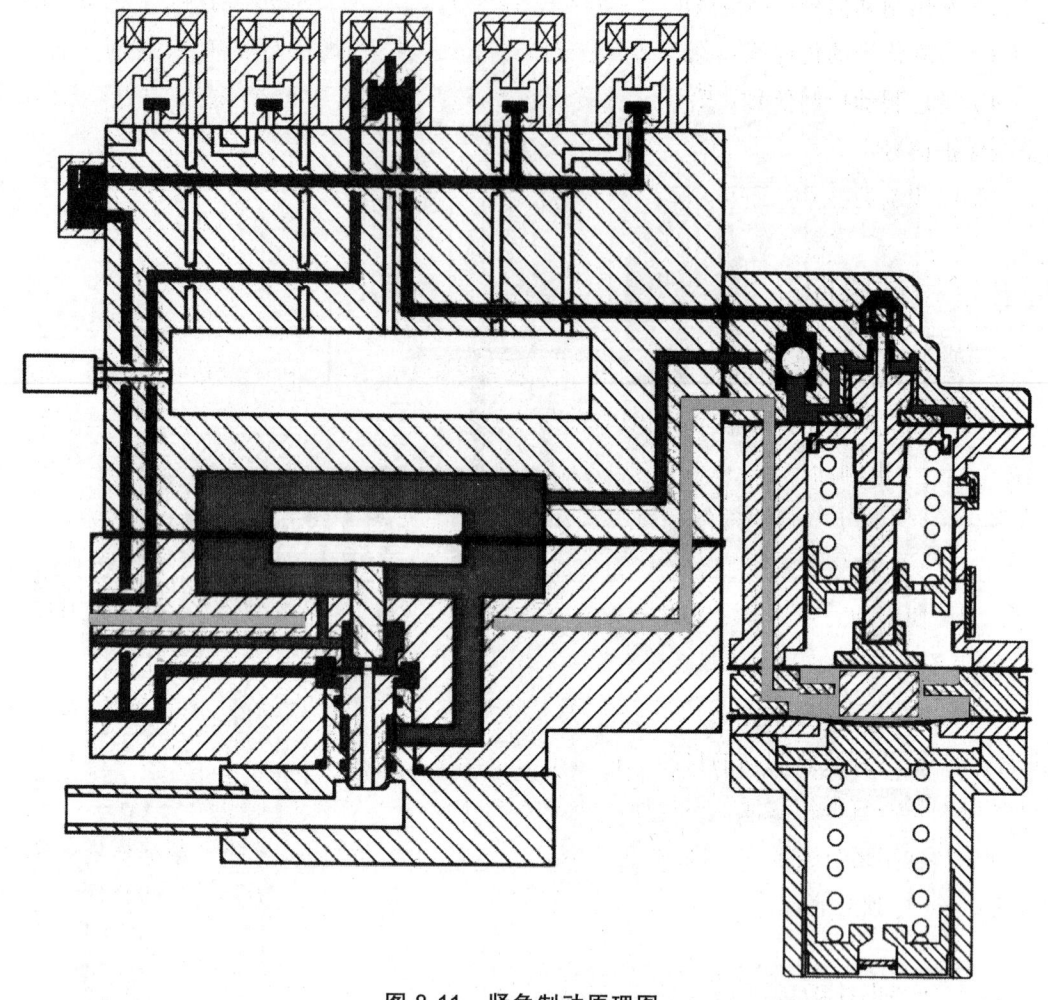

图 8-11 紧急制动原理图

第三节 KBWB 制动系统控制原理

KBWB 模拟式电气指令制动系统采用模拟电-空联合制动控制方法,其控制原理如图 8-10、8-11 所示。电气指令由驾驶台上的司机控制器 DCH 发出,采用 PWM 方式调制,能进行无级控制,每个 BCE 控制同一节车的两个转向架。

一、输入信号

(1)制动指令:根据司机手柄的位置由 Encode 编码器下达的指令,是两个脉宽调制的信号(2PWM)。

（2）常用制动信号：高电平时保持制动命令，防止车辆停车前的冲动，使车辆平稳停车。

（3）负载信号的传递线：拖车载重信号将通过 FIP 线传输到动车的 BCE 装置。

（4）紧急制动控制信号：跳过电子制动控制信号系统，直接驱动 BCU 中的紧急阀动作的安全保护信号。

（5）停放制动信号：防止车辆在停止时溜车。

二、控制原理

（1）司机控制器或 ATO 发出制动信号，制动列车线被激活，控制制动力大小的电流信号被编码器编译成两个 PWM 信号，由 PWM 列车线输出，发出制动指令。动车 PCE/BCE 及拖车 BCE 经过对电制动信号、电制动实际值和电制动滑行等的综合计算后进行判断：如果运行速度在 18 km/h 以上，使用的制动模式是以电制动为主，以空气制动为辅的控制模式。

（2）PWM 信号触发牵引系统单元的逆变元件，使所有电机作为发电机运行，产生电制动力，为了使制动力效果最好，同时兼顾冲击极限的限制。若电制动能力不够，则追加空气制动力。

（3）当司机手柄上发出最大制动力指令时，制动列车线被激活，它将提供最大制动力（快速制动），达到紧急制动的目的（1.3 m/s^2 的减速度）。除非列车线 LV 被设为低电平，否则快速制动将一直保持激活，但快速制动是可逆的。

（4）当列车运行速度在 18 km/h 以下时，电制动消退，BCU 发出空气制动指令，制动控制功能由 BCU 独立完成。

三、控制过程

KBWB 模式电气指令制动系统的控制过程如图 8-12 所示。

1. 常用制动和快速制动的实施

制动控制电子单元（BCE）和牵引控制电子单元（PCE）同时接收来自牵引和制动列车线的信号，并根据这些信号判定列车的运行工况。列车制动时，BCE 和 PCE 会同时接收到双份 PWM 制动减速度脉宽调制信号（一个来自 PWM1，一个来自 PWM2），并判断这两个信号的大小，取其中较大值作为制动减速度需求值。拖车 BCE 则根据本车载重计算出所需制动力的大小，但是此时拖车 BCE 控制本车的 BCU 只施加一个极小的制动力（仅使闸瓦刚好接触车轮踏面，并不加到需求压力），同时通过 FIP 网络向动车 PCE 发送本车的载重信号（PWM），动车 PCE 根据动车的载重再加上 50% 的拖车载重计算出所需的电制动力的大小。

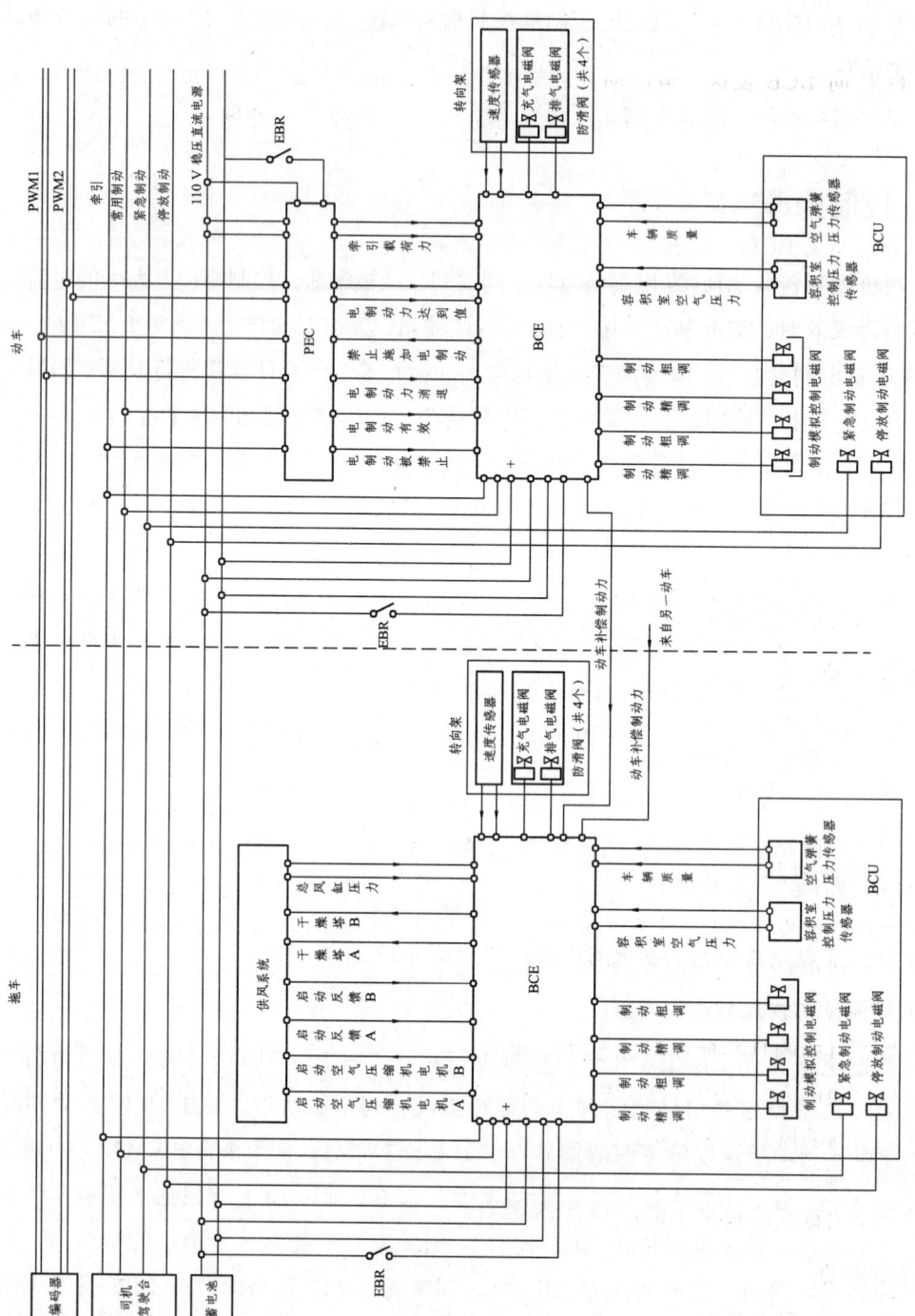

图 8-12 KBWB 制动系统电路图

电制动时再生制动和电阻制动交替使用。当网压高于 DC 1800 V 时，再生制动能平稳地转到电阻制动。在整个运行速度范围内，电阻制动能单独满足制动的要求。在电制动力不足的情况下，动车和拖车分别根据各自车辆所接收的制动指令施加空气制动；如果电制动有效，PCE 会给本车 BCE 发送"电制动有效"指令，禁止 BCE 施加空气制动；当电制动施加到需求值后，PCE 向 BCE 发送"电制动力已施加'××'"的 PWM 信号；如果电制动力足够，BCE 控制 BCU 不动作；如果电制动力达不到减速度要求，BCE 会控制 BCU 进行空气制动补偿；当电制动关闭时，PCE 会向 BCE 发送"电制动关闭"信号，BCE 立即进行空气制动补偿，最终可实现电空制动的平滑过渡。如果电制动无效，PCE 会给本车 BCE 发送"电制动被禁止"指令，那么 BCE 立即施加空气制动，同时向拖车 BCE 发送"动车补偿制动力无效"指令，通知拖车自行施加所需的制动力。

当电制动失效时，空气制动将替代电制动且根据列车载重全部施加空气制动。

当列车低速运行时，由空气制动代替电制动，实施"保持制动"使整列车停车；当车辆起动时，"保持制动"由牵引指令根据车辆牵引力的不断增大进行缓解。此时，应防止牵引力不足时制动先完全缓解而造成列车倒退。

如果某车空气制动缓解出现故障，可以操作安装在车端电器柜内的三通阀，隔断该车制动风缸与总风管的通路。这时，制动风缸的进气口会与车体底架下的排气口相通，排出制动风缸内的空气。当制动风缸空气压力下降后，制动控制单元主控阀旁通管上的止回阀（检查阀）打开，制动缸内的压力空气经由三通阀排向大气，实现强迫缓解。

2. 紧急制动

电气控制线路中有一个 EBR 触点与列车自动保护（ATP）及模式开关等联锁。列车运行中 EBR 触点始终吸合，紧急制动列车线与紧急制动电磁阀常得电，BCE 不控制紧急制动电磁阀。但是，一旦触发紧急制动，EBR 触点断开，动车 BCE 接收到紧急制动信号后立即向 PCE 发出"禁止电制动"信号。在紧急制动期间，所有动车的牵引电源被立即切断，只有当列车完全停下来后才可以缓解。

紧急制动的触发条件是：司机控制室内的"警惕"装置起作用、按下司机控制台上的紧急制动按钮、列车脱钩、紧急列车线环路中断或失电、主风缸压力过低、ATC 系统发出紧急制动指令等。

紧急制动电磁阀是一种双入口大口径电磁阀，常带电。在正常状态下，紧急制动电磁阀与制动风缸相通的入口关闭，与容积室 X 相通的入口打开；一旦紧急制动触发，紧急制动电磁阀失电，与制动风缸相通的入口立即开启，而与控制腔室 X 相通的入口关闭，制动风缸内的空气经称重阀进入控制室 Y，顶开进气阀，快速响应紧急指令，施加紧急制动压力。紧急制动力的大小由称重阀根据车辆载荷来进行调整。

3. 停放制动

停放制动是一种弹簧型制动方式，通过停放制动管路内的空气来控制。当存入停放制动缸内的空气压力达到 380 kPa 时，停放制动缓解。到达停放制动缸内的空气压力下降到 330 kPa 以下时，停放制动实施。

每辆车施加停放制动的压力空气都是来自总风缸，总风缸的压力空气通过停放制动截断塞门（A6.6.7）、停放制动保护阻气门（A6.6.4）和停放制动电磁阀（A6.6.5），最后到达停放制动缸。

1. KBWB 制动系统制动力的分配原则是怎样的？
2. 简述 KBWB 制动系统的电子制动控制单元 BCE 的作用。
3. KBWB 制动系统的制动控制单元 BCU 上都有哪些部件？
4. 简述 KBWB 制动系统的制动控制单元 BCU 称重阀的工作原理。
5. 简述 KBWB 制动系统的制动控制单元 BCU 中继阀的工作原理。
6. 简述 KBWB 制动系统的制动控制单元 BCU 的工作原理。
7. 简述 KBWB 模拟式电气指令制动系统常用制动的作用原理。
8. 简述 KBWB 模拟式电气指令制动系统紧急制动的作用原理。
9. 简述 KBWB 模拟式电气指令制动系统停放制动的作用原理。

第九章　EP2002 制动系统

第一节　概　述

EP2002 模拟式电空制动系统是由德国克诺尔公司研制生产的最新一代的用于地铁车辆制动电气模拟指令式控制系统，其核心部件是 EP2002 阀，负责空气制动系统的控制、监控及与车辆控制系统的通信。

一、制动系统总成

本系统结构的设计从列车水平开始，其与周围系统及子系统的接口，兼顾 EP2002 系统本身的责任划分以及分散装置的内部结构。

整个 EP2002 制动控制系统包括 EP2002 阀、列车控制系统、风源系统、基础制动装置以及动力制动装置，如图 9-1 所示。系统各部件集成化程度高、节省了安装空间，同时也便于安装、使用和维护。

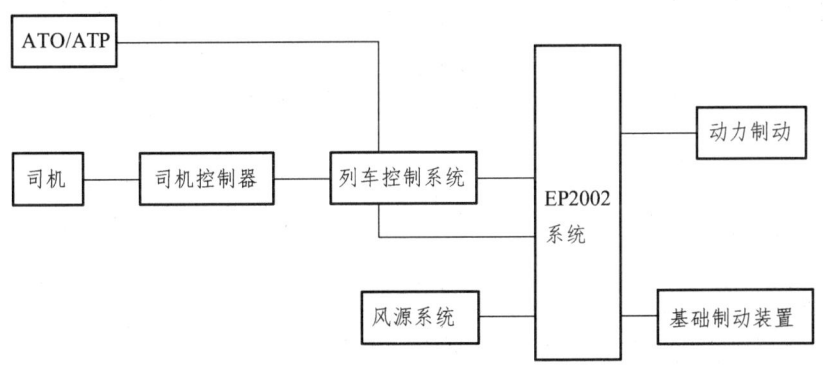

图 9-1　EP2002 制动系统构成图

二、分散式制动控制

传统的集中式制动控制系统是以每辆车为单位设置单个制动控制单元的制动控制方式（俗称车控式），主要由微处理制动控制单元（EBCU）、车轮滑行控制电子单元（WSP）以及制动控制单元 BCU 组成，如图 9-2 所示。

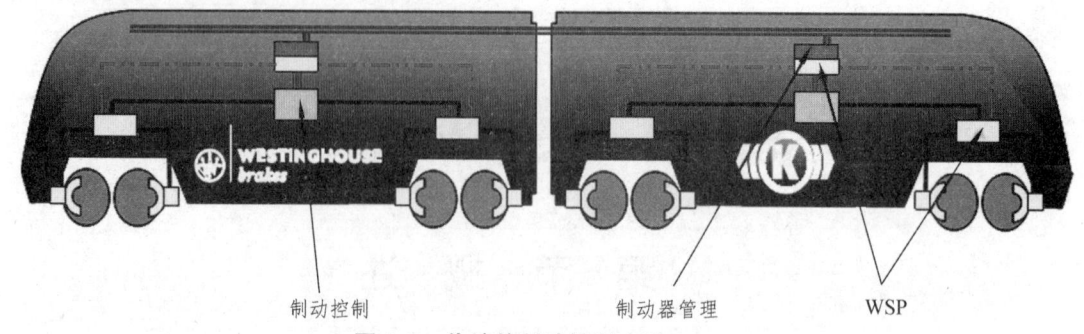

图 9-2　传统的制动控制方法

分散式制动控制是以每个转向架为单位设置单个制动控制单元的制动控制方式（俗称架控式），是一种更为灵活的控制系统。EP2002 系统引入分散式制动控制概念，将制动控制、制动管理电子设备以及常用制动（SB）气动阀、紧急（EB）制动阀和车轮防滑保护装置气动阀等多个模块集成到一个阀体中，分别组成智能阀、RIO 阀或网关阀，并安装在其所控制的转向架上（每个转向架 1 个阀门），如图 9-3 所示。

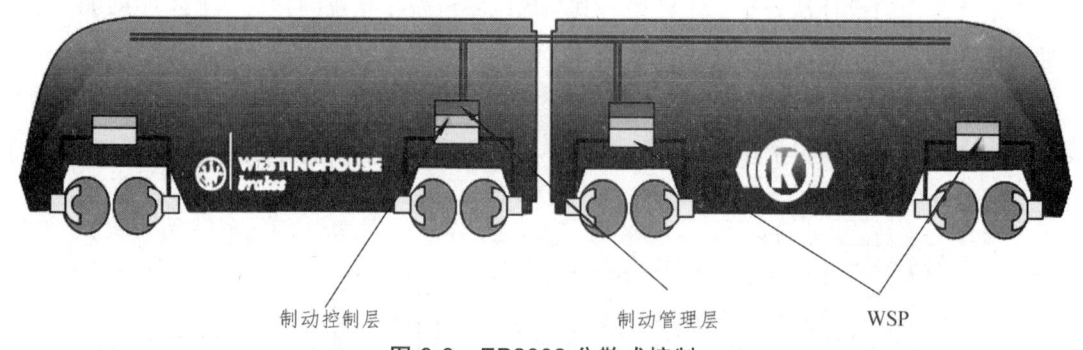

图 9-3　EP2002 分散式控制

三、制动控制策略

制动管理器对制动力的分配必须考虑两个原则，即空气制动的磨耗最优化和黏着系数的利用最优化。制动管理器根据制动指令及车辆载荷大小连续循环计算车辆所需制动力的大小，制动管理器再根据网压、电制动/空气制动的分配特性将总制动力合理地分配给电制动控制单元和空气制动控制单元。如果电制动故障，所损失的电制动力优先由其他动车的电制动补充，如果电制动不足，再考虑空气制动的补充；但无论是补充电制动还是空气制动，应注意黏着系数的利用不能超过规定的最大值要求（$\mu = 0.16$）。为了使空气制动系统的磨耗均匀，制动管理器应将空气制动力等值地分配给各个车辆。如果车辆滑行，制动管理器将减少黏着系数的利用，并重新进行电制动和空气制动的分配。制动力重新分配后，如果滑行不再发生，则车辆将保持这种制动力的分配，直至制动命令撤除。

第二节　EP2002 阀的结构及功能

EP2002 空气制动控制系统的核心产品分别是 EP2002 Gateway-valve（网关阀或先导阀）、EP2002 RIO（输入/输出阀）和 EP2002 Smart-valve（智能阀）三个阀，这三种阀通过一个专用 CAN 总线连接在一起，其外形结构如图 9-4 所示。本节重点介绍这三个阀的结构和功能。

图 9-4　EP2002 阀

一、与 EP2002 制动系统有关的首字母缩写词及缩略词

与 EP2002 制动系统有关的首字母缩写词及缩略词如表 9-1 所示。

表 9-1　EP2002 制动系统部分缩写的含义

缩　写	含　义
ASP	Air Suspension Pressure（空气悬挂系统压力）
BCP	Brake Cylinder Pressure（制动气缸压力）
BCU	Brake Control Unit（制动控制单元）
BSR	Brake Supply Reservoir（制动供风缸）
CAN	Controlled Area Network（受控区域网）
LBSR	Low Brake Supply Reservoir（低压制动供风缸）
MVB	Multi Function Vehicle Bus（多功能车辆总线）
MMU	Man Machine Unit（人机单元）
PWM	Pulse Width Modulated（脉宽调制）

续表

缩　写	含　义
PVU	Pneumatic Valve Unit（气动阀单元）
RTC	Real Time Clock（实时时钟）
VLCP	Variable Load Control Pressure（可变载荷控制压力）
WSP	Wheel Slide Protection（车轮防滑装置）
SB	Service braking（常用制动）
EB	Emergency braking（紧急制动）
RR	Remote Release（远程缓解）
EMJ	Emergency Jerk Limitation（急停限制）

二、EP2002 智能阀

1. 智能阀内部结构

EP2002 智能阀是一个"机电"装置，包括设备外壳装置、本车制动控制卡（RBX 卡）、PSU 电源卡及 PVU 气动阀，EP2002 智能阀结构图如图 9-5 所示。

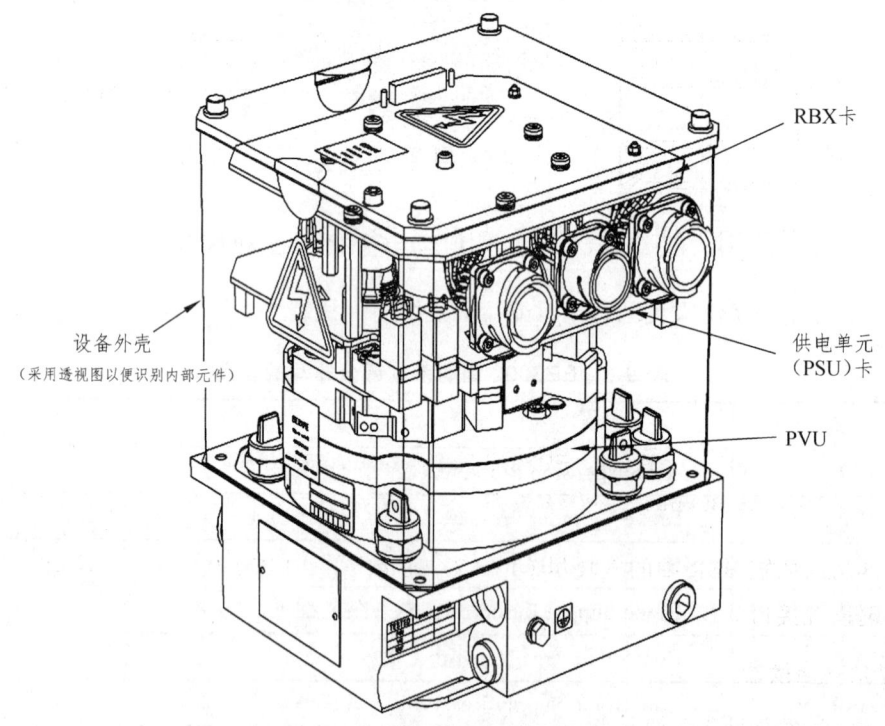

图 9-5　EP2002 智能阀结构图

每个智能阀分别按照由其相应的网关阀通过 CAN 制动总线提供给它的制动要求，利用 RBX 卡来控制其所在转向架上制动执行机构中的制动缸压力（BCP）。

智能阀装置按照转向架提供常用制动和紧急制动，同时还进行每根轴的 WSP 控制。该 EP 阀受软件和硬件的联合控制和监控，并可以检测潜在的危险故障。车轮滑动保护是从本车取得的轴速度数据和从其他 EP 阀（网关阀或智能阀）获得的速度数据相结合并通过专用 CAN 制动总线来提供的。

2. 智能阀的输入与输出

图 9-6 显示了智能阀的输入/输出。

车轴产生的车轴速度数据（2X 转速计）与其他 EP2002 阀门通过专用 CAN 制动总线传来的速度数据，即可进行车轮防滑保护。

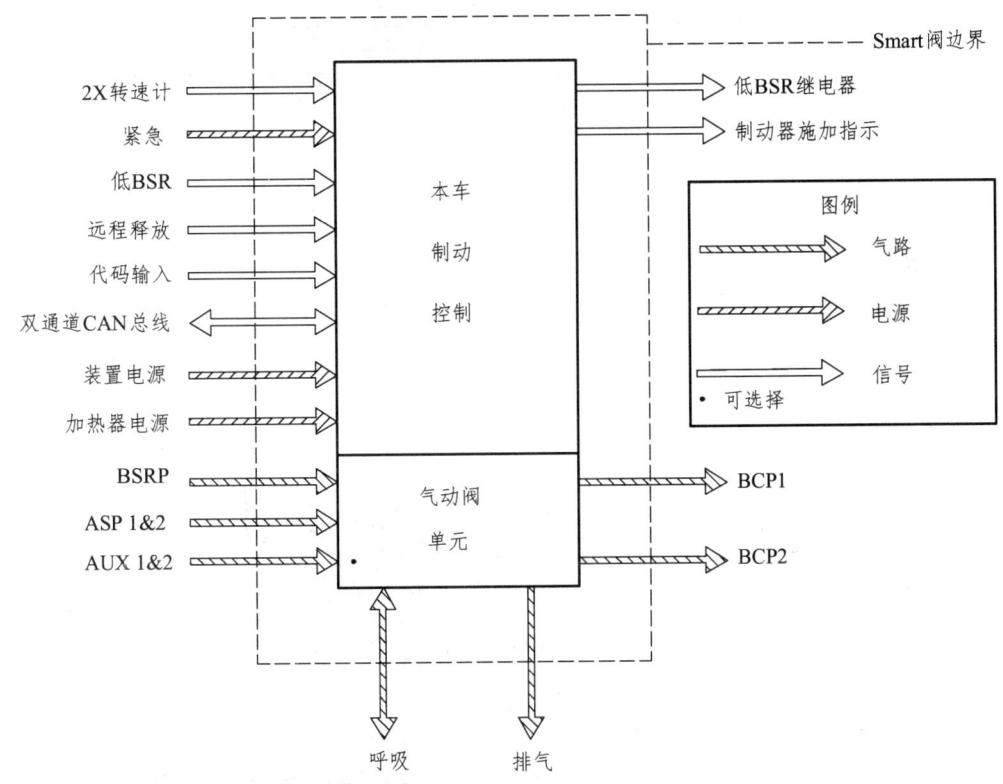

图 9-6　EP2002 智能阀的输入与输出图

BSRP—制动风缸压力；BCP1/BCP2—制动缸压力；ASP1/ASP2—空气弹簧压力；AUX—总风管压力（可选）

当遇到制动风缸 BSR 中的气耗尽（LBSR）的情况时，EP2002 提供了一个硬线通告信号给列车管理系统接口。

3. 智能阀连接器

智能阀连接器如图 9-7 所示。

PL1 连接器提供轴速度信号（Speed_1，Speed_2）；PL2 连接器提供电源、紧急制动硬线信号、制动施加状态信号、制动缓解状态信号、远程缓解的硬线信号；SK1 连接器提供 CAN 网（EP2002 系统内网）。

图 9-7 智能阀连接器

三、EP2002 网关阀

1. 结构及功能

EP2002 网关阀也是一个"机电"装置,包括设备外壳装置、设备可选网络 CONNS 卡、可选模拟 I/O 卡、本车制动控制卡(RBX 卡)、PSU 电源卡及 PVU 气动阀,EP2002 网关阀结构图如图 9-8 所示。

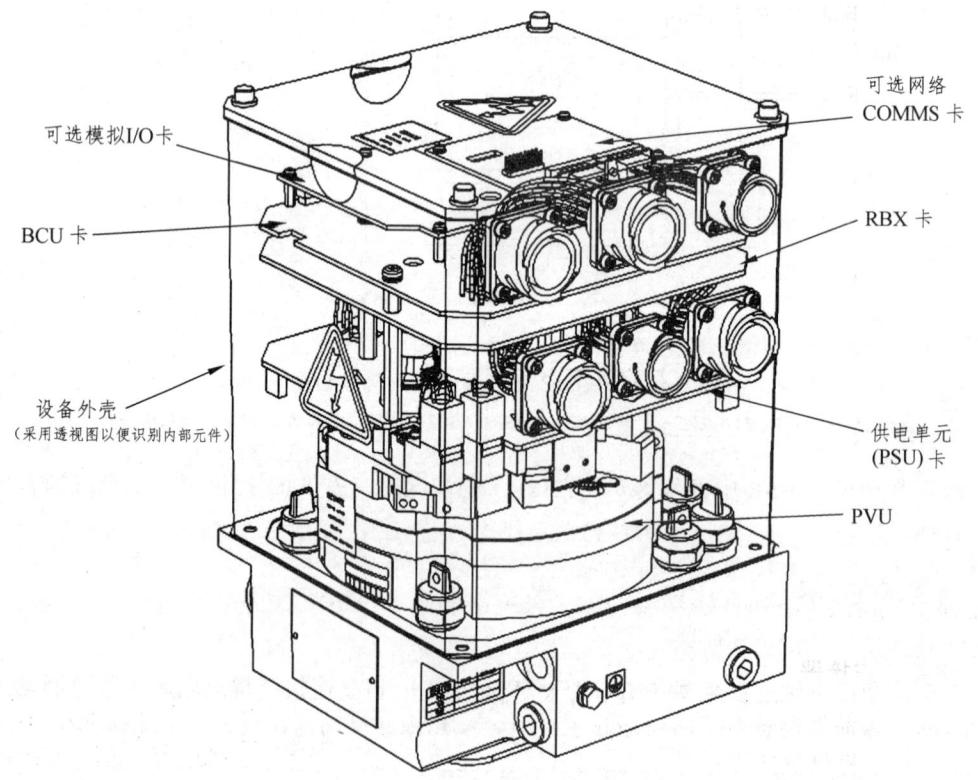

图 9-8 EP2002 网关阀结构图

EP2002 网关阀执行 EP2002 智能阀的所有功能，另外还能够执行制动管理功能和提供 EP2002 控制系统与列车管理系统之间的接口。网关阀可以进行量身定制，以便与 MVB、LON、FIP、RS485 通信网络和（或）传统的列车线及 PWM 系统连接。在任何 EP2002 系统中，网关阀内的制动管理功能可以将制动器作用力要求分配到列车上安装的所有制动系统上，以便达到手动驾驶或 ATO 模式所要求的制动作用力。

2. EP2002 网关阀的输入与输出

图 9-9 显示了网关阀的输入/输出。

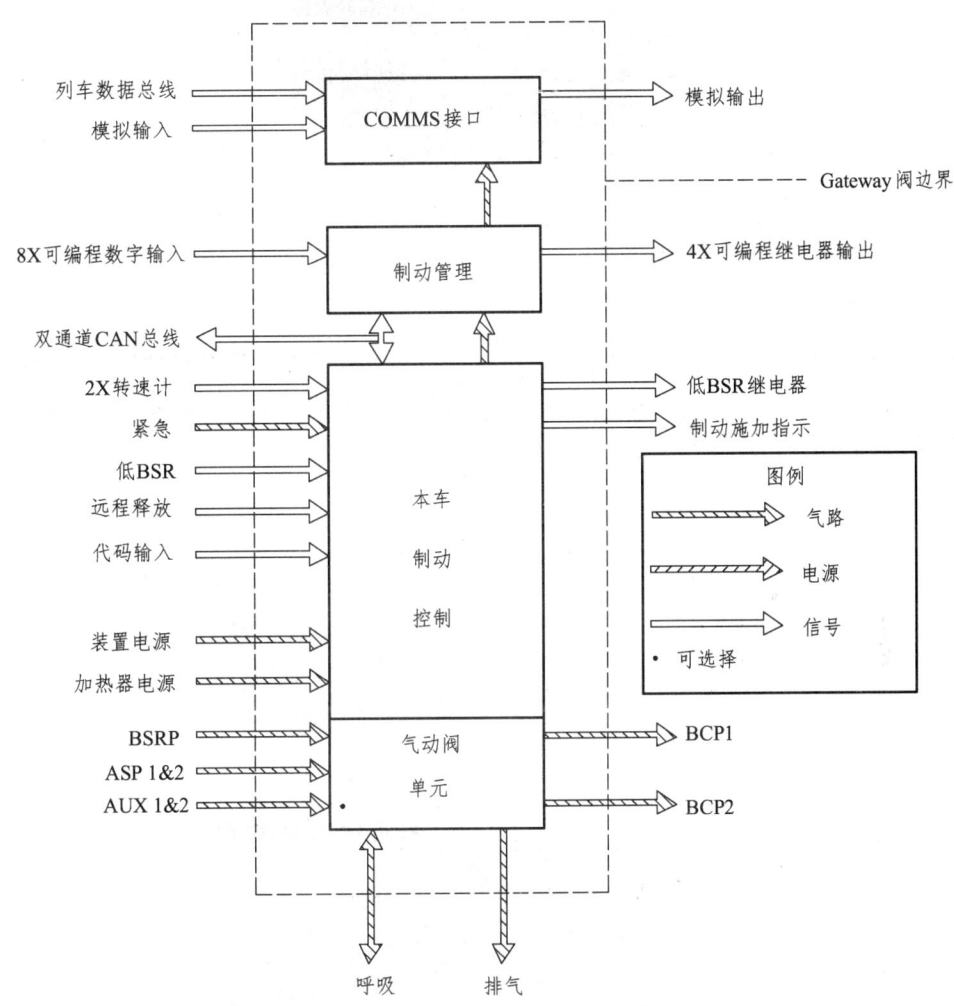

图 9-9 EP2002 网关阀的输入/输出图

BSRP—制动风缸压力；BCP1/BCP2—制动缸压力；ASP1/ASP2—空气弹簧压力；AUX—总风管压力（可选）

3. 网关阀连接器

网关阀连接器如图 9-10 所示。

PL1 连接器提供轴速度信号（Speed_1，Speed_2）；PL2 连接器提供电源、紧急制动硬线信号、制动施加状态信号、制动缓解状态信号、远程缓解的硬线信号；PL3 连接器提供快速制动硬线信号、非零速信号、超速信号，里程信号；PL4 连接器提供 MVB 网接口；SK1 连接器提供 CAN 网（EP2002 系统内网）；SK2 连接器提供模拟 I/O 接口（可选）。

图 9-10　网关阀连接器

四、RIO 远程输入/输出阀

1. 结构及功能

EP2002 远程输入/输出阀也是一个"机电"装置，包括设备外壳、可选模拟 I/O 卡、本车制动控制卡（RBX 卡）、PSU 电源卡及 PVU 气动阀，EP2002 远程输入/输出阀结构图如图 9-11 所示。

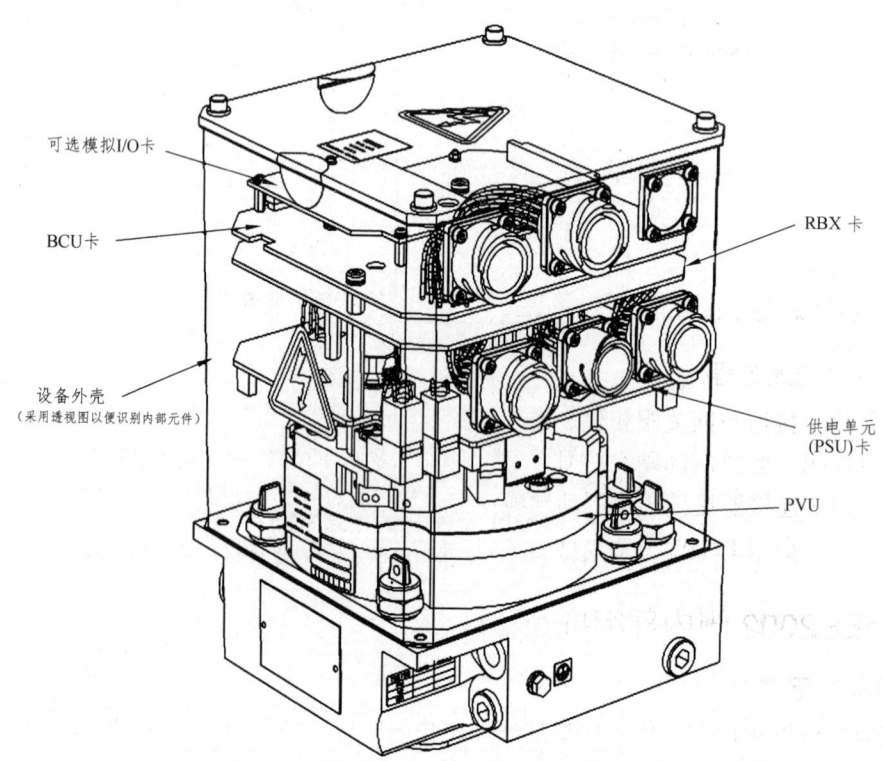

图 9-11　EP2002 远程输入/输出阀结构图

RIO 远程输入/输出阀与网关阀有着相同的 I/O 接口,但并不进行制动控制运算,而且没有安装网络接口卡。可编程的输入被 RIO 阀读取,然后通过 EP2002 双通道 CAN 总线传至主网关阀。RIO 阀的可编程输出状态由主网关阀控制。

2. RIO 阀的输入与输出

图 9-12 显示了 RIO 阀的远程输入/输出。

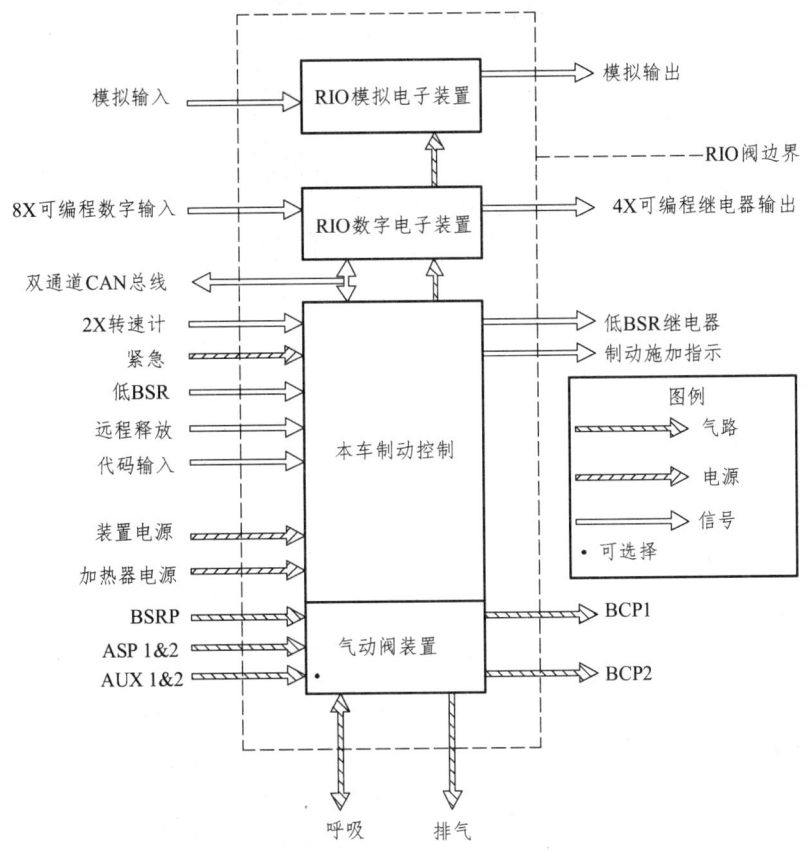

图 9-12 RIO 阀的远程输入/输出图

BSRP—制动风缸压力;BCP1/BCP2—制动缸压力;ASP1/ASP2—空气弹簧压力;AUX—总风管压力(可选)

3. RIO 阀的连接器

RIO 阀的连接器与网关阀相似。PL1 连接器提供轴速度信号(Speed_1,Speed_2);PL2 连接器提供电源、紧急制动硬线信号、制动施加状态信号、制动缓解状态信号、远程缓解的硬线信号;PL3 连接器提供快速制动硬线信号、非零速信号、超速信号、里程信号;SK1 连接器提供 CAN 网(EP2002 系统内网);SK2 连接器提供模拟 I/O 接口。

五、EP2002 阀内部组成及作用

1. 设备外壳

外壳为阳极氧化铝重载挤压成型。外壳保护内部电子部件与外部工作环境隔离,并为设备提供 IP66 级密封。

2. 气动阀单元（PVU）

此气动伺服单元接收本地制动控制卡发出的指令，用来控制（常用制动、紧急制动或车轮防滑保护）各车轴上的 BCP 压力。

3. 供电单元（PSU）卡

供电单元卡接收输入的电池供电和加热器供电。电池供电经调控后在内部被传送至设备内的其他电子元件卡上；加热器供电则被传输至加热器单元，使其可以在极低温度下进行工作。

4. 本地制动控制（RBX）卡

本地制动控制卡根据主网关阀通过专用 CAN 总线传达的制动要求来控制 PVU，以进行常用制动、紧急制动和车轮防滑保护。

5. 制动管理（BCU）卡

制动管理卡仅安装在 EP2002 网关阀中，包括对整列车进行制动管理的所需功能，而且还可以支持可配置的 I/O 端口。如果使用主网关阀，则制动管理功能激活，并且与所有其他的 EP2002 阀通过 CAN 总线建立通信；如果未使用主网关阀而仍按一个普通网关阀使用，则 BCU 卡将作为一个远程输入/输出（RIO）工作，可以允许直接进入制动 CAN 总线而无须发送线缆信号至主网关阀。

6. 可选网络通信（COMMS）卡

可选择的网络通信卡仅安装在 EP2002 网关阀中。此卡可以符合 MVB、FIP、LON 和 RS485 接口标准（一个通信卡对应一种协议标准）。通信连接可以用于控制和诊断数据传输。

7. 可选模拟 I/O 卡

可选模拟 I/O 卡可安装到各种型号的网关阀和 RIO 阀上，以提供进行常用制动控制所需的模拟信号。

六、EP2002 阀的气动阀单元

位于网关阀、智能阀和 RIO 阀中的气动阀均相同，并且被视作气动阀单元（PVU）。其功能领域如下所述，每个领域均在图 9-13 所示的气动示意图上标示出来。

1. 主调节部（primary regulation）

主调节部负责调节由制动风缸 BSR 提供的供风压力，把本气动阀的供气压力调节降低，形成随着载重增减的紧急制动预控制压力。主调节器同时还负责在电子负荷单元称重出现故障时使制动系统产生最小紧急制动压力（紧急空车压力）。

2. 次调节部（secondary regulation）

次调节部位于主调节器上部，负责在超员（AW3）状态下将紧急制动时制动缸的压力限制在紧急制动最大压力。

第九章 EP2002 制动系统

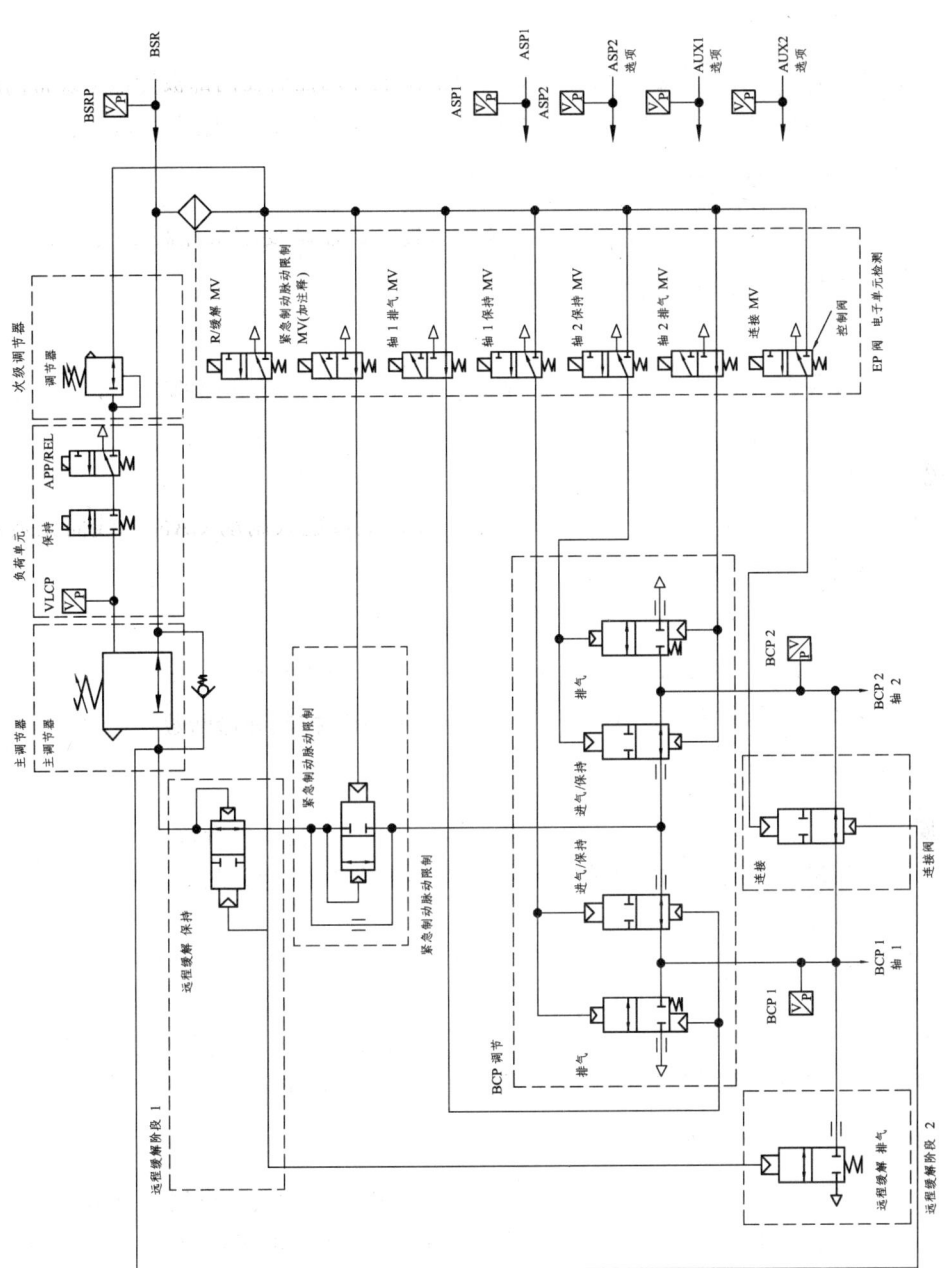

图 9-13 气动阀内部气路示意图

BSRP—制动风缸压力；BCP1/BCP2—制动缸压力；ASP1/ASP2—空气弹簧压力；AUX—总风管压力（可选）

3. 称重部（load weigh）

称重部用于向主调节部提供一个预控压力。在常用和紧急制动时，称重部通过 VLCP 压力传感器将产生与空簧压力（ASP）成比例的预控压力。

4. 制动缸压力部（BCP regulation）

制动缸压力部用于将主调节部的输出压力调节到要求的制动缸压力。对于每根轴，它由两个电磁阀和两个活塞阀组成；制动缸压力部还用于在防滑器动作时对制动缸压力进行控制。

5. 连接部（link valve）

连接部用于在气路上连接或隔断两路制动缸压力 BCP 的输出。在常用制动或紧急制动时，两个 BCP 输出连通，进行转向架制动控制；当 WSP（防滑控制）启动时，两车轴的制动缸压力分开，每根轴上的 BCP 都通过制动缸压力部独立控制。

6. 压力传感器

压力传感器用来进行内部调节和（或）外部指示（制动风缸、载荷、制动缸压力、停放制动）。

7. 远程缓解部（remote release）

EP2002 阀可以进行制动远程缓解。该功能当列车在隧道中遭遇严重的影响安全的风险时使用。当远程缓解输入端得电时，供风压力被截断，制动缸内压力空气经阀排大气。系统有一个联锁阀，使得在紧急制动时，可以禁止远程缓解。

8. 紧急制动冲击限制阀（选装）

紧急制动冲击限制用于限制制动时的冲击，即减速度变化率不能过大。对紧急制动时制动缸的压力上升速度进行限制，满足不同的运用需求。

第三节　EP2002 制动系统控制原理

一、EP2002 制动控制系统网络结构

（一）EP2002 制动控制系统网络结构设计

三种 EP2002 阀可用多种方式组合，以适应系统的各种可用性与成本要求。但不管系统有何要求，在构建 EP2002 网络结构时都必须遵从下列规定。

① 总网络中必须至少有一个 EP2002 网关阀来执行制动管理功能（主网关阀）。

② 每个 CAN 网络段中都必须有至少一个网关阀，主网关阀将制动信息发送至 CAN 网络段中的智能阀或 RIO 阀，或从智能阀、RIO 阀处获取制动信息。

③ 一个 CAN 网络段的长度可为 2~10 个转向架之间的任意值（1~5 节车辆）。

④ 硬线安全输入，紧急制动线和远程缓解功能采用硬线连接，分别进入各 EP2002 阀。

⑤ 在对智能阀要求更多远程输入/输出时则使用 RIO 阀。

⑥ 专用 CAN 制动总线各段不能被用来桥接 MVB 或列车总线。

（二）EP2002 制动控制系统网络结构

1. 高可用性网络结构

一般来说，系统所要求的可用性越高，所需要的网关阀就越多，如图 9-14 所示。在此类网络中，每个网关阀都具有所有预先安装的制动管理功能，每个网关阀都对主网关阀的状态实施监控。如果主网关阀出现故障，则剩下的网关阀自行作出决定，由其中的一个来接管故障单元的主网关阀功能。如果第 2 个单元也出现故障，则再由另一个接管，依此类推。

这样，网关阀故障的影响仅限于丧失故障单元所控制的 CAN 段上的常用摩擦制动。图 9-14 显示在此基础上提供最高系统可用性的网络。在最坏的情况下，主网关阀故障将只能导致丧失一个转向架上的摩擦制动。对多个故障的这种容许可根据用途来配置。

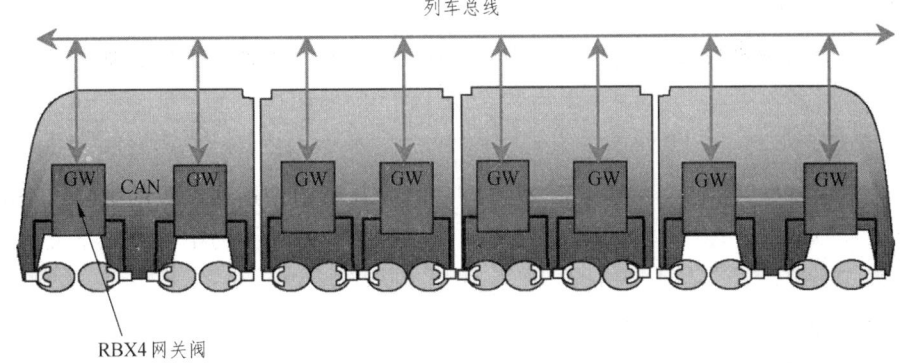

图 9-14　最高可用性的网络结构

2. 最低成本网络结构

如果一个网络的重点不是最大限度地提高可用性，而是最大限度地降低成本，则网关阀的数量可以减少。如果在 EP2002 网络内只使用一个网关阀，则该单元在发生故障时将导致列车全部常用摩擦制动的丧失。应当在最低成本和因网关阀故障造成的可以接受的制动丧失之间找到平衡。图 9-15 中显示了一个可能的范例，说明单一网关阀的丧失可能导致某个转向架常用摩擦制动能力的丧失（由第 2 个网关阀从故障单元接过主网关阀的功能）。

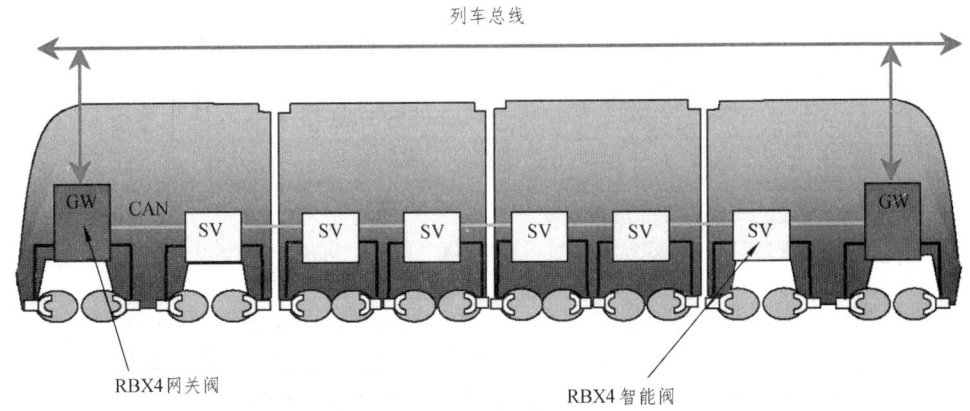

图 9-15　最低成本网络结构

在该网络中，CAN 总线是在车辆之间延伸的，这样使得第 2 个网关阀能够控制所有未发生故障的单元。如果 CAN 总线被分成 2 个相等的部分，由一个网关阀控制每个段，则一个网关阀的丧失将导致由故障单元所控制的 CAN 网络段常用摩擦制动能力的丧失（即总量的 50%）。

最低成本 EP2002 制动控制网络结构由一个网关阀和一个智能阀组成。网关阀和智能阀的工作逻辑图如图 9-16 所示。

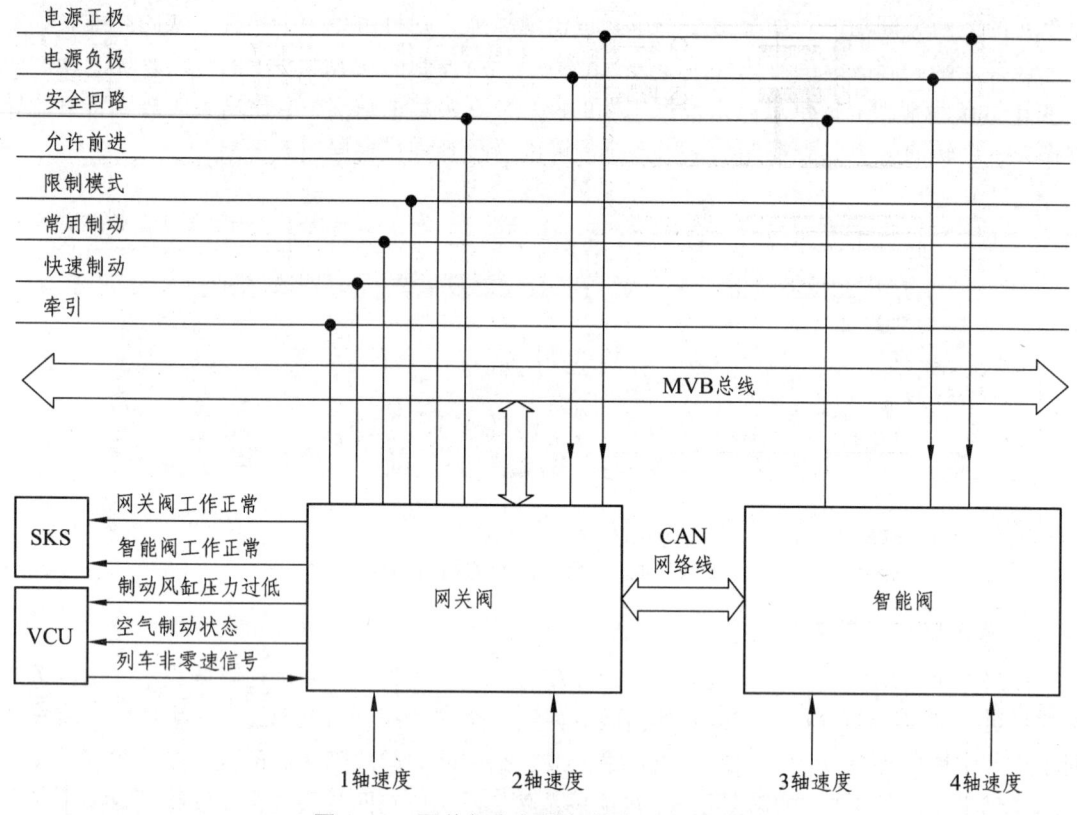

图 9-16　网关阀和智能阀的工作逻辑图图

每个制动阀都连接到 CAN 网络。在列车上有 2 个 CAN 网络，一个 CAN 网络信息通过设在网关阀上的 PL4 与 MVB 网络之间传递，另一个 CAN 网络信息通过 SK1 在网关阀和智能阀之间传递。网关阀和智能阀都通过 PL2 引入电源、紧急制动硬线信号、制动施加状态信号、制动缓解状态信号、远程缓解的硬线信号。网关阀通过 PL3 提供快速制动硬线信号、非零速信号、超速信号，里程信号。车轴速度 1 和车轴速度 2 通过 PL1 提供给网关阀；车轴速度 3 和车轴速度 4 通过 PL2 提供给智能阀。

每个 CAN 网络通过一个主网关阀进行管理。VCU（TCMS）仅仅对主网关阀发来的信息予以考虑。

另外，网关阀与智能阀还对该转向架的空气制动系统进行故障诊断及故障显示，此功能是通过软件和硬件共同作用而实现的。

图 9-17 是某地铁制动系统网络结构图，每个制动阀都连接到 CAN 网络。在列车上有 2

个 CAN 网络，每个 CAN 网络通过一个主网关阀进行管理，网络上的第二个网关阀用以确保冗余。CAN 网络信息通过网关阀传递到 MVB 网络，TCMS 仅仅对主网关阀发来的信息予以接收。

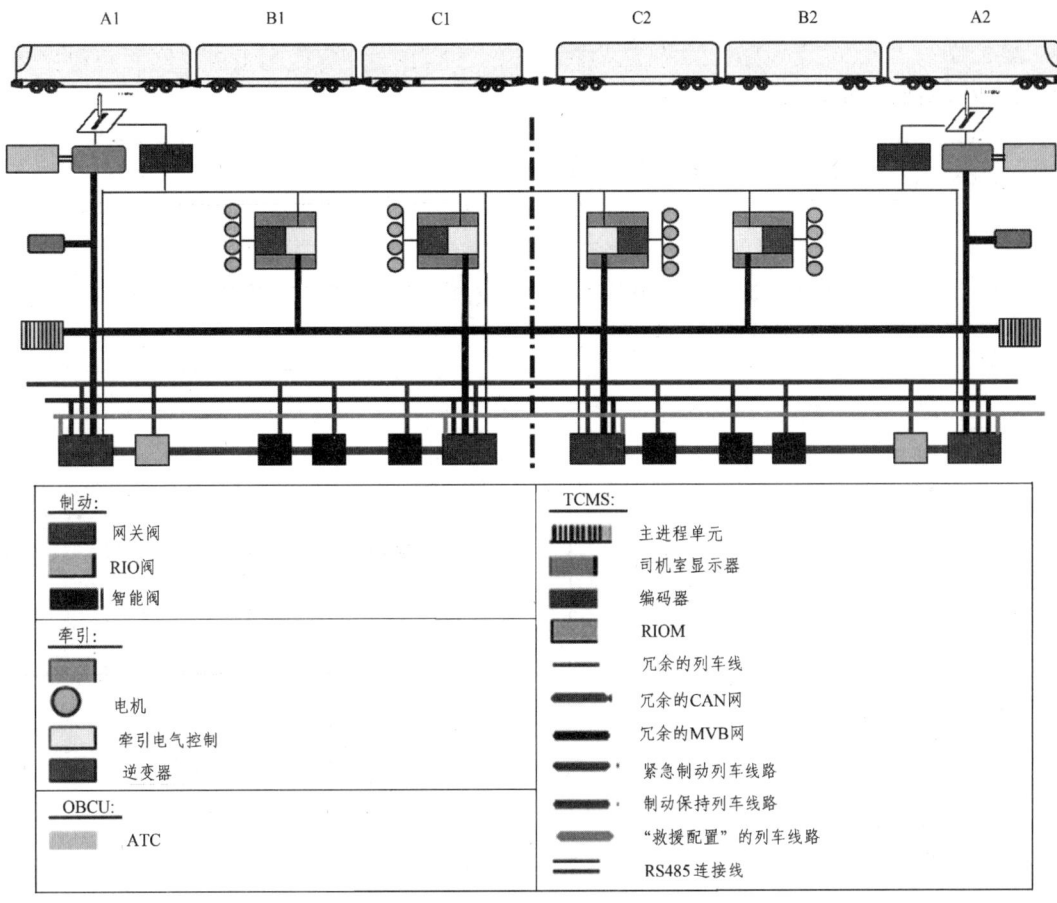

图 9-17 某列车制动系统网络结构图

二、EP2002 制动系统控制原理

（一）常用制动 SB

在实施常用制动时，司机或 ATO 会给 VCU（TCMS）一个相关的制动信号，VCU（TCMS）的制动管理系统再根据列车载荷大小进行制动力的计算，以保证达到相应的减速度。

在常用制动时，列车载荷信息是这样获得的：P2002 阀中的本转向架制动控制卡 RBX 将本转向架空气悬挂系统的载荷信息通过 CAN 总线提供给主网关阀，主网关阀再通过 MVB 网络将转向架载荷信息报告给 VCU（TCMS）。

常用制动时，优先采用再生制动，如果再生制动形不成，则自动转化为电阻制动，电制动力的大小通过 MVB 反馈给 VCU（TCMS），如果满足制动要求，就不施加气制动，如果电制动力不够，制动控制系统就把所差的制动力信息通过 MVB 传送给主网关阀，主网关阀内的 BCU 卡把制动力重新分配后经双通道 CAN 线将制动信息传递给本 CAN 网络中的智能阀，EP2002 阀中的本转向架 RBX 根据此信息控制 PVU 追加空气制动。制动缸压力的控制是一个闭环过程，利用安装在 PVU 上的 EP 阀和 CPU 压力传感器形成闭环控制。

（二）紧急制动 EB

1. 紧急制动原则

在整个 EP2002 制动控制系统中，有关紧急制动的原则是它必须通过硬件实施，并且要独立于微处理器的控制。

2. 紧急制动运行

图 9-18 显示了紧急制动在 EP2002 内的运行原理。

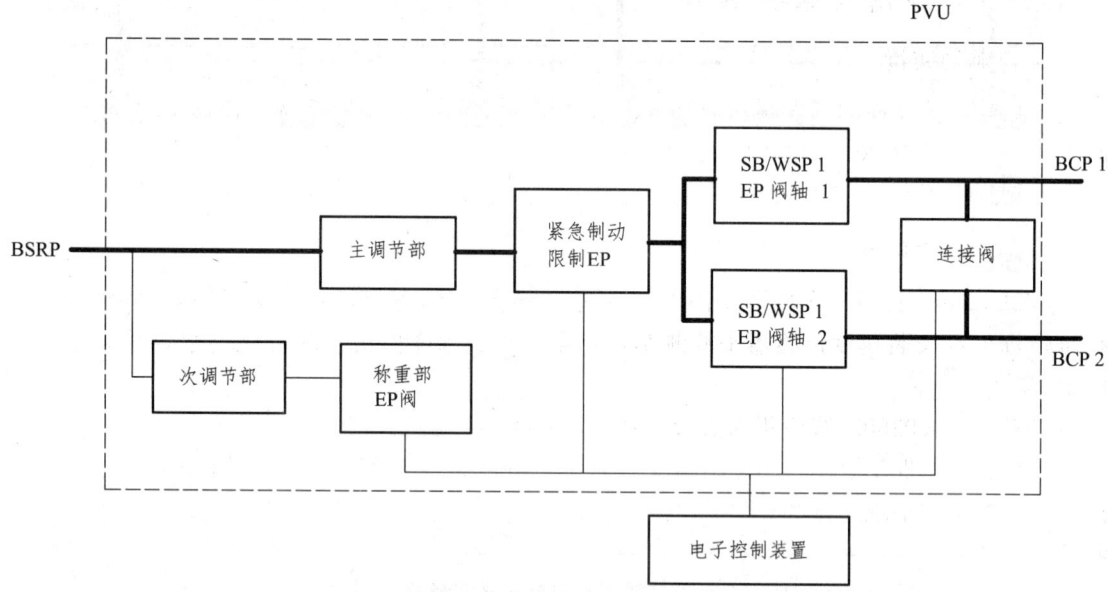

图 9-18　紧急制动在 EP2002 内的运行示意图

制动风缸（BSR）压力 BSRP 进入气动阀单元（PVU），并被分为两条单独的气路。第一条较粗的执行气路将空气供应给主调节器调节，此阶段主要为主调节器根据控制压力将 BSRP 压力下调到一个中间压力，即超载载荷、空车载荷或介于二者之间的压力值。

控制压力也来自 BSRP，经次调节器调节而被限制在一定的数值以内。并在负荷（称重）电子装置硬件的控制下经过一套 EP 阀（保持阀和 APPREL 阀）的调节。控制压力通过次调节器而被限制在一定的数值以内。该数值能够在主调节器输出情况下提供满载紧急制动压力的数值。这就保证了制动缸不会供给一个大于满载紧急制动压力值。

压力空气经过主调节器调节后，分别供给轴 1 和轴 2。每路供气气路都通过 SB 常用制动 EP 阀（每轴的保持阀）和 WSP 防滑阀（连接阀）后进入制动缸。在紧急制动情况下，这些 EP 阀处于非启动状态，使得主调节器输出阶段中提供的 EB 压力具有一个无限制的路径。

这些阀门的状态采用电子控制装置（电子硬件）连续监视，防止过度的 WSP 保持或放风操作影响 EB 的性能。每根轴通过 EP 连接阀实现气路连接，而 EP 连接阀通常对紧急制动和常用制动气流都是敞开的。

当一根轴的保持阀控制失灵时，连接阀使得两根轴的制动缸通过 EP 连接阀由一根轴的气源供气。所有的 EP 气阀都是由电子控制装置控制的。

（三）电子称重调节

主调节阶段需要进行称重调节。为了实现这一点，电子控制装置将会测量提供给 PVU 的空气悬挂系统压力，然后通过负荷单元称重 EP 阀（保持阀和 APPREL 阀）的运行将适当的控制压力提供给主调节器。ASP 压力和控制压力之间的关系存储在 PAL 装置中，正是这种逻辑控制着称重 EP 阀。

（四）车轮滑动保护 WSP

1. 电制动防滑

车辆控制单元检测到电制动滑行时，车辆控制单元将会要求牵引控制单元的电制动力值减少，同时车辆控制单元将相应减少的制动力值发给制动系统的网关阀。如果制动控制单元没有检测到拖车滑行，空气制动将会施加到拖车上来弥补损失的电制动力值。

2. 空气制动防滑

EP2002 阀内提供了车轮滑动保护，系统将进行检测并通过控制制动力来修正车轮滑行。在每根轴上都安装速度传感器来检测车轮速度；车轮速度信息会在同一个 CAN 区域中的 EP2002 阀中共享。

如果一个 EP2002 阀检测到滑行，则会控制制动缸压力以对正在滑行的车轴进行修正。当列车在制动时发生滑动，车轮防滑控制能独立控制每根轴的制动力。采用两种滑行检测方法，即检测单根轴减速度和每根轴之间速度差是否超过规定值，来确定是否存在持续的低黏着条件。

一旦检测到以上两种中的任意一种滑行，控制系统都会以规律的时间间隔进行地面速度测试，以更新计算出来的实际列车速度。系统能够精确地控制滑行的深度，从而对轨道进行清扫。这样可以改进后面车轮的黏着环境，在低黏着下使制动力最大化，同时确保没有车轮擦伤。当车轮滑行保护算法判定黏着条件恢复到正常状态时，系统将会恢复到初始状态，并停止定时的地面速度测试。

为了确保制动不会长时间处于缓解状态，硬件监视器、定时器电路会持续保持超出 8 s 和持续排气超出 4 s 内检测阀门状态。

每根车轴的减速度检测独立于其他车轴，而且其他车轴之间的补偿不会影响其精确性，但是制动软件会使用维护连接处所输入的车轮实际尺寸信息来对每根车轴进行准确的减速度检测。

防滑控制的实施过程：当 EP2002 阀通过速度传感器检测到车轮滑行，首先激活车轮滑行保护功能，并且通过控制连接阀将两根轴的制动力分开。根据每根轴的滑行程度，EP2002 阀通过控制充气阀和排气阀来恢复该轴黏着。

（五）远程缓解 RR

远程缓解排气阀属于 EP2002 阀内的控制部件。当远程释放输入启动时，供气压力被远程缓解保持阀隔断，来自制动缸的压力空气通过远程缓解排气阀排放到大气中。

EP2002 系统允许从远程位置（如驾驶室）下达制动控制缓解指令。设置远程缓解排气阀的目的是帮助危险的深隧道搁浅列车恢复运行。远程缓解功能（RR）不能超越紧急制动。另设有一个硬件联锁，可以在出现紧急制动要求时阻止 EP2002 阀远程释放。

（六）列车制动清洁功能

为了达到良好的停车精度，牵引系统可以使用电制动停车到 0 km/h，此外列车正常运行速度较低（低于 75 km/h），空气制动的使用频率就会很低。因此，制动盘表面就需要进行定期清洁。

当同时满足下列条件时，制动清洁功能会每天触发一次：① 制动命令的激活超过 3 s；② 列车速度高于 30 km/h；③ 在一列三节编组车上整个机械制动力大于 80 kN（即 6 个转向架每个转向架的机械制动力不小于 13.3 kN）。

当列车速度降低到 29.5 km/h 时，清洁制动功能消失。

（七）停放制动

停放制动由弹簧施加，采用空气缓解，仅在列车静止时采用，以防止列车移动。它由车辆控制电路控制并由 TCMS 监控。司机通过按压停放制动按钮激活停放制动，按压停放制动缓解按钮则停放制动缓解。停放制动时，会自动与反组合装置进行结合，以避免停放制动效果和常用制动效果重叠。停放制动完全由弹簧施加，制动力不会减小，可用于长时间停车。每辆车上的停放制动的状态都会显示给驾驶员，当任意一个停放制动仍在实施的时候，牵引都是被禁止的。

1. EP2002 空气制动控制系统的核心产品是哪三种阀？
2. 智能阀有哪些作用？
3. 网关阀有哪些作用？
4. RIO 阀有哪些作用？
5. 简述 EP2002 阀各组成部分的作用。
6. 简述气动阀单元（PVU）各功能区域的作用。
7. 简述 EP2002 制动系统常用制动的工作原理。
8. EP2002 制动系统保压制动在满足什么条件时才能缓解？

第十章　TKQ601S 制动系统

TKQ601S 制动系统是中国铁道科学研究院（简称铁科院）研制的微机闭环控制的直通式模拟电-空制动系统，并综合了 HRA 制动系统、EP2002 制动系统的优点，已经在国内得到广泛的应用。武汉轨道交通 4 号线国产 B 型车采用了该制动系统，下面将以此为例介绍国产电-空制动系统。

第一节　TKQ601S 制动系统概述

武汉轨道交通 4 号线采用国产 B 型车，列车由两个单元共 6 辆车组成，每个单元由 2 辆动车和 1 辆拖车组成。编组方式为 = Tc * M1 * M2 = M2 * M1 * Tc = 。

一、制动系统技术参数

供电电压：	DC 110 V
波动范围：	77 ~ 121 V
总风压力（最大压力）：	1000 kPa
正常工作压力范围：	750 ~ 900 kPa
最高运行速度：	80 km/h
常用制动冲动极限：	$\leqslant 0.75 \ m/s^3$
紧急制动平均减速率：	$\geqslant 1.2 \ m/s^2$
最大常用制动平均减速率：	$\geqslant 1.0 \ m/s^2$

最大超员（AW3）的列车具有在 30‰坡道上安全停放的能力。

二、制动设备组成

全列车有两个压缩机单元 A 组，包括空压机、空气干燥器、启动装置等。两个 M2 车上配有风源设备，给列车制动系统及其他用风单元供风。

TKQ601S 制动系统采用车控方式，该制动系统的控制装置 B 组包括制动控制装置 BCU、辅助控制装置 PBU、防滑控制装置 G 组以及防滑系统配置的防滑阀、速度传感器和感应齿轮等。每车配备一个制动控制装置，用于常用制动、紧急制动控制。每车配备一个辅助控制装置，用于停放制动控制 PBU 和空簧供风；每车空簧管路配有溢流阀和减压阀，对空簧供风进行调整；空簧采用三点控制，每车配 3 个高度阀，用于控制车体的高度；在配置有两个高度阀的转向架上设有差压阀，用于限制两侧空簧的压差。每轴配备一个防滑排风阀和速度传感器，用于空气制动时的防滑控制。

基础制动装置 C 组由踏面制动单元缸、带停放的复合缸及闸瓦等组成。每轴设有两个踏面基础制动单元，一个是具有停放制动缸的复合单元；每个转向架的两个复合单元按对角设置。

Tc 车安装有制动维护终端，可以检测并记录制动系统各制动参数。

M1 车制动系统原理图如图 10-1 所示，M2 车制动系统原理图如图 10-2 所示，Tc 车制动系统原理图如图 10-3 所示。

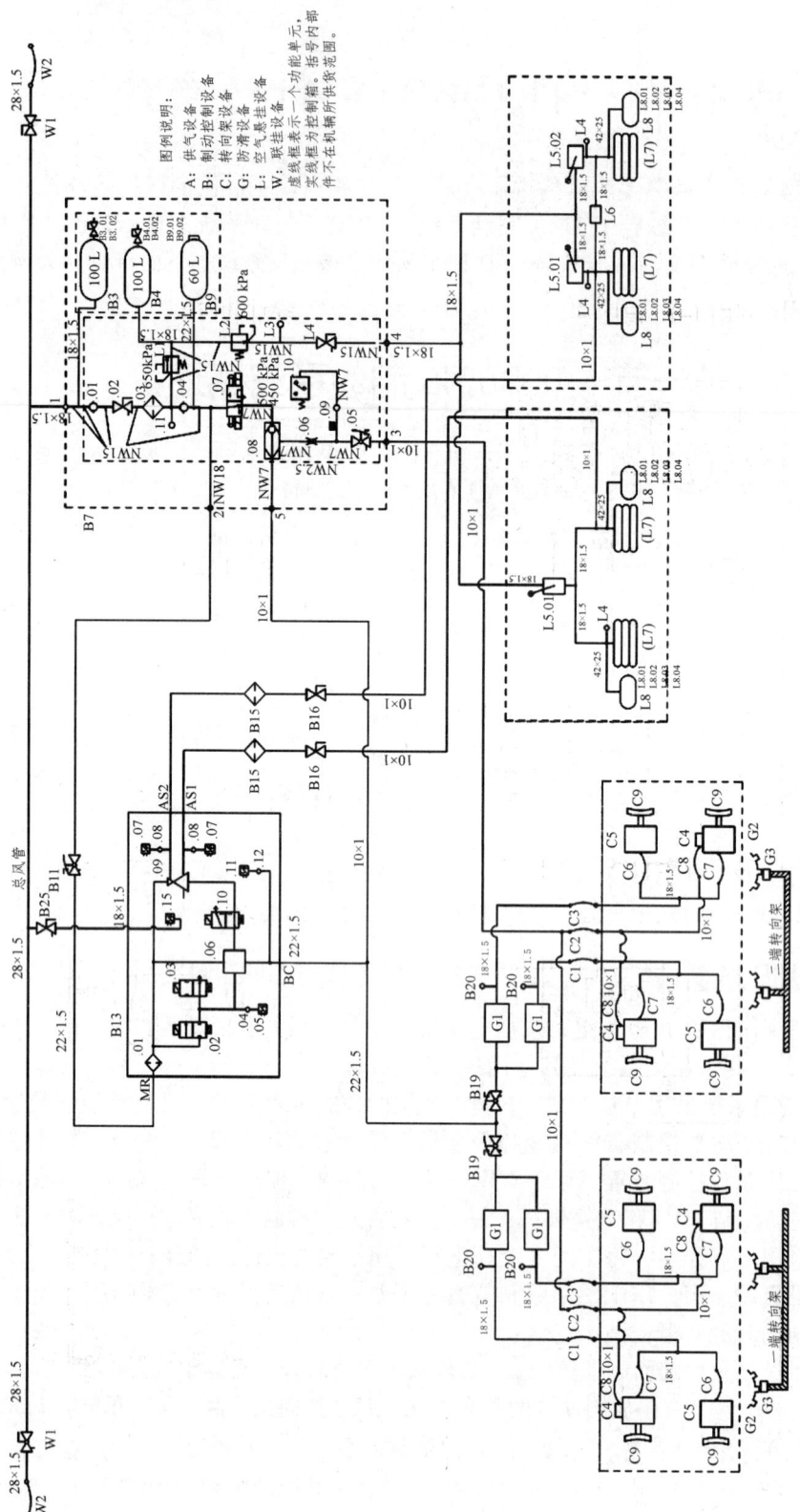

图 10-1 M1 车制动系统原理图

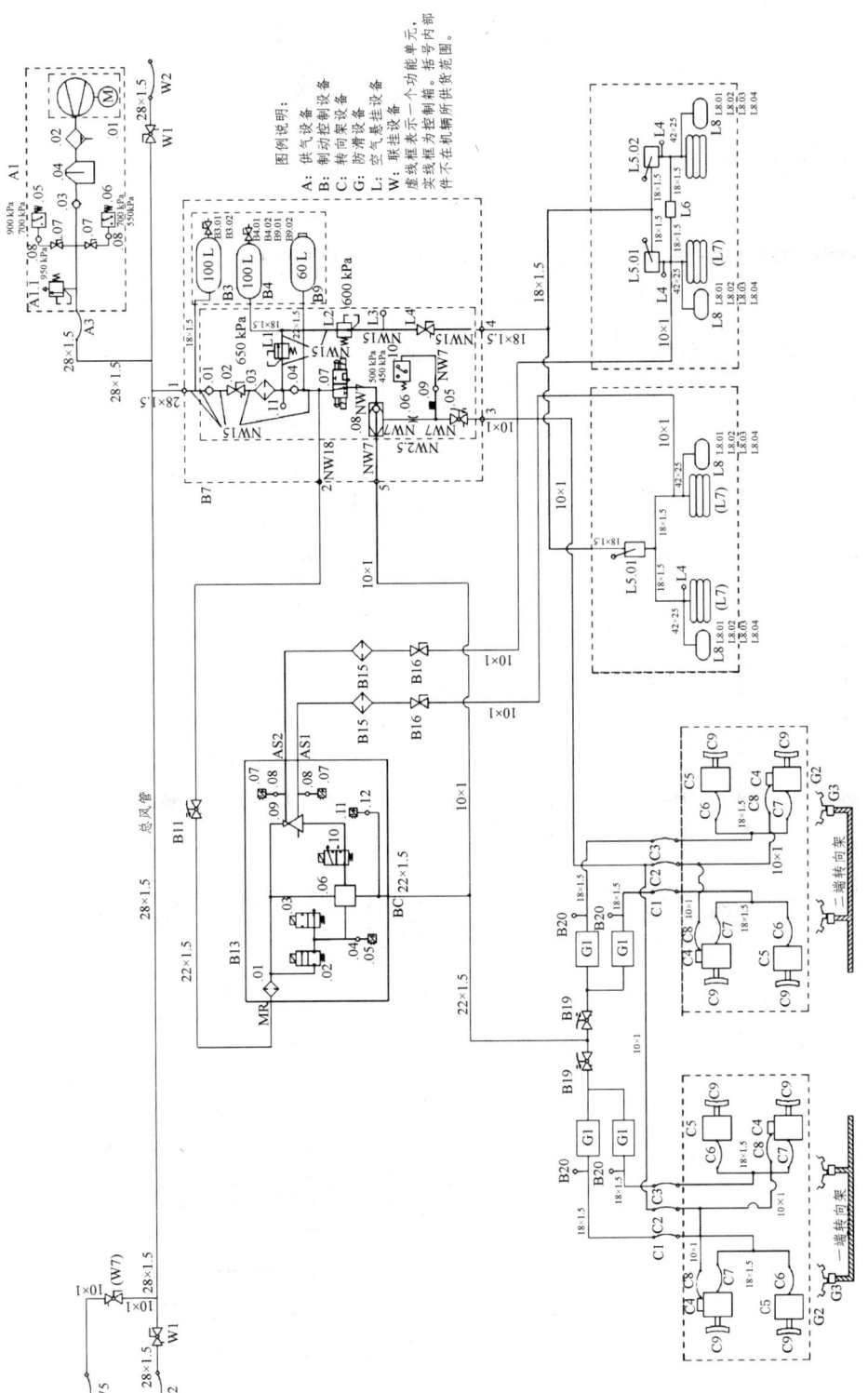

图 10-2 M2 车制动系统原理图

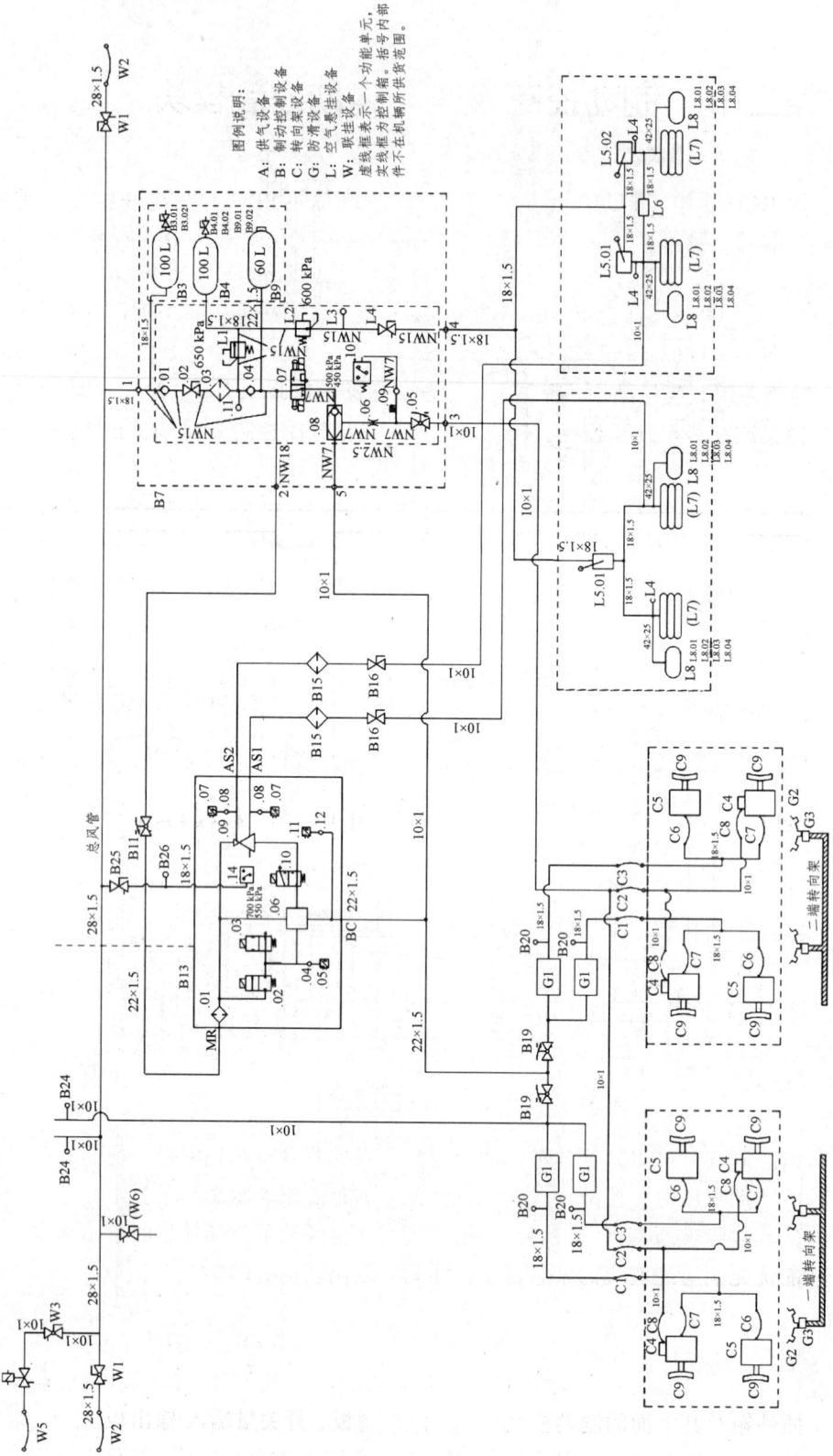

图 10-3 Tc 车制动系统原理图

第二节 制动控制模块与辅助控制模块

制动控制模块 BCU 由电子控制单元 EBCU 和气动控制单元 PBCU 组成。EBCU 主要完成制动控制、防滑控制、故障诊断和通信功能。PBCU 主要接收 EBCU 指令进行制动和缓解动作。

制动控制模块 BCU 控制原理如图 10-4 所示。根据制动指令产生要求的预控压力,通过中继阀产生制动缸压力,同时根据空气弹簧的压力信号实现不同载重的压力控制,并具有冲动控制功能。中继阀采用双膜板结构,紧急制动和常用制动根据制动力高的原则,优先响应。制动气动控制部件集成在一个气动板上,易于维护和更换,气动控制单元与电子制动控制装置共同实现常用制动、快速制动、紧急制动等功能。

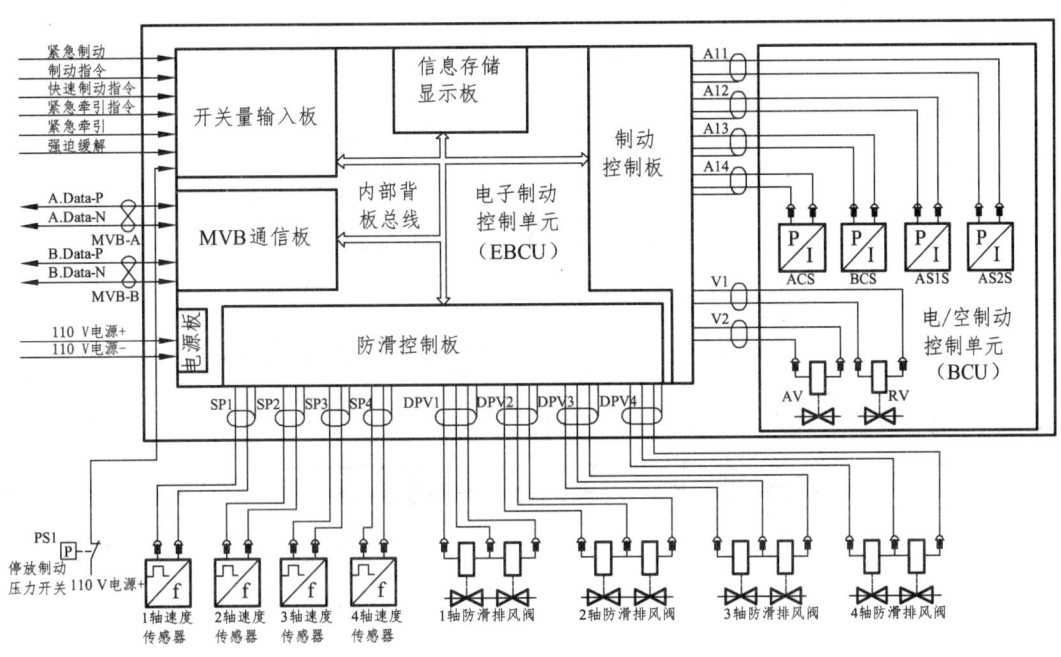

图 10-4 制动控制模块原理图

EBCU 的防滑控制部分可以检测各车轴的速度,一旦检测到有车轮滑行,便驱动防滑放风阀降低滑行轴的制动缸压力,使滑行车轮恢复到正常的黏着滚动状态。

EBCU 的通信及故障诊断部用以与列车控制系统的通信及故障诊断信息的显示与存储。制动作用单元还能优先响应纯空气的紧急制动,达到安全制动的目的。

一、电子控制单元 EBCU

EBCU 由电插件箱及其上面的制动控制板、防滑控制板、开关量输入/输出板及通信板等组成,用于实现制动和防滑控制及与外部电气的接口和通信。PBCU 主要由气路集成板及其上面的电磁阀、中继阀等气动执行部组成。

电子制动控制单元（EBCU）采用 6U 插件箱，插件高度为 6U（1U = 4.45 cm）。机箱中的模块插件包括电源插件、制动控制插件、防滑控制插件、开关量输入/输出插件及通信显示插件，机箱中的插件布置如图 10-5 所示。

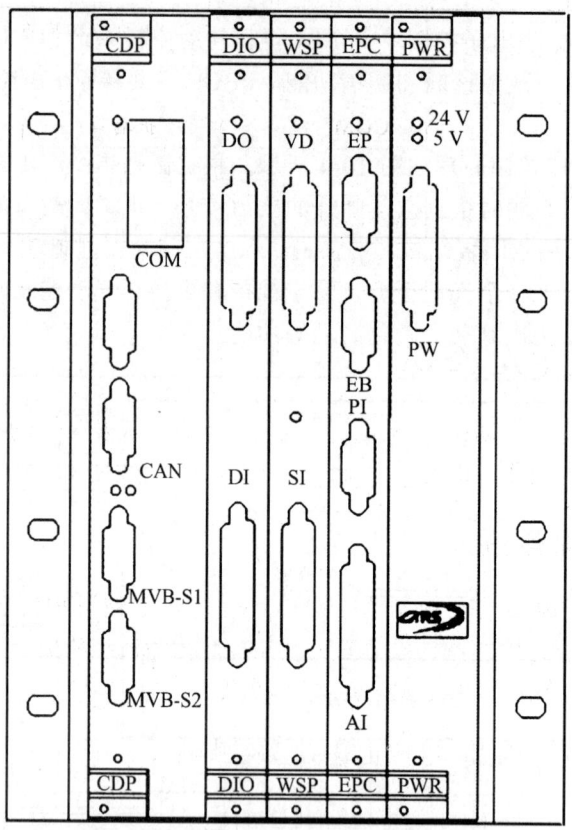

图 10-5　制动控制装置各板卡布局图

EBCU 采用模块化配置，各个插件板采用可独立运算的智能板卡，实现制动和防滑的控制计算以及与外部电气的接口和通信。

EBCU 各插件板名称及功能如表 10-1 所示。

表 10-1　EBCU 插件板名称及功能

构成	插件名称	序号	功　　能
PWR	电源插件板	PW	实现外部 110 V 供电到内部低压电源的变换
EPC	制动控制插件板	EP	EP 阀驱动输出
		EB	紧急输入和紧急阀控制
		PI	PWM 信号输入
		AI	压力传感器信号输入

续表

构成	插件名称	序号	功能	
WSP	防滑控制插件板	VD	防滑阀驱动输出	
		SI	速度传感器输入	
DIO	开关量I/O插件板	DO	输出制动控制装置的110 V数字信号	
		DI	接收外部输入的110 V开关量指令	
CDP	通信显示插件板	COM	串行维护端口	实现BCU与列车控制系统之间的通信以及信息显示和故障存储功能
		CAN	CAN网络端口	
		MVB-S1	MVB通信端口	
		MVB-S2	MVB通信端口	

二、气动控制单元PBCU

PBCU是控制装置的气动执行单元，主要由气路集成板及其气动执行部件组成，接收控制指令进行常用制动的动作，而紧急制动由PBCU直接接收列车安全环路指令进行控制。

（一）PBCU部件组成

如图10-6所示，PBCU主要由制动电磁阀AV、缓解电磁阀RV、紧急电磁阀EBV、空重阀LA、中继阀RL、压力传感器、压力开关及相应的压力测点构成，这些部件由一块气路集成板有机地联系起来，保证EBCU的指令能有效地转化为气动信号，实施制动和缓解操作。

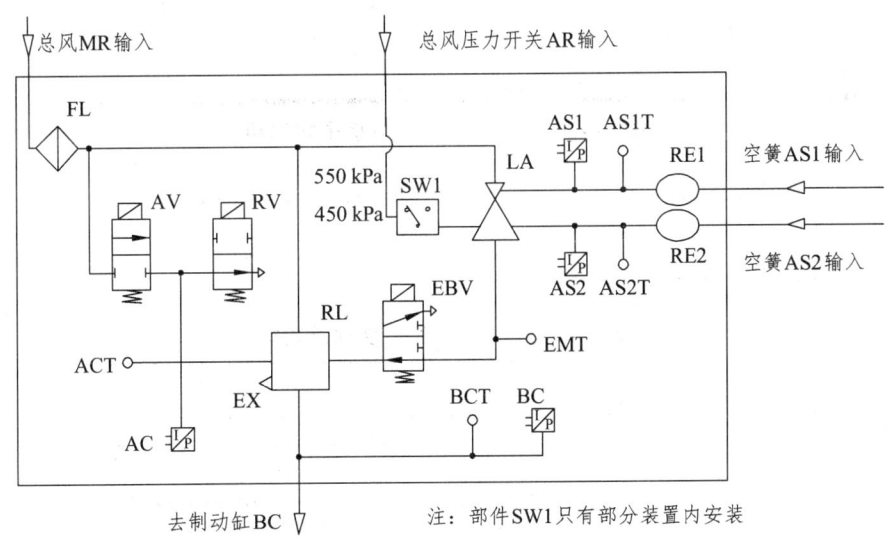

图10-6 PBCU控制原理图

FL—滤清器；AV—制动电磁阀；RV—缓解电磁阀；ACT—常用制动压力测点；AC—常用制动压力传感器；RL—中继阀；
AS1—空簧压力传感器；AS2—空簧压力传感器；AS1T—空簧压力测点；AS2T—空簧压力测点；LA—空重阀；
EBV—紧急电磁阀；EMT—紧急制动压力测点；BC—制动缸压力传感器；
BCT—制动缸压力测点；SW1—总风压力开关

制动控制装置内各部件的位置如图10-7所示。

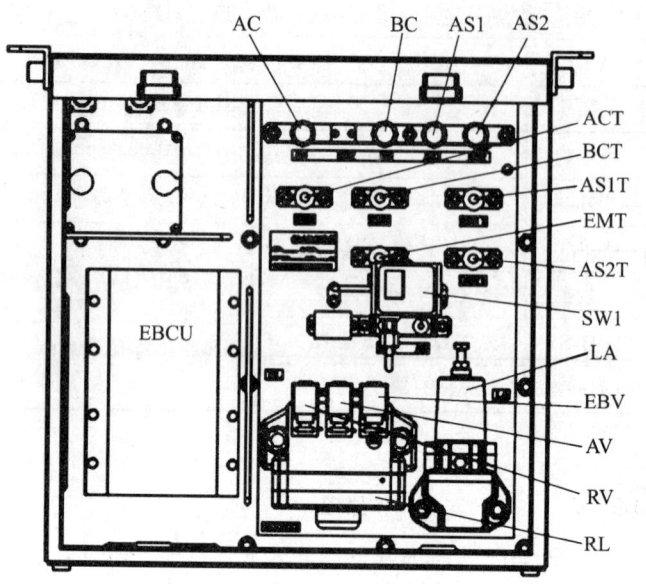

图10-7 制动控制装置内各部件的位置

（二）PBCU部件结构及功能

1. 空气滤清器（FL）

空气滤清器设置在总风输入端。压缩空气通过入口P流入空气过滤器，由过滤器内的粉末冶金滤芯滤掉固体杂质，从出口A出来，为下游设备提供清洁的空气。滤清器结构示意图如图10-8所示。

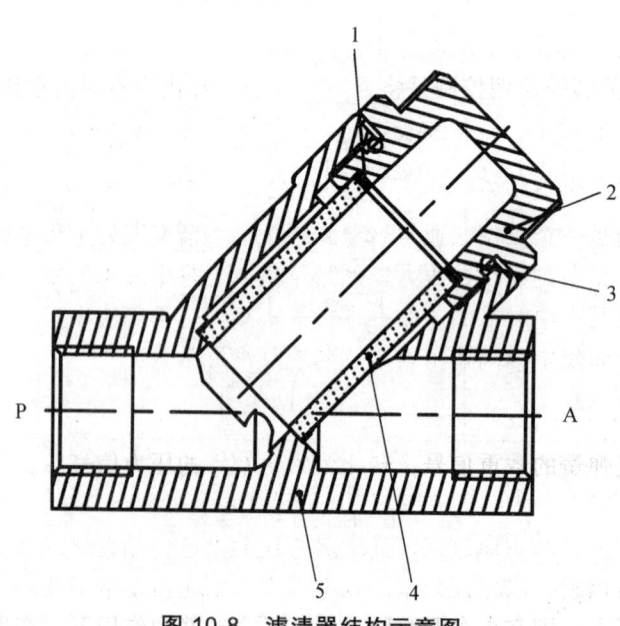

图10-8 滤清器结构示意图

1—密封垫；2—螺帽；3—O型密封圈；4—滤芯；5—阀体

2. 制动电磁阀（AV）、缓解电磁阀（RV）

制动电磁阀 AV、缓解电磁阀 RV 是电空转换阀（EP 阀），为开关型 EP 阀。开关型 EP 阀的工作原理如图 10-9 所示。

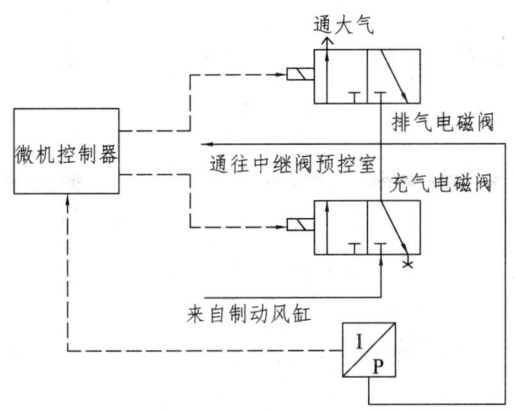

图 10-9　开关型 EP 阀的工作原理

制动时，充气电磁阀 AV 得电，其阀口打开，来自制动风缸的压力空气经充气电磁阀进入中继阀预控室，同时压力传感器将中继阀的预控压力值反馈给微机控制器，若反馈值低于目标值，则继续打开充气电磁阀，若反馈值高于目标值，则关闭充气电磁阀，打开排气电磁阀，直至反馈值等于目标值。缓解时，充气电磁阀 AV 关闭，排气电磁阀 RV 打开，将中继阀预控室排空。

通常情况下，由于总风压力较高，而制动控制的预控压力有时又很低，在容积效应和空气流动惯性的影响下，易发生压力建立滞后及空气波动较大的现象，所以实际应用中，EP 阀的控制通常使用带阈值的开关控制和基于脉宽调制（PWM）的高速开关阀的比例控制。现代高速开关阀的开关响应速度可高达 1 ms，使得对压力空气的控制更简单、精确，现代高速列车及城轨车辆一般采用基于 PWM 技术的高速开关阀的比例控制。

PWM 的高速开关阀的比例控制是将目标压力信号转化为不同占空比的 PWM 波形，闭环控制采用的是 PID 控制技术，以使预控压力能够平稳快速地达到目标值。

3. 紧急电磁阀（EBV）

紧急制动电磁阀是一个二位三通常开电磁阀，正常情况下处于得电的状态，切断了空重阀输出口与中继阀的紧急制动预控压力口的通路，同时将中继阀的紧急制动预控压力排向大气。当紧急制动电磁阀失电时，紧急制动电磁阀将接通空重阀输出口与中继阀的紧急制动预控压力口的通路，从而使中继阀输出紧急制动的制动缸压力。

4. 空重阀（LA）

空重阀接收空气弹簧的载重信号，转化为紧急制动的压力信号。

紧急制动的载荷调节是由空重车调整阀实现的，当两路空气弹簧压力进入空重阀后，会产生一个平均载重压力，然后通过杠杆变换成相应载荷的制动缸预控压力。从而使制动缸压力能随载重的变化而调整，以保证列车制动率从空车到超员基本不变。如果平均载重压力小于预调的空车载重压力，则空重车调整阀会在预调的弹簧力作用下，产生相当于空车的制动缸控制压力，从而保证了最小制动缸压力。

5. 中继阀（RL）

中继阀 RL 为压力信号放大器。本系统中继阀 RL 为双预控压力的中继阀，该阀接收常用或紧急制动的压力信号，并向制动缸输出相应的制动缸压力，其工作原理如图 10-10 所示。

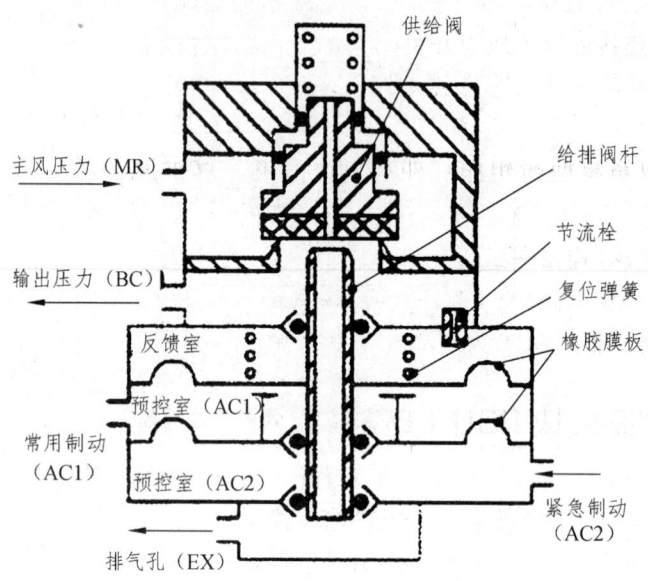

图 10-10 双预控中继阀结构示意图

该中继阀具有两个膜板，即双模板结构，其上膜板腔接收来自 EP 阀的制动预控压力，下膜板腔接收来自紧急制动阀的紧急制动预控压力，两张扁平膜板具有相等的有效面积，所以具有高位优先功能（当两膜板均有压力信号时，将采用取大的方式向制动缸输出压力空气）。

制动时，预控制压力 AC1 或 AC2 进入到膜板腔，使得给排气阀杆推动供给阀向上运动，打开供给阀阀座口，从而使得来自主风 MR 的压力空气通过供给阀阀座口流出，输出压力 BC 送往制动缸。中继阀出口的压力空气通过节流孔进入反馈室，随着出口压力的增大，当 AC1 或 AC2 的压力等于出口压力时，给排气阀杆在复位弹簧的作用下向下运动，关闭供给阀阀座口，此时为平衡力，中继阀处于保压状态。当预控压力降低时，在中继阀出口压力的作用下，给排气阀杆继续向下运动，脱离供给阀底座，此时出口压力空气通过给排气阀杆内的通路直接流向大气，此时中继阀处于缓解位。

（三）PBCU 端口

1. 总风 MR 压力输入端口

总风输入端口为制动装置的压力来源。该压力空气分成三路：一路进入制动 EP 阀的输入端，为制动控制提供压力源；另一路进入空重阀，为紧急状态下的载重信号的输入提供压力源；第三路则进入中继阀，为向制动缸输出压力空气做准备。

2. 空气弹簧载重压力输入端口 AS1、AS2

空气弹簧载重压力输入端口为紧急状态下的载重压力输入信号端口。为了更准确地采集车辆的载重，本系统采用两路空气弹簧压力输入信号 AS1、AS2。

3. 总风压力开关 AR 输入端口

为了监控总风压力，防止总风压力意外欠压，本制动控制装置中设置了总风压力开关 SW1。

如图 10-11 所示，压力开关 SW1 具有一对常开和常闭触点。压缩空气通过螺纹连接处进入压力开关，当被测压力超过设定值时，压力开关内部的弹性元件的自由端产生位移，推动开关元件，改变开关触点的通断状态，从而输出相应的电信号。

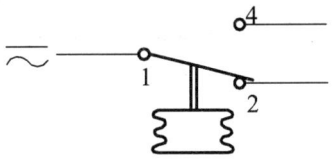

图 10-11 压力开关触点示意

该压力开关与紧急回路相连，如总风压力低于设定值 450 kPa 时，常闭触点 1、2 断开，紧急安全回来失电，引起列车紧急制动作用。

4. 制动缸压力 BC 输出端口

制动缸压力 BC 输出端口为向制动缸输出压力空气的端口。该压力受 EBCU 指令的控制。BC 为制动缸压力传感器，BCT 为制动缸压力测点。

三、辅助控制模块 PBU（B7）

辅助控制模块 PBU 把从总风管过来的压缩空气分配到制动风缸、停放制动模块、空簧供风模块等部位，为制动控制系统提供辅助控制功能。

辅助控制模块主要由风缸组件、气路板组装等构成，如图 10-12 所示。

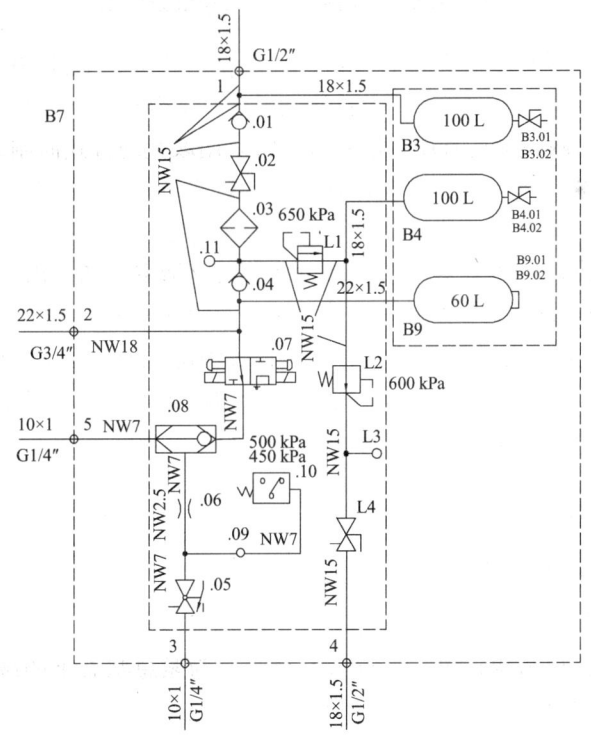

图 10-12 辅助控制模块气动原理图

B7.01，B7.04—单向阀；B7.02，B7.L4—带排风截断塞门；B7.03—空气滤清器；B7.05—电接点塞门；
B7.06—节流堵；B7.07—双脉冲电磁阀；B7.08—双向止回阀；B7.09，B7.11，B7.L3—压力测点；
B7.10—压力开关；B7.B3—总风缸；B7.B4—空簧风缸；B7.B9—制动风缸；
B7.L1—溢流阀；B7.L2—减压阀

（一）风缸组件

辅助控制模块中的三个风缸分别是总风缸 B3（100 L）、空气悬挂风缸 B4（100 L）和制动风缸 B9（60 L）。

总风缸 B3 和空气悬挂风缸 B9 设有排水塞门；为了保证制动的安全性，制动风缸 B4 只设排水螺堵。

从总风管过来的压缩空气进入总风缸 B3；制动风缸给制动控制提供快速和充足的压缩空气；进入制动风缸 B9 的压缩空气需经过一个过滤器 B7.03；单向阀 B7.04 用于防止风缸内的空气向空气弹簧和总风缸回流。

（二）气路板组装

1. 停放制动模块

停放制动模块的功能由节流缩堵 B7.06、双脉冲电磁阀 B7.07、双向止回阀 B7.08、压力测点 B7.9 和压力开关 B7.10 等部件来实现，压力开关设定值为上升 500 kPa，下降 450 kPa。

2. 空簧供风模块

辅助控制模块中空簧供风支路包括空气悬挂风缸 B07.B3。主风管 MR 的压缩空气通过溢流阀 B07.L1 进入该风缸；隔离塞门 L4 可用来截断空簧供风。溢流阀设定值为 650 kPa，减压阀设定值为 600 kPa。

系统通过空气弹簧压力确定该车的载重。

每台转向架配有一套空簧系统，其中包含两个空气弹簧、两个高度阀和一个差压阀。压缩空气经空气滤清器、调压阀及截断塞门，再通过高度阀为空气弹簧供风。高度阀的作用主要是保证车体高度的一致性，从而保证运行安全。在两个空气弹簧之间装有一个差压阀，以保证两个空气弹簧间的压力差不超过设定值，参见图 10-1 ~ 10-3。

3. 接　口

该模块 5 个管路接口分别连接不同的车辆管路：① 总风管（MR）输入通路 1；② 制动供风（BSR）输出通路 2；③ 停放制动（BR）输出通路 3；④ 空簧供风输出通路 4；⑤ 制动缸压力输入通路 5。

关于电气接口，由于采用了板装的方案，电气连接采用连接器的方式。电接点塞门、压力开关和双脉冲电磁阀的线缆直接压接在电连接器的插座上。

模块内部气路板的接口和接口板之间用硬管进行连接，以保证可靠性。

第三节　制动系统控制原理

一、制动管路系统

在图 10-2 中，由风源系统产生的压缩空气经单向阀 A2 通入 Tc 车的储风缸（B3），经截断塞门 B12 通入总风管中，总风管通过截断塞门 W01 和软管 W02 使车辆与车辆间的气路贯通。总风管的压缩空气通过 M、T 车的截断塞门 B6 给 M 车上的储风缸（B3）充风，在各车布置的储风缸相当于一个大的总风缸，可以为全列车储存足够的压缩空气。总风通过截断塞门 B1 单向阀 B8 给各车制动风缸充风。制动风缸可以为本车的制动控制装置提供快速、稳定、安全的压缩空气。截断塞门 B1 下游的压缩空气还通过截断塞门 B5 为停放制动控制装置供风。空簧系统用风通过截断塞门 L9 取自总风管，空簧系统的短时用风不会影响到制动风缸和制动控制装置的风源压力，当空簧系统故障时可通过关闭 L9 来切除。由制动控制装置产生的制动缸压力空气，分别经由两个带电接点的截断塞门 B19 送往两个转向架的制动缸，每个转向架的空气制动可以用截断塞门 B19 单独切除。

二、制动电气控制系统

图 10-13 为制动电气控制系统框图，司机控制器产生数字制动控制指令。7 级数字编码指令通过制动编码列车线直接送到 BCU，使用由网络传送的模拟制动指令。

三、制动控制

列车制动采用电制动与空气制动实时协调配合，电制动优先、空气制动延时投入的混合制动方式。当电制动不足时，优先在拖车上补充空气制动。

空电混合制动在半个列车，即一个两动一拖单元内进行混合控制，制动控制装置通过网络总线向牵引控制单元发送电制动力请求信号，实际电制动力信号也通过网络总线传送给 BCU，BCU 根据实际电制动力的大小来确定是否需要补充空气制动以及补充空气制动的多少。

电制动力请求信号由动车上的 BCU 发出，每个动车 BCU 按本车和半个拖车应施加的总的制动力向牵引控制单元请求电制动力，当两个动车的实际电制动力都可以发挥到所设定的制动力时，则两个动车的实际电制动力之和可以满足本单元的制动力需求，全部制动力都由电制动承担，动车和拖车都不施加空气制动。当实际电制动力不能满足本单元的制动力需求时，则首先在拖车上以空气制动补充本单元不足的制动力；如某动车的实际电制动力还不能满足动车本身所需求的制动力时，则该动车不足的制动力由该动车的空气制动补充，当两个动车的实际电制动力都不能满足本车所需求的制动力时，则单元拖车所需的制动力全部由拖车的空气制动承担。

在有电制动时，即使不需要施加空气制动，制动缸也要保留一定压力（30 kPa 左右），以补偿在电制动衰减时空气制动补充的滞后。

当列车制动在电制动快要衰减时，由 VVVF 发出一个电制动退出（衰减）预告信号，BCU 收到电制动退出预告信号后，按预定速率预补空气制动。

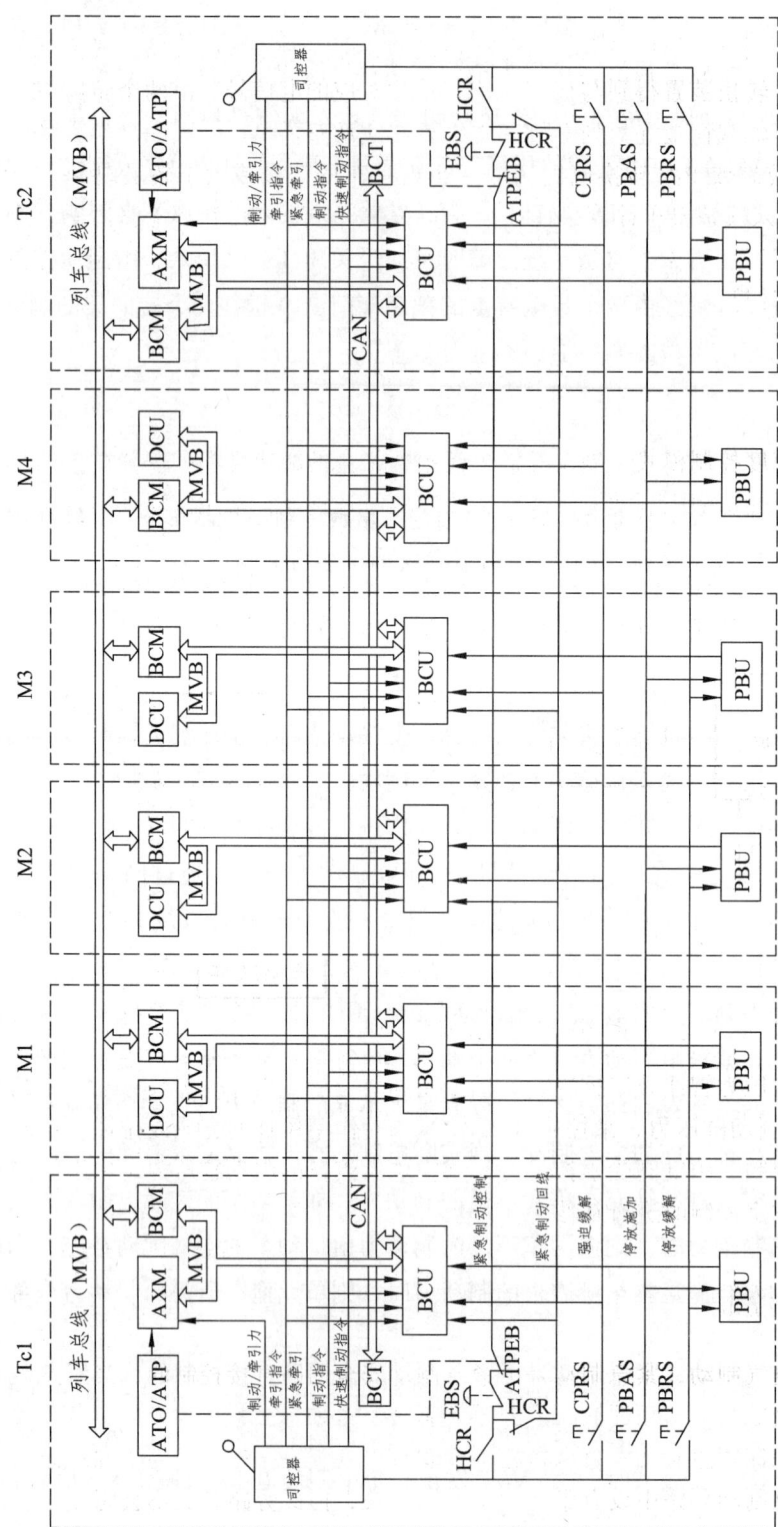

图 10-13 制动电气控制系统框图

四、制动载荷补偿

常用制动的空重车调整是根据空簧压力进行控制的,即将两个转向架的空气弹簧(取对角位置)压力通过 P-E 转换装置得到与该转向架载重相对应的电信号,由两个转向架载重来计算车辆载荷。根据车辆载荷情况对列车制动力进行相应调整。

当一端空气弹簧破裂或 P-E 转换电路的输出小于空车的信号或大于超员时的车重信号时,则用另一端的载重来代替整车计算载重;在空气弹簧破裂或 P-E 转换电路的输出小于空车的信号时,则按空车车重的 100%计算;当 P-E 转换电路的输出大于超员时的车重信号时,则按超员载荷的 100%计算。

五、常用制动

常用制动采用减速度控制模式,制动控制单元根据指令的减速度和车辆载重来计算目标制动力。常用制动具有冲击率限制功能,以改善乘坐的舒适性能;常用制动采用空电混合制动并优先使用电制动。

BCU 根据目标制动力计算出本车应施加的制动缸目标压力。制动缸压力控制如图 10-14 所示,制动缸压力的控制是通过对作用风缸压力(预控压力)的闭环控制实现的。

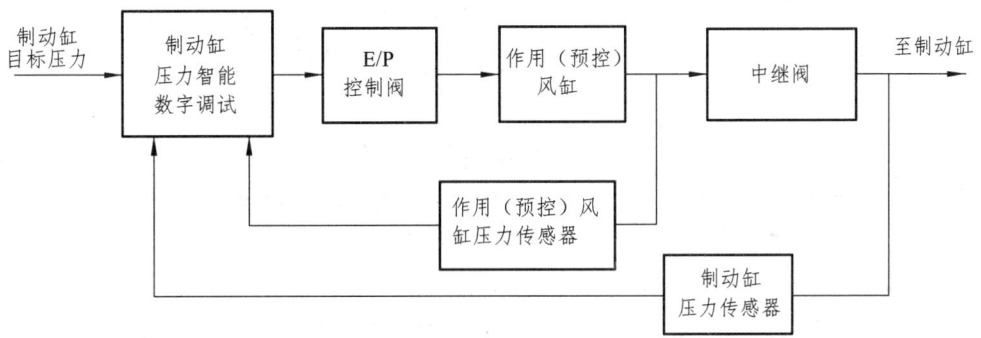

图 10-14　压力控制原理

微控制器的制动缸压力智能数字控制,是根据制动缸目标压力和压力传感器检测的作用(预控)风缸压力以及制动缸压力,来控制 E/P 转换阀对作用风缸的充风或排风,实现对中继阀预控压力的闭环控制。中继阀受预控压力控制输出大流量的制动缸压力,中继阀的输出压力滞后影响在智能数字控制时进行补偿。

六、紧急制动控制

紧急制动采用纯空气制动,紧急制动是由紧急制动安全回路直接控制的,当紧急制动安全回路失电时,列车中的所有车辆即同时实施紧急制动。紧急制动一旦实施,紧急制动安全回路的控制电路可以保证紧急制动一直保持施加状态直到列车完全停下。为了在应急情况下能缓解紧急制动,紧急制动环路中设有紧急制动旁路开关,但此旁路开关不会将紧急制动按钮开关旁路,以保证在需要时列车仍可实施紧急制动。

紧急制动作用原理如图 10-15 所示。

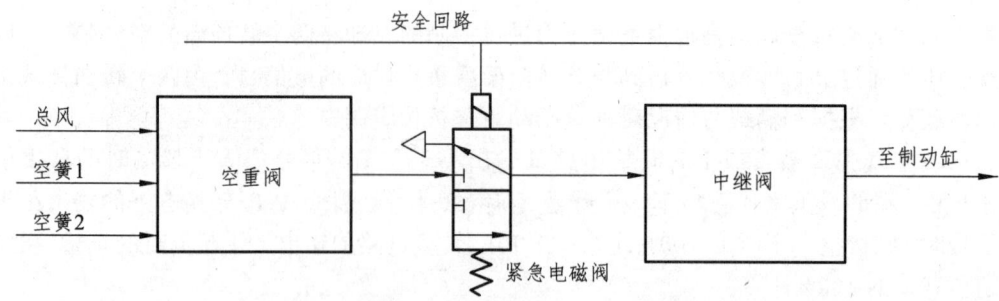

图 10-15　紧急制动作用原理（电磁阀得电状态）

紧急制动的载荷调节是由空重车调整阀实现的，当两路空气弹簧压力进入空重阀后，会产生一个平均的载重压力，然后通过杠杆变换成相应载荷的制动缸预控压力，从而使制动缸压力能随载重的变化而调整，以保证列车制动率从空车到超员基本不变。如果平均载重压力小于预调的空车载重压力，则空重车调整阀会在预调的弹簧力作用下，产生相当于空车的制动缸控制压力，从而保证了最小制动缸压力。

七、防滑控制

空气制动防滑功能在紧急制动和常用制动时都可以起作用。

1. 特　点

图 10-16 为防滑控制单元结构图，该控制单元具有以下特点：

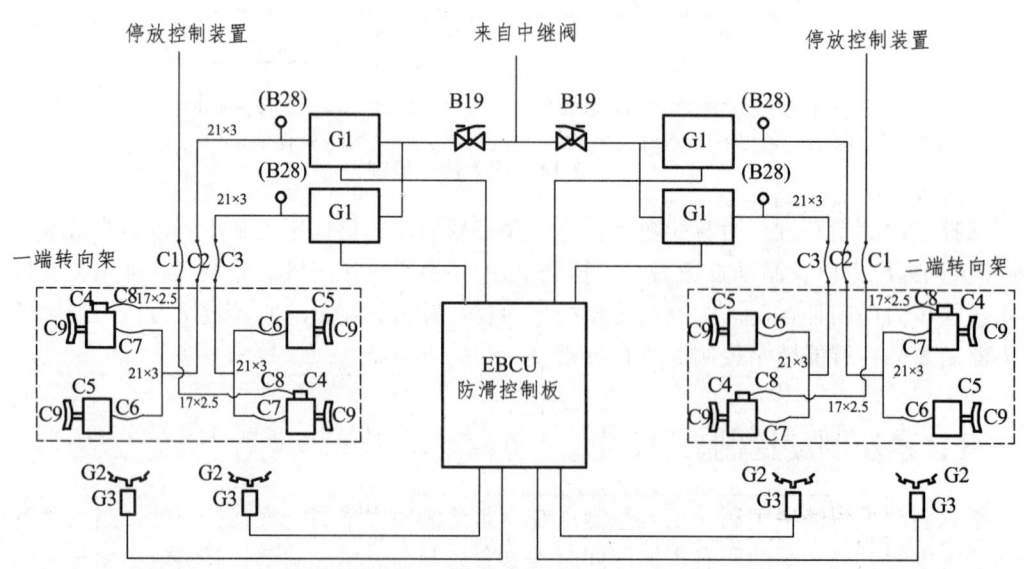

图 10-16　防滑控制单元结构图

（1）采用微机控制，计算速度快，检测精度高；
（2）根据速度差、减速度等多个判据的变化进行防滑控制；

（3）具有自检和故障存储功能，自动监督速度传感器和排风阀状态及控制输出状态，同时控制单元进行自监督；

（4）能进行轮径补偿；

（5）具有邻轴互补功能；

（6）能充分利用黏着；

（7）具有冲击率控制功能；

（8）用有源速度传感器，能在低速运行时（低于 2 km/h）还可以有很稳定的信号输出。

2. 滑行判据

空气制动滑行控制系统采用速度差和减速度判据进行滑行检测。

（1）速度差判据：当某一轴速度低于参考速度（基准速度）达到判定滑行数值。

（2）减速度判据：当某一轴速度的减速度达到判定滑行数值。

防滑控制单元在进行滑行控制时会自动限制排风和保压的持续时间，以限制空气制动力的减少时间。防滑控制单元还具有独立于主微控制器的监控微控制器，当主微控制器出现异常时，监控微控制器能够切除主微控制器的防滑控制输出，以防止空气制动力的持续减少。

八、保持制动功能

制动控制装置（BCU）的保持制动控制功能可以使列车在坡道上停车时保持静止，防止列车在坡道上起动时倒溜。在正常情况下，BCU 从车辆总线接收保持控制指令，当车辆减速到车速低于施加保持制动的车速（如 1.5 km/h）时，车辆控制系统 VCU 通过车辆总线向 BCU 发出保持制动施加指令，BCU 收到保持制动施加指令后，执行保持制动施加控制，空气制动系统将施加足以使列车在坡道上能保持静止的空气制动；在列车牵引起动时，当牵引力高于在坡道上起动所需的牵引力或列车速度大于 1 km/h 时，VCU 通过车辆总线向 BCU 发出保持制动缓解指令，BCU 收到保持制动缓解指令后，执行保持制动缓解控制，使空气制动缓解。

在应急牵引模式下，当车速低于 1 km/h 时，BCU 将自动施加保持制动；当接收到牵引信号时，延迟一定时间（如 1 s）后自动缓解保持制动。

在回送和救援时不具有保持制动功能。

九、系统故障诊断

制动控制装置（BCU）具有系统自动检测及故障诊断功能，自检方式包括上电自动检测（POT）、在线运行自检、命令自检等方式。

上电自动检测是指在控制电源加电时自动进行的检测，上电自动检测的内容主要包括 CPU 外设接口自检、EEPROM 自检、E/P 控制阀检测、防滑排风阀检测、网络通信接口检测等。

在线运行检测是在系统正常工作时不需要外部干预也进行的自动检测，在线运行检测内容主要包括压力传感器检测、速度传感器检测、网络通信故障检测等。

命令自检是由监控系统（TCMS）通过车辆总线发出的系统检测指令，或由检修人员通过按压 EBCU 系统自检按钮启动的自检。命令自检内容可以包括上电自检和在线自检内容，同时还可以进行空气制动自动试验和故障诊断。

系统的故障诊断主要是对系统的功能进行诊断，如制动和缓解功能故障。

当诊断系统有故障时，故障信息能够通过网络总线发送给列车监控系统（TCMS），并能够在司机显示屏显示，根据故障的影响程度，提示司机进行适当的处理。系统故障信息及发生故障前后一段时间的数据同时在 BCU 中存储，BCU 中的存储显示卡采用了大容量的记录存储介质，可以存储大量控制数据及故障信息，存储信息可以通过通信接口下载分析。

存储卡中存储的制动控制信息主要包括制动指令、作用风缸压力、制动缸压力、电制动力、E/P 控制阀状态等；存储的防滑控制信息包括各轴速度、减速度、参考列车速度、滑行检测和各防滑阀工作状态等。

十、停放制动控制

停放制动控制装置集成在一个控制箱内。停放制动控制装置气动原理图如图 10-17 所示，停放制动控制装置主要由双脉冲电磁阀、减压阀、双向止回阀、压力开关、压力测点、滤清器、带电接点排风塞门、气路集成板、箱体等组成。双脉冲电磁阀可以用脉冲电压控制转换，在外部控制电压作用下转换后，能够保持转换后的位置而不需要连续地施加控制电压。此外，脉冲阀两端还有手动按钮，可以通过手动按钮进行控制转换，手动按钮为自复位方式，手控转换后不会影响脉冲阀的电压控制。因此在电信号出现故障或者需要人工干预的情况下，可人工施加和缓解停放制动。

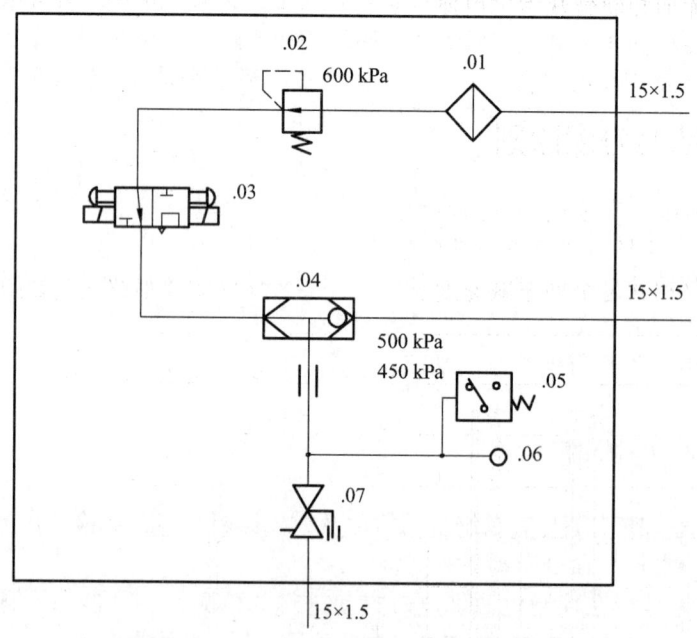

图 10-17　停放制动控制装置气动原理图

过滤器（01）过滤压缩空气内的杂质颗粒，以保护下游的减压阀、双脉冲电磁阀、双向止回阀、压力开关等敏感器件能够正常工作；减压阀（02）可以根据控制系统的要求，将来自总风的压力调整到停放制动缸所需要的压力。根据总体技术要求，本停放制动控制装置的减压阀（02）输出压力调整至 600 kPa。

双向止回阀（04）起到防止弹簧制动和空气制动同时施加的作用。为了防止压缩空气流量过大对停放制动缸的冲击，双向止回阀（04）和停放制动缸之间设置了缩堵，以控制停放制动缸的充风和排风速度。

压力开关（05）在通往停放制动缸的压缩空气压力低于 450 kPa 时，提供一个停放制动施加的信号。压力测点（06）用于系统调试和日常维修时的压力检测。带电接点排风塞门（07）用于系统调试和日常维修时排空停放缸内的压力空气，在正常运营时给司机室提供停放切除的监控信号。

停放制动是采用弹簧储能施加制动力的一种制动方式，停放制动的施加和缓解采用独立的控制线，可以满足坡道停放的需要。停放制动控制装置由列车控制线来控制停放制动的制动或缓解。当接收到施加停放制动信号时，双脉冲电磁阀（03）的制动施加电磁阀得电，缓解电磁阀失电，双脉冲电磁阀（03）封锁来自总风的压力空气，打开停放制动缸的排风通道，使停放制动缸内压力空气通过双脉冲电磁阀（03）排出，从而单元制动缸产生停放制动作用。当停放制动控制装置接收到缓解停车制动的信号时，双脉冲电磁阀（03）的制动施加电磁阀失电，缓解电磁阀得电，双脉冲电磁阀（03）封锁停放制动缸的排风通道，打开来自总风的压力空气，将压力空气引入停放制动缸，停放制动缸中的停放弹簧在压力空气的作用下被压缩，从而使停放制动缓解。在停放制动控制装置中设置了双向止回阀，其一端输入了总风压力，另一端输入的是制动缸压力，其作用是防止由于弹簧制动和空气制动同时施加，造成车轮制动力过大的情况发生。

停放制动的施加和缓解状态可以通过压力开关进行检测。该信号可以用于停放制动的监控和与牵引系统的联锁。

十一、制动力分配原则

武汉地铁 2 号线列车采用四动两拖编组模式，即 T-M-M = M-M-T。制动控制系统采用铁科院 TKQ601S 制动系统。下面介绍武汉地铁 2 号线列车制动力的分配方案。

当电制动力之和满足全列车减速度需求时，各车空气制动不补充，如图 10-18 所示。

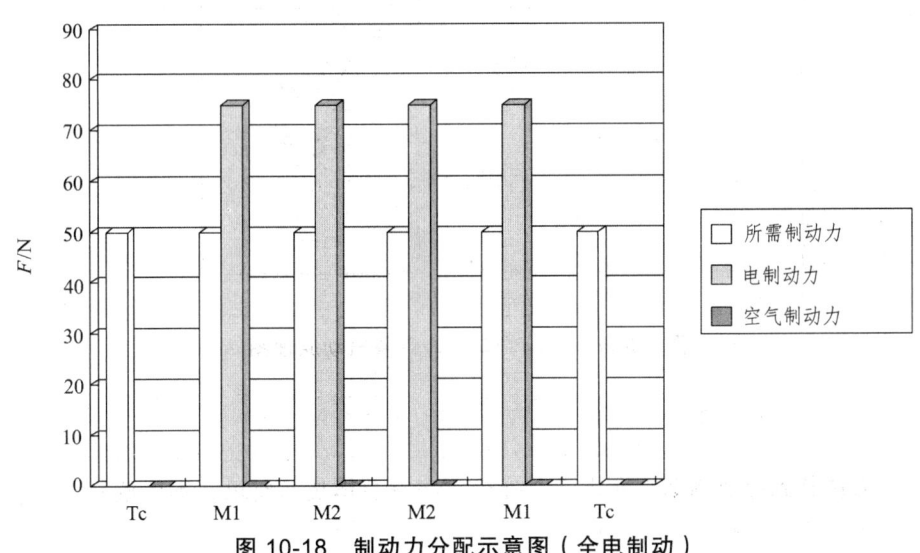

图 10-18 制动力分配示意图（全电制动）

当电制动力之和不满足全列车减速度需求时，优先在 Tc 车进行空气制动补充，如图 10-19 所示。

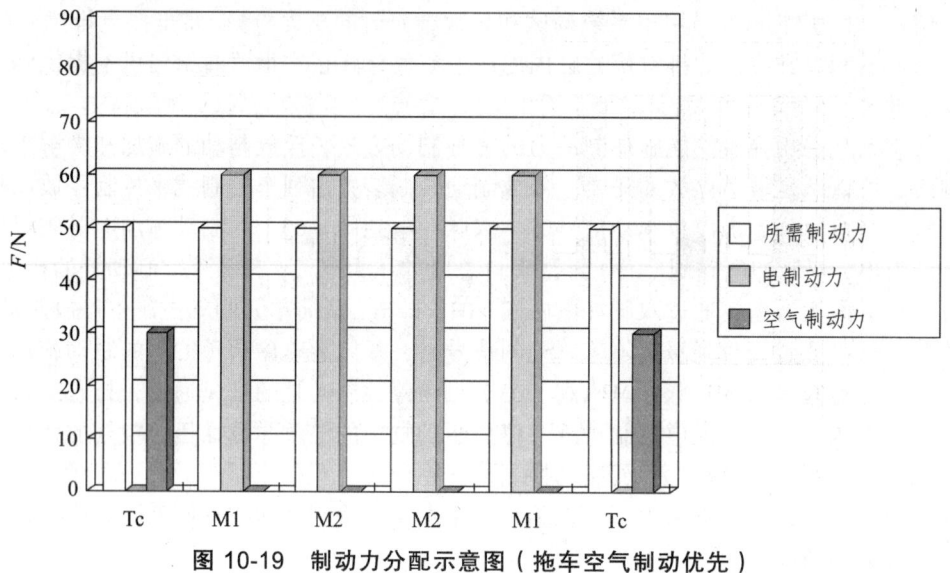

图 10-19　制动力分配示意图（拖车空气制动优先）

当 Tc 车上补充的空气制动力补满后（到达本车所需的制动力），4 辆动车不足的制动按照黏着限制下的最大制动力余量的比例进行补充，如图 10-20 所示。

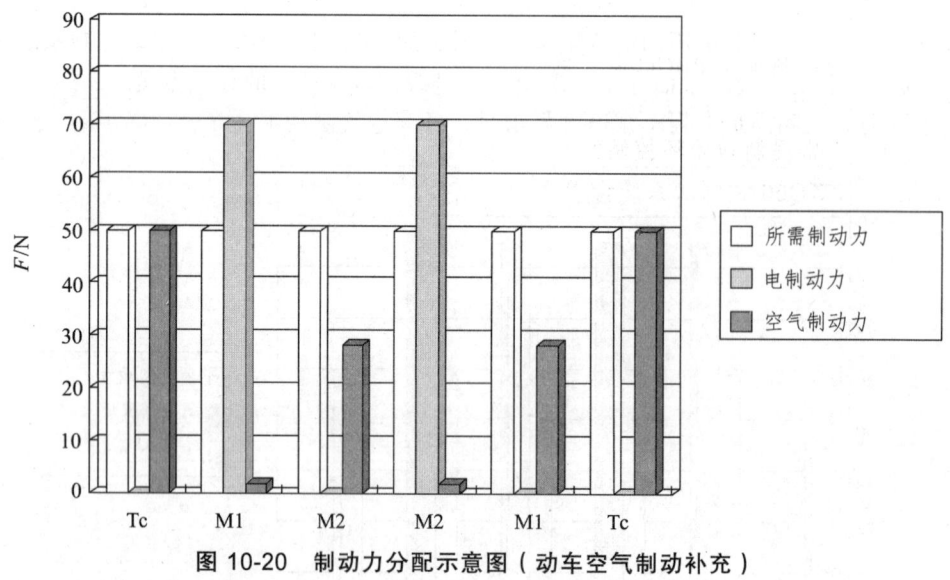

图 10-20　制动力分配示意图（动车空气制动补充）

当电制动不能发挥的时候，各车施加本车的空气制动力，如图 10-21 所示。

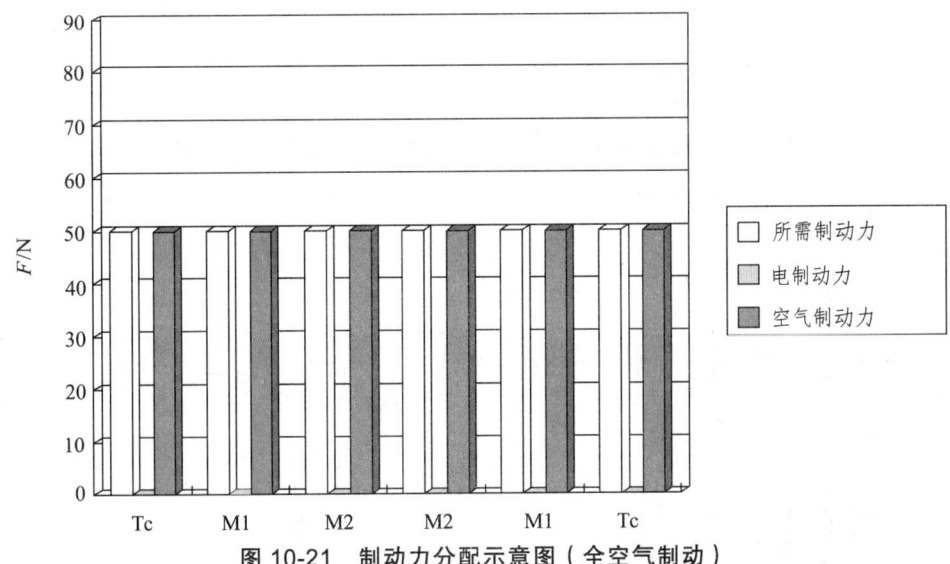

图 10-21 制动力分配示意图（全空气制动）

1. 简述 TKQ601S 制动设备的组成。
2. 简述 EBCU 和 PBCU 模块的功能。
3. 简述 EBCU 插件板名称及其功能。
4. 简述气动控制单元 PBCU 各阀的结构与作用。
5. 简述 PBU 模块的构成及功能。
6. 如何实现常用制动闭环控制？
7. 铁科院 TKQ601S 制动系统设置有哪些制动控制功能？

附录　地铁驾驶检修制动复习

一、单选题

1. 现代城市轨道交通车辆制动系统不包括（　　）。
   A. 动力制动系统　　　　　　　　　B. 气动门系统
   C. 指令和通信网络系统
2. 不属于制动控制策略的是（　　）。
   A. 再生制动　　　　　　　　　　　B. 均匀制动
   C. 拖车空气制动滞后补足控制　　　D. 拖车空气制动优先补足控制
3. 城市轨道交通在运行过程中，乘客负载发生较大变化时，一般要求制动系统（　　）。
   A. 制动率不变　　B. 制动力不变　　C. 制动方式不变
4. 下列制动属于电气制动的是（　　）
   A. 闸瓦制动　　B. 盘型制动　　C. 电阻制动　　D. 紧急制动
5. 现代城市轨道交通车辆制动系统的组成是（　　）。① 动力制动系统；② 空气制动系统；③ 防滑系统；④ 指令和通信网络系统。
   A. ①②③　　　B. ①②④　　　C. ①②③④　　　D. ②③④
6. 下列因素与蠕滑率大小无关的是（　　）。
   A. 车轮轴重　　　　　　　　　　　B. 车轮角速度
   C. 车轮半径　　　　　　　　　　　D. 车轮轮心前进线速度
7. 在城轨车辆中，能最初发出制动指令的部件或系统是（　　）。
   A. ATO　　　B. DCU　　　C. BCU　　　D. EBCU
8. 在制动系统中，能对制动指令及各种信号进行分析计算，再发出制动信号的是（　　）。
   A. 自动驾驶系统　　　　　　　　　B. 牵引控制系统
   C. 电子制动控制单元　　　　　　　D. 空气制动控制单元
9. 常用制动指令为（　　）时，列车施加常用制动。
   A. 高电平　　B. 低电平　　C. 以上都可以
10. 城轨车辆无论空载、满载或超载，在手动驾驶过程中，制动手柄处于某一位置不变时则（　　）。
    A. 减速度随载荷增加而减小　　　　B. 制动率保持不变
    C. 制动缸压力保持不变　　　　　　D. 制动力保持不变
11. 当网络正常时，优先使用网络传送的模拟制动指令，当网络故障无法传送模拟指令时，BCU使用由数字编码列车线传送的（　　）级数字编码指令。

A. 5　　　　　　　B. 7　　　　　　　C. 3

12. 主控制手柄有四个工作位，不包括（　　）。
   A. 牵引　　　　B. 常用制动　　　C. 停放制动　　　D. 快速制动

13. DCU 是指（　　）。
   A. 牵引控制单元　　　　　　　　B. 制动控制单元
   C. 辅助控制单元　　　　　　　　D. 车门控制单元

14. 列车未选择方向时能完成的工作不包括（　　）。
   A. 施加停放制动　　　　　　　　B. 施加紧急制动
   C. 牵引　　　　　　　　　　　　D. 升弓

15. 快速制动指令有效的条件是（　　）。
   A. 紧急停车按钮被按下　　　　　B. 主控制手柄拉到快速制动位
   C. 手动驾驶时，警惕按钮长时间松开　　D. 受电弓降弓

16. 施加停放制动时，控制停放制动气路的（　　）得电。
   A. 脉冲电磁阀　　　　　　　　　B. 紧急制动继电器
   C. 受电弓电磁阀　　　　　　　　D. ADD 电磁阀

17. 对列车正常牵引不产生影响的是（　　）。
   A. 停放制动未缓解　　　　　　　B. 客室车门未关
   C. 主风缸压力过低　　　　　　　D. 某一台 SIV 故障

18. 当主控制手柄位于制动区时，列车施加（　　）。
   A. 停放制动　　　　　　　　　　B. 常用制动
   C. 快速制动　　　　　　　　　　D. 紧急制动

19. 车辆的冲击率用（　　）来衡量。
   A. 速度的变化率　　　　　　　　B. 距离的变化率
   C. 频率的变化率　　　　　　　　D. 加速度的变化率

20. 城市轨道交通车辆的常用制动形式有①电阻制动、②再生制动、③空气制动，按优先级的排列是（　　）。
   A. ①②③　　　　B. ③②①　　　　C. ③①②　　　　D. ②①③

21. 关于闸瓦制动下列说法错误的是（　　）。
   A. 属于摩擦制动　　　　　　　　B. 是空气制动的一种
   C. 属于非黏着制动　　　　　　　D. 属于黏着制动

22. 武汉地铁 4 号线车辆单元制动机是哪两种类型（　　）。① PC7Y；② PC7YF；③ TFD-5；④ TFD-6。
   A. ①②　　　　　B. ①③　　　　　C. ③④　　　　　D. ②③

23. TFD-5 型制动器不具有的特点是（　　）。
   A. 有弹簧停车制动及手制动辅助缓解装置
   B. 有闸瓦间隙调整器
   C. 占用空间小，安装简单
   D. 性能稳定，作用可靠，维修方便

24. TFD 踏面制动单元的制动闸瓦间隙 A 为（　　）。

A.（10±2）mm B.（15±2）mm
C.（20±2）mm

25. 停放制动缸手动缓解时不缓解的故障原因是（　　）。
    A. 手动缓解装置故障　　　　B. 轴承、螺母或丝杠动作不良
    C. 闸瓦托偏斜

26. 操纵手动缓解装置向外拉手缓解钥匙保持（　　），制动单元应彻底缓解。
    A. 2 s　　　　　B. 3 s　　　　　C. 4 s

27. WSDR 水分离器安装在后冷却器的出口，用以从压缩空气中分离凝液/油，其上装有排污阀（　　）。
    A. Y1　　　　　B. Y2　　　　　C. Y3

28. WSDR 水分离器在环境温度低于（　　）℃的时候温控器启动加热装置，防止水的冻结。
    A. 5　　　　　B. −25　　　　　C. −40

29. SDR 膜式干燥器的反吹装置带有一个电磁阀（　　）。
    A. Y3　　　　　B. Y5　　　　　C. Y4

30. 油路系统配有旁通阀（BV1），当油温低于（　　）℃时，旁通阀（BV1）切断了从油冷却器（OC）供来的油。
    A. 120　　　　　B. 75　　　　　C. 110

31. 机头出口油温开关（T1）连接到电气装置，当空压机组内油温达到（　　）℃时报警，当油温达到（　　）℃时停止空压机组。
    A. 110，120　　　　　B. 120，130　　　　　C. 100，120

32. 空气过滤器真空指示器测量空气过滤器的压差，当达到（　　）时（表明过滤器阻塞），标识变红，则需要更换过滤器。
    A. 5 kPa　　　　　B. 50 kPa　　　　　C. 0.5 kPa

33. 列车制动系统空压机的供电电源是（　　）。
    A. DC 1500 V　　　　　B. AC 400 V/380 V　　　　　C. DC 110 V

34. 空气压缩机的停止压力是（　　）kPa。
    A. 700　　　　　B. 750　　　　　C. 900

35. 武汉地铁 2 号线拖车每辆上都安装有（　　）个差压阀。
    A. 0　　　　　B. 1　　　　　C. 2

36. （　　）可以查看空压机进气是否堵塞。
    A. 真空指示器　　　B. 精细滤油器　　　C. 安全阀

37. （　　）可以对压缩空气中水进行过滤。
    A. 真空指示器　　　B. 膜式干燥器　　　C. 安全阀

38. 当头车单元由于受流器未搭上三轨，头车单元 SIV 未工作，此时若总风降至（　　）kPa，尾车单元空压机开始打风至 900 kPa。
    A. 750 kPa　　　　　B. 550 kPa　　　　　C. 700 kPa

39. 应急模式下无 TCMS 控制，此时当总风压力低于 700 kPa 时，压力开关 PSC1 闭合，控制（　　）闭合，空压机启动。

A. K26   B. K27   C. K28

40. 当空压机主回路热过载时，触点（ ）动作，输出热过载保护信号。

     A. KM   B. SC1   C. FR

41. 下面哪个部件安装在车厢内（ ）。

     A. 中继阀   B. 电接点截断塞门   C. 脉冲电磁阀

42. 不属于供气系统的部件是（ ）。

     A. 空气压缩机组   B. 制动控制单元   C. 空气干燥器

43. 现代轨道交通车辆没有的风缸是（ ）。

     A. 主风缸   B. 制动风缸   C. 均衡风缸

44. 螺杆式空气压缩机最小压力阀压力值超过（ ）kPa 时开启，可降低流过油细分离器的空气流速，除确保油细分离效果之外，还可以保护油细分离器因压差太大而受损。

     A. 550   B. 600   C. 250

45. 现代地铁列车在 AW3 载荷下，从 80 km/h 速度开始紧急制动，其紧急制动距离不得超过（ ）m。

     A. 180   B. 215   C. 204

46. 在电制动力满足制动需求时，空气制动不进行补偿，但空气制动缸内也将保留一定压力，约（ ）kPa，以补偿在电制动衰减时空气制动补充的滞后。

     A. 750   B. 30   C. 450

47. 当列车制动在电制动快要衰减时由 VVVF 发出一个电制动衰减/退出预告信号，BCU 收到电制动退出预告信号后，按预定速率预补（ ）制动。

     A. 空气   B. 电阻   C. 再生

48. 空气弹簧悬挂装置中（ ）防止一个转向架上的两个空气弹簧之间的压差大于 150 kPa。

     A. 差压阀   B. 高度调节阀   C. 称重阀

49. 停放制动应满足 AW3 列车在（ ）坡道上安全、可靠地停放。

     A. 60‰   B. 35‰   C. 50‰

50. 空气弹簧的压力和车体的高度通过每个转向架上的（ ）调整。

     A. 差压阀   B. 高度调整阀   C. 均压阀

51. 下列哪一个不属于防滑系统（ ）。

     A. 基础制动装置   B. 防滑控制单元

     C. 速度传感器   D. 防滑阀

52. 下列哪一项不是防滑控制依据（ ）。

     A. 速度差   B. 车轮转速   C. 减速度   D. 滑移率

53. GV12 型防滑阀在防滑控制系统发出防滑指令时（ ）。

     A. VM1 和 VM2 均不得电   B. VM1 和 VM2 均得电

     C. VM1 得电 VM2 不得电   D. VM1 不得电 VM2 得电

54. 防滑控制系统如果判断滑行过早，则会产生（ ）。

     A. 踏面擦伤   B. 制动距离缩短   C. 制动力损失过大

55. （　　）的设置是防止由于弹簧制动和空气制动同时施加，造成车轮制动力过大的现象发生。

　　A. 梭阀　　　　　B. 差压阀　　　　C. 双脉冲电磁阀

56. 溢流阀 L1 在系统初充风时优先供给其他系统的用风，直到总风压力高于（　　）kPa。

　　A. 700　　　　　B. 650　　　　　C. 600

57. 调压阀 L2 实际上是一个减压阀，用于为后续管路正常工作时提供一个稳定的压力，L2 整定值为（　　）kPa。

　　A. 700　　　　　B. 650　　　　　C. 600

58. 制动控制板上有 4 路压力传感器输入通道和（　　）路电磁阀驱动输出。

　　A. 4　　　　　　B. 2　　　　　　C. 3

59. PBCU 空气弹簧输入端是为（　　）状态下的载重输入信号。

　　A. EB　　　　　B. SB　　　　　C. PB

60. 总风压力开关与紧急回路相连，如总风压力低于设定值 550 kPa，将引起列车（　　）制动作用。

　　A. EB　　　　　B. SB　　　　　C. PB

61. 正常制动缓解时制动缸的压力空气经（　　）排到大气中，实现了缓解操作。

　　A. RL　　　　　B. G1　　　　　C. LA

62. 在空气弹簧破裂或压力传感器的输出小于空车载荷 AW0 信号时，按（　　）计算。

　　A. AW0　　　　B. AW1　　　　C. AW3

63. 当压力传感器转换电路的输出大于超员载荷 AW3 时的车重信号，按（　　）计算。

　　A. AW0　　　　B. AW1　　　　C. AW3

64. 当制动控制装置接收到"阶跃式"的制动指令信号时，能使制动力的输出为"缓升式"，以确保旅客乘车的舒适性。这种功能为（　　）功能。

　　A. 冲动控制　　B. 防滑控制　　C. 空重车调整

65. 制动风缸（　　）可以为本车的制动控制装置提供快速、稳定、安全的压缩空气。

　　A. B3　　　　　B. B4　　　　　C. B9

66. 空簧系统用风通过截断塞门（　　）取自总风管，当空簧系统故障时可通过关闭该截断塞门来切除。

　　A. L9　　　　　B. L4　　　　　C. L8

67. 由制动控制装置产生的制动缸压力空气，分别经由两个带电接点的截断塞门（　　）送往两个转向架的制动缸。

　　A. B11　　　　B. B19　　　　C. B26

68. （　　）制动控制功能可以使列车在坡道上停车时保持静止，防止列车在坡道上起动时倒溜。

　　A. EB　　　　　B. HB　　　　　C. SB

69. 在列车牵引起动时，当牵引力高于在坡道上起动所需的牵引力或列车速度大于（　　）km/h 时，TCMS 通过车辆总线向 BCU 发出保持制动缓解指令，使空气制动缓解。

　　A. 1　　　　　　B. 10　　　　　C. 80

70. 在应急牵引模式下，当车速低于（　　）km/h 时，BCU 将自动施加保持制动；当接收到牵引信号时，延迟一定时间（如 1 s）后自动缓解保持制动。

   A. 1　　　　　　B. 10　　　　　　C. 80

71. 若制动缓解 AV/RV 阀功能故障，在缓解制动时将产生"制动不缓解检测"，可通过按下"强迫缓解"按钮由（　　）缓解制动缸的压力，以维持列车的运行。

   A. G1　　　　　B. RL　　　　　　C. RV

72. 为了防止压缩空气流量过大对停放制动缸的冲击，双向止回阀（04）和停放制动缸之间设置了（　　），以控制停放制动缸的充风和排风速度。

   A. 减压阀　　　　B. 螺堵　　　　　C. 缩堵

73. 压力开关（05）在通往停放制动缸的压缩空气压力低于（　　）kPa 时，提供一个停放制动施加的信号。

   A. 500　　　　　B. 450　　　　　C. 750

74. 阻止振动传递的普通软管是（　　）。

   A. 压缩机出风软管　　　　　　B. 车钩总风软管
   C. 停放制动软管

75. 在司机室设有一个双针压力表 B23，用于显示总风和（　　）车第一转向架制动缸的压力。

   A. Tc　　　　　　B. M1　　　　　C. M2

76. 风源模块安装在列车中（　　）车上。

   A. Tc　　　　　　B. M1　　　　　C. M2

77. （　　）检测是指各个轴的速度同最高速度的轴（4 个轴中）或模拟速度比较，其差值超过规定值时，从制动电子控制单元就会向该轴发出缓解其 BC 压力的指令。

   A. 速度差　　　　B. 减速度　　　　C. 滑移率

二、判断题

1. 制动是指使列车减速或阻止其加速的过程。（　　）
2. 对已制动的列车或机车解除或减弱其制动作用，称为缓解。（　　）
3. 从司机施行制动的瞬间起，到列车速度降为零的瞬间止，列车在这段时间内所驶过的距离，称为列车的制动距离。（　　）
4. 在城轨交通中，列车制动装置分成动车制动装置和拖车制动装置。（　　）
5. 由于正压力而保持车轮与钢轨接触处相对静止的现象称为"黏着"。（　　）
6. 车轮在轨道上运动，在接触处如果保持相对静止，轮轨之间没有相对滑动，则车轮滑动。（　　）
7. 地铁车辆的常用制动为电空混合制动，而快速制动只有空气制动。（　　）
8. 拖车动车空气制动均匀补充控制是指优先采用电气制动，不足时拖车和动车同时补充气制动。（　　）
9. 为了保证行车安全，实行紧急制动时必须由司机按下紧急按钮来执行。（　　）
10. 电阻制动也叫能耗制动，将列车的机械能转化为电能，再转化为热能消耗。（　　）

11. 列车进行紧急制动时，只有空气制动，没有动力制动。（　　）
12. 城轨车辆在只有动力制动时，轮轨之间不可能发生滑行。（　　）
13. 空转是由于制动力大于黏着力造成的。（　　）
14. 现代城轨列车车辆控制已采用网络控制，电子制动控制单元是网络中的一个控制环节。（　　）
15. 采用脉冲宽度调制方法的模拟式电气指令制动系统，不同的脉冲宽度表示不同的制动等级。（　　）
16. 电制动分为再生制动和电磁制动。（　　）
17. 减速度检测是指当某一轴发生滑行，其轴的减速度超过规定值时，电子控制单元就会发出缓解该轴的 BC 压力的指令。（　　）
18. 在任何条件下 Tc 车仅使用空气制动。（　　）
19. 电动客车当司机控制器调速手柄移到"快速制动位"时，将施以紧急制动相同减速度的电空混合制动，具有冲动控制功能，并优先使用电制动，不足时补空气制动。（　　）
20. TFD 踏面制动单元的制动倍率为 3.38。（　　）
21. 停放总风缓解压力小于 450 kPa。（　　）
22. TFD 系列踏面制动单元采用了弧形滑块式活动闸瓦托结构，能自动保持闸瓦与踏面的上下间隙均匀。（　　）
23. 间隙调整器具有自动辨别弹性变形与闸瓦磨耗的功能，确保闸瓦与车轮踏面的间隙为定值。（　　）
24. 在起动车辆之前，首先应将总风缸压力充到 500 kPa 以上，弹簧制动缸处于缓解位，方可起动车辆。（　　）
25. 车辆无动力时，如果要起动车辆，首先要用手动缓解将停放制动逐个进行缓解，方可起动车辆。（　　）
26. 总风缸无风源时，TFD-6 停放缸只能实现一次手动缓解，手动缓解后不能再次制动。若需再次制动，必须再次向总风缸充风，待风压达到 500 kPa 以上时，方可实施二次制动。（　　）
27. 截断塞门一般情况下都是开通的，当车辆因特殊情况或列车检修作业时才关闭它。（　　）
28. 脉冲电磁阀主要用于控制列车的停放制动。（　　）
29. TFD-5 能够实现坡道停车、失风停车功能。（　　）
30. 在列车空气制动系统中基础制动装置采用双侧踏面单元制动缸制动的方式。（　　）
31. 带停放功能的单元制动缸在转向架上呈对角布置。（　　）
32. 停放制动为弹簧储能式，排风缓解，充风制动。（　　）
33. 空气压缩机在 750～900 kPa 的压力范围内启动和关闭是辅助模式控制方法。（　　）
34. 辅助启动模式是当主风管的压力达到 600 kPa 时，第二个空气压缩机开始作用，用来帮助该列车的主压缩机的运转的一种辅助模式。（　　）
35. 在空压机启动所有模式上，空气压缩机停止工作压力值叫停机极限。（　　）
36. 列车在正常运行中，如果两个空气压缩机出现故障时，则必须停止运行。（　　）
37. 当两列车进行连挂时，总风管不必进行连挂。（　　）

38. 螺杆式空气压缩机蜗壳上装有空-油冷却器,由冷却风扇对压缩空气和润滑油进行冷却。(   )
39. 空气制动机的原动力为压缩空气。(   )
40. 空气滤清器的作用是最大限度地清除尘埃。(   )
41. 螺杆式空气压缩机在失油、油量不足、冷却不良等情况下,均可能导致排气温度过高。(   )
42. 安全阀是空气制动系统中保证空气压力不致过高的部件。(   )
43. 排水塞门与截断塞门的组成基本相同,其手把的开闭位置与截断塞门也相同。(   )
44. 截断塞门的手把与管路平行时为开通位置,与管路垂直时为关闭位置。(   )
45. 城市轨道交通车辆风源系统是每一单元布置一套风源系统。(   )
46. 调压阀实际上是一个减压阀,在供给用风设备之前将气压调节得低而稳定。(   )
47. 风缸下面应装有排水塞门或排水堵,能定期排出风缸内的冷凝水。(   )
48. 截断塞门主要有锥芯独立式和球芯式两种类型。(   )
49. 空气压缩机的电机的启停只能由电子制动控制单元进行控制。(   )
50. 如果司机台不能控制停放制动,但有气压,则可以操作手控按钮手动施加或缓解停放制动。(   )
51. 调压阀顺时针调整手轮可调高输出压力。(   )
52. 地铁列车的供风系统为制动系统和辅助系统部件提供风源。(   )
53. 城轨车辆列车载重信号是以列车关门后一系弹簧压缩量为参考值。(   )
54. 防滑控制系统采用速度差控制,不能对一节车的四根轴同时滑行时做出准确滑行判断。(   )
55. 紧急制动经过 EBCU 的控制,使 PBCU 的紧急电磁阀得电而实现。(   )
56. 当防滑控制单元发出防滑指令时,在 PBCU 的控制下,使防滑阀铁心动作,改变空气通路,排放制动风缸的压缩空气,实现减压防滑。(   )
57. 采用减速度判据控制车辆是否滑行时,检测标准相对独立,被检测的轴与其他轴无关。(   )
58. 当防滑系统不发出防滑指令时,防滑阀对正常的制动和缓解不产生影响。(   )
59. 停放制动系统属于主动制动,空气制动属于被动制动。(   )
60. 塞门 B7.05 用于隔离停放制动。(   )
61. 调压阀逆时针旋转调整手轮可降低输出压力。(   )
62. 高度阀用于控制车辆的地板面高度,在调整好后不随载荷的改变而发生变化。(   )
63. 当实际电制动力可以满足全列车的制动力需求时,则全部制动力都由电制动承担。(   )
64. 动车上所施加的电制动力与空气制动力总和不受黏着极限的控制。(   )
65. 制动控制装置从控制类型上分为两个部分:电子控制单元 PBCU 和气动控制单元 EBCU。(   )
66. EBCU 主要分为制动控制、防滑控制、通信及故障诊断三个部分。(   )
67. 中继阀采用双膜板结构,紧急制动和常用制动根据制动力低的原则优先响应。(   )

68. EBCU 的通信及故障诊断部作为列车控制系统的通信及故障诊断信息的显示与存储。（   ）

69. 紧急电磁阀 EBV 为二位三通电磁阀，控制紧急制动的压力信号输出。（   ）

70. 中继阀 RL 为压力信号放大器，采用双膜板结构。上膜板为常用制动膜板，下膜板为紧急制动膜板。（   ）

71. 制动电磁阀 AV、缓解电磁阀 RV 能将常用制动的空气信号转化为制动或缓解信号。（   ）

72. 紧急制动作用时，列车将不受制动冲击率的限制。（   ）

73. 紧急制动发生后，在列车完全停止前不允许缓解制动（零速联锁，以防止车辆减速过程中重新起动）。（   ）

74. 不管是什么原因引起的紧急制动，所有车辆必须以紧急制动减速度减速。（   ）

75. 紧急制动发生时，所有的 VVVF 逆变器的供电电源立即中断，VVVF 逆变器封锁，直到列车完全停下来为止（零速联锁）。（   ）

76. 紧急制动发生时，在整个停车过程中，紧急电气列车线环路中断。（   ）

77. 压力传感器（AS1、AS2）可将空气弹簧压力的平均值转化为与车重相对应的电信号，传递给牵引控制装置，以控制牵引力和电制动力的大小。（   ）

78. 武汉地铁 4 号线列车是采用微机控制的模拟式电-空制动系统，控制系统采用架控方式。（   ）

79. 在 ATP 系统发出紧急制动指令、列车分离、总风欠压、DC 110 V 控制电源失电等情况下，均能产生最高安全等级的紧急制动。（   ）

80. 当列车制动在电制动快要衰减时由 VVVF 发出一个电制动退出（衰减）预告信号，BCU 收到电制动退出预告信号后，按预定速率预补空气制动。（   ）

81. 当一端空气弹簧破裂或 P-E 转换电路的输出小于空车的信号或大于超员时的车重信号时，则用另一端的载重来代替整车计算载重。（   ）

82. EBCU 和 PBCU 都安装在制动控制装置机箱中。（   ）

83. PBCU 由制动控制插件板、防滑控制插件板、开关量输入/输出插件板及通信插件板等组成。（   ）

84. EBCU 主要由气路集成板及其上面的电磁阀、中继阀等气动执行部组成。（   ）

85. 常用制动采用减速度控制模式，制动控制单元根据指令的减速度和车辆载重来计算目标制动力。（   ）

86. 空气制动防滑功能在紧急制动和常用制动时都可以起作用。（   ）

87. 防滑控制单元在进行滑行控制时会自动限制排风和保压的持续时间，以限制空气制动力的减少时间。（   ）

88. 当空气制动滑行控制系统失效时，空气制动将维持运用而无滑行保护。（   ）

89. 当一个速度传感器出现故障时，受到影响的防滑阀会利用本转向架的另一个速度传感器进行防滑控制。（   ）

90. 在回送和救援时保持制动功能仍然有效。（   ）

91. 单个空簧压力传感器故障时，所有制动方式均可正常使用，但制动力载重补偿精度会有所下降。（   ）

92. 制动缸压力传感器故障时，所有制动方式均不能正常使用，且没有与制动缸压力相关的监视功能。（   ）

93. 制动缸预控压力传感器故障时，不能控制紧急制动，但可以有电制动和常用空气制动。（   ）

94. 两个空簧压力传感器故障时，所有制动方式均可使用，但没有制动力载重补偿功能。（   ）

95. 制动施加 AV/RV 阀功能故障时，不能控制常用制动，但可以有电制动和紧急制动。（   ）

96. 在常用全制动时，如制动缸压力不能在规定的时间内上升到一定的压力，同时又没有电制动时，判定制动系统的制动力不足。（   ）

97. 当检测到制动力不足时，可以断开本车的紧急电磁阀电路，使本车产生紧急制动。（   ）

98. 当网络通信故障时，使用列车导线上的备份制动指令，如果故障车为动车，则该动车不能使用空气制动。（   ）

99. 当列车运行某轴无速度信号时，该轴没有电制动防滑功能。（   ）

100. 当防滑阀控制电路故障或电气线路断线或短路时，该轴没有空气制动防滑功能。（   ）

101. 双脉冲电磁阀可以用脉冲电压控制转换，在外部控制电压作用下转换后，能够保持转换后的位置而不需要连续地施加控制电压。（   ）

102. 在电信号出现故障或者需要人工干预的情况下，可人工施加和缓解停放制动。（   ）

103. 带电接点排风塞门（B7.07）用于系统调试和日常维修时排空停放缸内的压力空气，在正常运营时给司机室提供停放切除的监控信号。（   ）

104. 停放制动控制装置由 TCMS 来控制停放制动的制动或缓解。（   ）

105. 停放制动的施加和缓解状态可以通过压力开关进行检测。该信号可以用于停放制动的监控及与牵引系统的联锁。（   ）

106. 为了保证制动的安全性，制动风缸 B4 设有排水塞门，并在气路入口设有止回阀。（   ）

107. 高度阀根据阀体与手柄的相对位置关系的不同有充气、保压和排气三种状态。（   ）

108. 高度阀的阀体安装在车辆的转向架上。（   ）

109. 每一个空气弹簧的容积包括气囊 L7 的容积和空气弹簧风缸 L8 的容积。（   ）

参考文献

[1] 徐安. 城市轨道交通电力牵引[M]. 北京：中国铁道出版社，2005.

[2] 殳企平. 城市轨道交通车辆制动技术[M]. 北京：中国水利水电出版社，2009.

[3] 中国北方机车车辆工业集团公司科学技术协会、长春客车厂老年科学技术协会. 城轨车辆技术与应用[M]. 北京：中国铁道出版社，2005.

[4] 曾青中，韩增盛. 城市轨道交通车辆[M]. 2版. 成都：西南交通大学出版社，2009.

[5] 黄济荣. 电力牵引交流传动与控制[M]. 北京：机械工业出版社，1998.

[6] 上海申通公司地铁集团有限公司轨道交通培训中心. 城市轨道交通电动列车驾驶[M]. 北京：中国铁道出版社，2010.

[7] 王月明. 城市轨道交通列车制动[M]. 北京：科学出版社，2014.